CB078919

AMOR, SEXO & TRAGÉDIA

Simon Goldhill

AMOR, SEXO & TRAGÉDIA

Como gregos e romanos influenciam nossas vidas até hoje

Tradução:
Cláudio Bardella

ZAHAR
Jorge Zahar Editor
Rio de Janeiro

Título original:
Love, Sex & Tragedy
(How the Ancient World Shapes Our Lives)

Tradução autorizada da primeira edição inglesa,
publicada em 2004 por John Murray,
uma divisão de Hodder Headline,
de Londres, Inglaterra

Copyright © Simon Goldhill, 2004

Copyright da edição brasileira © 2007:
Jorge Zahar Editor Ltda.
rua México 31 sobreloja
20031-144 Rio de Janeiro, RJ
tel.: (21) 2108-0808 / fax: (21) 2108-0800
e-mail: jze@zahar.com.br
site: www.zahar.com.br

Todos os direitos reservados.
A reprodução não-autorizada desta publicação, no todo
ou em parte, constitui violação de direitos autorais. (Lei 9.610/98)

Capa: Dupla Design
Ilustração da capa: © Stefan Schuetz/zefa/CORBIS;
© Mimmo Jodice/CORBIS; © mconnors/morgueFile

CIP-Brasil. Catalogação-na-fonte
Sindicato Nacional dos Editores de Livros, RJ.

Goldhill, Simon
G57a Amor, sexo & tragédia: como gregos e romanos influenciam nossas vidas até hoje / Simon Goldhill; tradução Cláudio Bardella. — Rio de Janeiro: Jorge Zahar Ed., 2007
il.

Tradução de: Love, sex & tragedy : (how the ancient world shapes our lives)
Inclui bibliografia
ISBN 978-85-7110-971-1

1. Civilização moderna - Influências clássicas. 2. Civilização clássica. I. Título.

CDD 909.08
06-4625 CDU 94(100)"19"

SUMÁRIO

Uma vida em ruínas

A brilhante atriz Melina Mercouri, que se tornou a mais famosa ministra da Cultura da Grécia, sabia como cativar sua audiência. Em uma enorme conferência internacional, ela se levantou para fazer um discurso. "Desculpem-me", disse, com forte sotaque (embora falasse inglês perfeitamente bem), "mas em primeiro lugar eu preciso dizer algumas palavras em grego." Ela fez uma pausa enquanto os delegados, resignados, se acomodaram, e então, com brilhante lentidão, começou. "Democracia. Política. Matemática. Teatro..."

No mundo moderno ocidental, falar de cultura é falar grego. Todas as mais elevadas formas de produção artística referem-se conscientemente ao mundo clássico como seu ponto de origem e sua fonte de autoridade. O teatro moderno encontra seus ideais no teatro clássico e define sua história por meio de referências que remontam à comédia romana e à tragédia grega. A ópera nasceu como uma tentativa de redescoberta do poder dessas antigas apresentações teatrais. Romances, épicos, poesia, todos possuem ancestrais clássicos. O corpo clássico inspira os modelos da arte, que constrói seus museus nos moldes dos antigos templos. Ser tão bela quanto Vênus, encantar como uma ninfa, desfilar como um Adônis, ser tão forte como Hércules – essas imagens fundamentam nossa imaginação e nossa linguagem.

Mas não é somente na arte erudita que a herança clássica é evidente e universal. Homens e mulheres lutam e morrem pela democracia, enquanto cidadãos ocidentais celebram e promovem os valores democráticos tanto na retórica como na prática. Atualmente, um Estado só é reconhecido como verdadeiramente civilizado se pertencente ao clube da democracia. As raízes e os princípios da democracia também são encontrados na Atenas da era clássica. "Política", como já sabia a política Mercouri, foi uma invenção grega.

Mesmo no nível mais pessoal de nossas vidas, é difícil escapar da força que nos leva de volta ao clássico. "Lésbica" significa o que significa porque a poetisa grega Safo, uma mulher que amava mulheres, vivia na ilha de Lesbos; o "amor grego" serve como exemplo em qualquer discussão sobre a homossexualidade; uma nobre amizade é chamada de "relação platônica". Desde as colunas clássicas que adornam as fachadas de importantes agências bancárias até as horas de suadouro nas academias de ginástica, passando mesmo por nossas idéias do que constitui o abdome perfeito, a herança do mundo antigo faz parte do tecido da nossa modernidade diária.

A herança clássica está ao nosso redor e em nosso interior, reconhecidamente ou não. Entretanto, nenhum outro período desde o Renascimento parece tão decidido a esquecer o passado clássico como o atual. As imagens e a linguagem que inundavam as mentes das gerações passadas precisam hoje ser traduzidas por guias e manuais. Uma pintura de um mito clássico precisa ser explicada com legendas nos museus, e qualquer referência clássica em um poema exige uma nota de rodapé. Aquilo que por séculos constituiu a base da cultura ocidental, um recurso compartilhado da imaginação, tem sido sistematicamente extirpado dos modernos sistemas de educação do Ocidente, com inevitáveis conseqüências para a cultura de sua gente. Modernidade tornou-se sinônimo de amnésia – amnésia sobre o passado, sobre as tradições culturais, sobre as paixões e os interesses de nossa própria história. Como adolescentes que acreditam ser os primeiros a descobrir os palavrões e o sexo, e que conseguem apenas encarar com incredulidade os desejos de seus pais, a cultura moderna tem dificuldade até mesmo de perceber que está esquecendo sua herança.

Uma conseqüência dessa amnésia é que a herança do passado pode facilmente ser vista como trivial ou irrelevante. Se olharmos somente para seu lado mais superficial, ela *é* claramente trivial. Colunas clássicas que adornam a fachada de um banco representam pouco mais que uma desejada impressão de esplendor e respeitabilidade, e anúncios publicitários que utilizam imagens clássicas apenas manipulam um símbolo de distinção e classe. "Adorável como Vênus" constituiu um clichê. Este livro não está interessado na circulação superficial de imagens do passado, pois estas não passam de alusões, facilmente reconhecíveis, a uma longa tradição. Este livro não é um guia sobre as formas nas quais mitos antigos aparecem na arte e na literatura moderna, tampouco se preocupa com o "Hércules" da Disney, e nem com "Xena, a princesa guerreira". Também não discute produções modernas de dramas clássicos. Não há nem mesmo prolongadas lamentações contra o sistema educativo e seus políticos. Meu foco não é a freqüente devoção que os clássicos provocam. Mais propriamente, este livro trata do porquê da importância dos clássicos.

Cada capítulo é dedicado a mostrar por que o aprendizado dos clássicos faz uma diferença fundamental para a compreensão das principais questões da vida moderna ocidental – uma diferença fundamental na compreensão de nós mesmos. As questões que serão exploradas representam as mais básicas preocupações de nossas vidas públicas e privadas. Como o passado configura nossa identidade atual? Nossos desejos sexuais e nossas percepções sobre nossos corpos se devem a fatores culturais ou são verdadeiros sinais da natureza? Como devemos entender o papel da religião na sociedade, sobretudo com relação ao casamento e à família? O que significa ser um cidadão na democracia? O que dizem sobre nós, e sobre nossa sociedade, nossas atividades de lazer? Mito e história, sexo e corpo, religião e casamento, política e democracia, divertimento e espetáculo: esses são os alicerces fundamentais da personalidade moderna. A motivação que gera este livro é a necessidade de reafirmar a importância do conhecimento dos clássicos para a compreensão desses alicerces, em especial agora que uma amnésia educacional e artística se infiltra cada vez mais profundamente na cultura contemporânea. O que importa aqui é o papel integral dos clássicos na constituição do indivíduo moderno.

O âmbito dessas questões é indubitavelmente amplo, mas o princípio básico deste livro é simples. Ele pode ser resumido em uma só idéia – tomada naturalmente de um escritor clássico: "Se você não sabe de onde vem, você será sempre uma criança." Essa afirmação, proclamada pelo estadista e orador romano Cícero, ressoa com desprezo agressivo. Quando ele diz "você será sempre uma criança", ele não quer dizer no sentido de um êxtase inocente, como em algum sonho romântico de uma era em que a cultura deturpada não mancha a condição natural do homem. Ele quer dizer que o indivíduo passará sua vida desprovido de poder, de autoridade, e será incapaz de atuar plenamente no mundo, ou de compreender corretamente como este funciona. Um pai romano podia matar seus próprios filhos com impunidade, e ser louvado por sua austera virtude romana ao fazê-lo. Na melhor das hipóteses, uma criança é um adulto ainda não formado, um adulto incapacitado. Esse é o tipo de vida com o qual Cícero nos ameaça.

Para Cícero, é essencial que você conheça suas próprias origens: é necessário que você saiba o que se passou antes de você nascer. Ignorar a própria procedência equivale a uma sentença de morte – não apenas uma condenação pela ignorância, mas uma declaração de incapacidade. O significado do que Cícero quer dizer com "saber de onde você vem" toca o âmago da importância dos clássicos para o ser humano contemporâneo.

Nossa família constituiu um lugar de origem. Famílias são importantes em Roma. Cícero não pertencia a uma das grandes famílias romanas. Ele demonstrava com freqüência tanto o orgulho do homem que se faz sozinho como o esnobismo referente à classe e à educação exigido por sua posição no topo daquela sociedade. Nos corredores das residências ilustres, como símbolos de status, eram publicamente exibidas as máscaras mortuárias dos antepassados. Um homem romano vive entre os mortos que fizeram dele o que ele é. Também no mundo moderno, pós-freudiano, o drama da família que se estende ao passado define a pessoa moderna, e a descoberta de nossas raízes, de nosso histórico familiar, constituiu uma narrativa de autoconhecimento. Carregamos nossas máscaras mortuárias dentro de nossas mentes. A compreensão de como nos relacionamos com nossas famílias é um fator central para qualquer história de autoconhecimento. Entretanto, para Cícero, a questão da compreensão de nossas origens vai muito além de uma indagação sobre a identidade pessoal.

Uma pessoa também se define por sua vida pública. A carreira política de Cícero abrangeu a sanguinária guerra civil que aboliu a República Romana e estabeleceu Augusto como primeiro imperador do Império Romano. Marco Antônio, amante de Cleópatra e líder da facção derrotada no conflito, ordenou o assassinato de Cícero – entre outras coisas, pela genialidade dos discursos hostis que este proclamou contra ele. Antônio ordenou que a mão de Cícero fosse decepada e trazida a ele, a mesma mão que tantas vezes o havia acusado no Senado, e que contra ele tantas palavras agressivas havia escrito. Cícero viveu em uma época interessante. Ele dedicou sua vida à política. Durante uma guerra civil, a política afeta a vida de todos os cidadãos, e mudanças constitucionais afetam a existência de todos. As vidas pública e privada de Cícero foram definidas pela trajetória das transformações políticas de Roma. Essa narrativa política constitui a base do senso histórico de Cícero, e do desempenho de seu papel como herói de Estado.

"Conhecer suas origens" era uma questão fundamental para qualquer ator no palco político de Roma. Mas, como ideal político, também manchou a história do Ocidente moderno. Políticas fundamentadas na raça e no nacionalismo causam violentos conflitos relacionados à questão da origem, tanto quanto vigorosas identificações com grupos ideológicos e religiosos fomentam um ódio assassino. "Conhecer suas origens" representa um ideal político complexo para os que diariamente encaram a violência nas ruas. Cada história pessoal possui sua própria política. Para Cícero, e para nós hoje, "conhecer suas origens" constitui uma questão política persistente.

O autoconhecimento, porém, exige mais que essa história política. A identidade cultural faz com que a consciência das próprias origens seja uma questão delicada. Quando culturas diferentes se deparam de maneira hostil, qualquer cruzamento de fronteiras, qualquer controle fronteiriço se torna cenário de auto-afirmação e de articulação de poder – condições muito familiares nas interações globais de hoje, como o eram nos tempos de expansão do Império Romano.

Roma dominou o Mediterrâneo com uma rapidez assustadora. Entretanto, foi a subjugação da Grécia que se mostrou particularmente inquietante para os conquistadores. Na Grécia, os romanos entraram em contato com um povo que muitos anos antes havia colonizado muitas partes da Itália. Ainda mais perturbador era o fato de que a cultura grega parecia muito superior à romana. Enquanto os fundadores de Roma ainda se amamentavam do leite de uma loba, a Grécia já havia tido séculos de filosofia, teatro, medicina e literatura. Na famosa imagem de Horácio, "a Grécia capitulada capturou seu conquistador selvagem e trouxe sua cultura para a terra latina". Os romanos aprenderam cultura com a Grécia: eles roubaram suas estátuas, traduziram suas filosofias, consultaram seus médicos e pegaram emprestadas suas formas literárias. Eles aprenderam a falar grego. Os romanos podem ter desdenhado da fraqueza, da feminilidade e do oportunismo daqueles "gregozinhos", mas foram desesperadamente sugados pela órbita cultural da Grécia. Ninguém facilitou mais esse processo que Cícero. Ele traduziu textos gregos para o latim, tornou a filosofia latina possível, colecionou esculturas gregas e, sobretudo por meio de suas cartas, ofereceu às gerações futuras a imagem de um homem romano cultivado, uma figura pública que passava suas horas de lazer apaixonadamente engajado na investigação de uma herança grega para Roma. Até mesmo os romanos tomavam a Grécia como referência – o que explica por que este livro é mais focado na Grécia antiga que em Roma. "Conhecer suas origens" inclui necessariamente a herança cultural de cada um. Cícero é obcecado com o que torna um romano "romano".

A identidade cultural é também uma obsessão moderna – e um campo de batalha que se estende por longo território. O nacionalismo faz da cultura uma questão que leva pessoas a sacarem seus revólveres, tanto literal como metaforicamente. A questão do que faz um norte-americano norte-americano (ou um inglês inglês, e assim por diante) é articulada tanto no nível nocivo do preconceito mesquinho ou da norma social como num nível maior, da regulamentação social e do processo político. Quando tais preocupações sobre identidade cultural se mesclam com as da identidade religiosa – o que faz um muçulmano muçulmano? – ou com questões raciais – existe uma cultura negra? –, a explosiva mistura que resulta tem potencial para causar confusão e destruição, algo com que a cidade moderna está muito bem familiarizada. A dificuldade da sociedade ocidental contemporânea em lidar com a diferença cultural faz da pergunta "você sabe de onde vem?" uma questão urgente.

Há diferentes maneiras de contar a história de uma pessoa, uma vez que os contextos e as questões mudam. Identidades pessoal, familiar, política e cultural se sobrepõem e interagem em cada um de nós, e Cícero invoca cada uma dessas instâncias quando exige que saibamos de onde viemos. Mas sua abrupta declaração também pretende *fazer* algo com a platéia – algo mais preciso e urgente que um simples lembrete geral de que ser adulto significa ter uma história de vida complexa. Cícero tenta fazer com que seus leitores assumam uma posição com relação à história – história em todos os seus amplos sentidos. Ele afirma que a história faz tal diferença que, se você não se esforça para compreendê-la, não pode levar uma vida plena, uma vida adulta, em sociedade. A história muda quem você é, e faz de você quem você é. Se você não a conhece, não pode ter uma verdadeira consciência de si mesmo. Essa *é* uma reivindicação ousada: e este livro tem como objetivo mostrar que ela é verdadeira.

Há um momento estonteante na mais celebrada tragédia de Eurípides, *As Bacantes* – ou melhor, um duplo momento estonteante. Em uma das primeiras cenas, o jovem monarca de Tebas, Penteu, encontra o deus Dioniso e não o reconhece. Ele crê tratar-se de um charlatão oriental levando as mulheres da cidade para um culto perigoso, que pode corrompê-las sexualmente – e tem a intenção de trancar o deus na masmorra do palácio. Dioniso, sempre poderoso, zomba do jovem rapaz, e em certo ponto declara abertamente: "Você não sabe o que a sua vida representa, nem o que você está fazendo, nem quem você é." Penteu responde com um literalismo presunçoso: "Penteu, filho de Agave, cujo pai é Equíon." Ou seja, dá seu nome, o nome de sua família e sua posição como resposta à questão "quem é você?".

No terrível clímax da peça, Penteu é surpreendido espiando as mulheres insanas que Dioniso havia mandado para as montanhas. Sua mãe, Agave, o agarra. Apavorado, o rapaz se livra do seu torpe disfarce e implora: "Eu sou seu filho, minha mãe, Penteu, a quem você pariu na casa de Equíon. Ó mãe, tenha piedade de mim..." Mas Agave, em sua loucura, segura o braço do filho e o arranca de sua articulação; com suas irmãs, desmembra o jovem, em uma sangrenta chacina. Quando ele mais precisa afirmar e provar quem é, tenta usar os sinais de identidade do "eu" – seu nome, o nome de sua mãe, sua posição e assim por diante – e eles são impotentes, não têm nenhum reconhecimento. Ele é destroçado, seu corpo, seu "eu", desmembrado.

A tragédia demonstra com uma crueza chocante que se você pensa que a resposta à questão "quem é você?" pode e deve ser respondida com um nome, uma família, um papel social, então você ainda não começou a entender "o que a sua vida representa, nem o que você está fazendo, nem quem você é", como a provocação que o deus Dioniso faz a todos. Não é por acaso que a peça *As Bacantes* tem se mostrado imensamente popular nos últimos cem anos, um século que pôs tantos desafios à presunçosa autoconfiança que vê a indagação do que significa ser um ser humano como uma questão fácil. É uma peça que insiste em que "quem você pensa que é?" e "de onde você pensa que vem?" são sempre questões difíceis e perturbadoras para todos nós.

O templo de Delfos possuía uma notável inscrição sobre a entrada: "Conheça a si mesmo." Delfos era o mais celebrado oráculo do mundo grego, visitado por pessoas em busca das mais importantes respostas sobre os próprios futuros. Os indivíduos perguntavam sobre suas famílias e fortunas; os Estados levantavam questões sobre diplomacia política. Tanto para uns como para outros, a inscrição faz uma severa advertência. O autoconhecimento constitui a primeira e a última necessidade, se você quer entender as perguntas e respostas da sua vida. Essa prescrição do deus em Delfos não perdeu nada do seu poder. Sem consciência de si mesmo, sem autoconhecimento, apenas uma frágil compreensão das questões relevantes pode existir.

Este livro é sobre a razão pela qual os clássicos – o estudo das antigas culturas da Grécia e de Roma – desempenham um papel essencial na resposta à questão de o que significa ser um ser humano na sociedade de hoje. Ele não apenas defende que a história é importante para entender quem e como somos, mas, mais especificamente, revela como o mundo *antigo* é profundamente importante para sermos conscientes de nós mesmos na vida moderna. O "eu" moderno não pode ser total ou propriamente apreciado sem levarmos em conta sua vida sepultada, seus antigos alicerces, sua formação por meio de idéias e imagens herdadas. A autocompreensão requer a escavação dessas fundações.

Parte I

QUEM VOCÊ PENSA QUE É?

1 *O corpo perfeito*

Quando Clark Gable tirou a camisa no filme *Aconteceu naquela noite* (1934), duas coisas extraordinárias ocorreram. Em primeiro lugar, a indústria do vestuário foi alterada para sempre. Como ele não estava usando uma camisa por baixo, milhares e milhares de homens decidiram também nunca mais usar uma, e no período de um ano uma série de fabricantes de roupas pediu falência. Em segundo lugar, milhares de pessoas ficaram boquiabertas diante do torso nu do galã, considerado o mais sensual dos homens.

Para uma geração moderna de espectadores de cinema, é quase impossível recapturar o choque e o erotismo daquele momento. Hoje não há quase nenhuma parte do corpo masculino que não possa ser vista na tela ou nas revistas, e é provável que nós estejamos mais acostumados com o torso de Russel Crowe que com o nosso. Em *Casablanca* (1942), Humphrey Bogart não tira a camisa. Nos filmes de guerra ou de faroeste – o filé-mignon da indústria cinematográfica –, um soldado ou um caubói é sempre ferido, mas de maneira arquetípica o ferimento se dá apenas no braço. É um clichê do gênero. A manga da camisa pode se rasgar, um momento dramático é assegurado, mas o corpo é mantido recatadamente coberto. Um índio enfurecido ou outro "nativo" pode ter um torso bronzeado e nu, mas não um de nossos rapazes. Quando Noël Coward naufraga na maravilhosamente patriótica aventura naval *Nosso barco, nossa alma* (1942), ele nunca desabotoa nem mesmo o primeiro botão de sua camisa.

Só no final dos anos 1960 e 1970 é que as coisas começaram a mudar sistematicamente. Filmes de guerra como *M*A*S*H* (1970) – uma resposta cínica, engraçada e ousada ao conflito no Vietnã – são típicos. O filme mostrava o corpo lacerado, carnal, ensangüentado e exposto. Desde então, seja em histórias de amor ou de heroísmo, o corpo é cada vez mais exibido. De *Rocky* a *Gladiador*, o herói agora tem de estar com o torso nu.

Essa não é a primeira vez que a imagem do herói transita entre o coberto e o desnudo (ou vice-versa). A história de Perseu e Andrômeda é um dos mitos gregos representados com mais freqüência pela pintura, sobretudo a cena em que Andrômeda, acorrentada a uma rocha, esperando ser devorada por um monstro marinho, é salva por Perseu, que aterrissa para matar a fera e casar-se com a moça. Em pinturas antigas, é Perseu que aparece nu – como em geral aparecem os heróis gregos –, com exceção de um capacete, sandálias aladas e, muitas vezes, uma capa esvoaçante. Normalmente, Andrômeda aparece envolta em uma comportada toga.

Mas no Renascimento, quando a história volta a ser popular para artistas europeus, o Perseu clássico aparece vestido com uma armadura ou uma túnica, e Andrômeda se torna cada vez mais exposta, até que os longos cabelos e as sedas esvoaçantes sirvam apenas como moldura para a exibição de seu corpo despido.

Ticiano realça tanto a desnuda Andrômeda que os olhos do observador quase não percebem o arrebatador Perseu, que, em segundo plano, está completamente vestido. Para ser heróico, Perseu precisa agora de sua armadura, ao passo que o corpo feminino se apresenta vulnerável – tanto para os olhos masculinos como para os do monstro marinho. A idéia de uma nudez aceitável ou normal foi radicalmente transformada.

Existe uma história das formas de exposição do corpo masculino. Não é apenas uma questão de quanto do corpo pode ser mostrado, mas também de que aparência o corpo deve tomar: um torso em *Gladiador* ou em *Rocky* não se parece com o de Clark Gable. Imagens do corpo estão por todo lado – de imagens de homens em filmes, na televisão ou em revistas, ao corpo dos que teorizam sobre a medicina, às representações de escritores, ao sistema legal, à arte erudita e à arte suja da grafite. Todas essas imagens corporais nos ditam como ser, como pensar sobre nós mesmos, como nos enxergar. Mas de onde se originam tais representações do corpo perfeito?

A resposta mais simples é a Grécia. Desde o Renascimento e sua redescoberta da arte clássica vigora uma longa tradição de tomar a escultura grega como o ideal de corpo masculino. O torso delgado porém musculoso, a elegante

[FIG.1] *Perseu e Andrômeda*

[FIG.2] Perseu e Andrômeda, *por Ticiano*

simetria da figura, o equilibrado giro da cabeça ou a curva da forma atlética produziram uma imagem tão fortemente arraigada na imaginação ocidental que é difícil considerá-la de uma nova maneira ou através de um prisma histórico. Para qualquer um que freqüenta uma academia de ginástica, que se preocupa com a balança, com a forma ou com seu tônus muscular – ou simplesmente para alguém que sabe o que é um belo corpo -- existe uma história que remonta à Grécia antiga e que modifica o modo como o próprio corpo é visto.

No Ocidente moderno, somos bombardeados com imagens do corpo. Os olhos do cidadão da Grécia clássica, assim como os espaços públicos e privados da cidade, também foram extraordinariamente inundados com imagens. Quando um ateniense passeava pelo mercado, as construções que o rodeavam eram todas decoradas com imponentes pinturas, financiadas pelo Estado, de guerreiros e batalhas do passado. Havia enormes estátuas dos heróis da democracia, e reinando sobre a cidade erguia-se a Acrópole, com o Partenon e seus outros templos ornados com frisas representando multidões. Por todos os lados, erguia-se uma floresta de estátuas – de atletas, heróis falecidos, generais, benfeitores civis, deuses. Ladeando as avenidas, erguiam-se representações da forma masculina, localizadas ao redor dos santuários, em pedra ou em bronze, esculpidas em relevo, nos templos e nas tumbas, nos pórticos e nos prédios cívicos. Quando o ateniense sentava-se em casa para tomar vinho, suas panelas e taças eram decoradas com imagens primorosamente pintadas – um batalhão de corpos perfeitos. As principais cidades e arenas cívicas da Grécia clássica estavam apinhadas de centenas de imagens de uma masculinidade exercitada e reverenciada.

O corpo perfeito oferecia ao cidadão grego um modelo difícil de ser seguido. O condicionamento físico requeria treinamento e isso significava principalmente ir ao ginásio. O ginásio era uma das principais características da cultura grega. Você poderia ter certeza de estar em uma cidade grega caso avistasse um teatro, um simpósio,* um debate político – e um ginásio. Era um lugar fundamental para se pensar sobre o corpo, e também para utilizá-lo. A preocupação moderna com o ginásio, freqüentemente vista como um sinal da vida urbana contemporânea, encontra aqui, na antiga cidade grega, sua verdadeira origem. Nossa preocupação com o corpo e o exercício não tem nada de novo, não passa de outra herança clássica. A escolha da academia, a preocupação com a aparência, o exercício do corpo, o seguimento de uma dieta, a utilização de um *personal trainer* – tudo isso são bons e velhos hábitos da Grécia antiga.

O ginásio era o lugar que o cidadão grego freqüentava com o intuito de se exercitar. Era exclusivo para homens. Um cidadão deveria ir ao ginásio com regularidade, mesmo diariamente, e grupos distintos freqüentavam locais específicos. Segundo Platão, Sócrates gostava de freqüentar o ginásio Taureas, perto do Templo da Rainha dos Deuses, onde se exercitavam membros da mais alta sociedade ateniense – mas, quando convidado por um belo e jovem rapaz, era facilmente persuadido a freqüentar outros ginásios. O cidadão se despia. (Diferentemente da academia moderna, todos os exercícios eram praticados sem roupa – embora o pênis fosse amarrado para trás em competições de corridas.) Ele esfregava óleo sobre o corpo, ou ordenava que seu servo o fizesse, e então se exercitava – corria, lutava, pulava ou treinava para outras compe-

---

* O simpósio (*symposium*) era uma reunião exclusivamente masculina. Os homens encontravam-se para beber, comer e conversar – em geral sobre assuntos políticos e filosóficos. Muitas vezes o termo "symposium" é traduzido como "banquete". É o caso, por exemplo, do título da obra de Platão. (N.T.)

tições, como arremesso de dardos ou de discos. Meninos, pelo menos os de melhor estirpe, eram acompanhados por seus tutores, que por eles zelavam, e treinadores profissionais preparavam os atletas mais sérios. No final, o óleo e a sujeira eram raspados com um instrumento de metal chamado estrigil. Era com o frasco de óleo e o estrigil que os gregos circulavam resolutamente, como se hoje portassem uma mochila ou uma raquete de tênis.

Até os anos 1970, o epítome da propaganda moderna era Charles Atlas, que empregava o título de "o mais perfeitamente desenvolvido homem do mundo" para promover a promessa de que o exercício "fará de você um homem", assim como havia acontecido com ele. (Charles alegava ter de fato se inspirado em uma estátua de Hércules do Metropolitan Museum of Art de Nova York para atingir "o corpo masculino perfeito".) O antigo ginásio era fundamental para a exibição de masculinidade na cidade clássica: ele "fazia de você um homem". Isso significava, em primeiro lugar, trabalhar o corpo em preparação para a guerra, já que todos os homens vigorosos lutavam no Exército ou na Marinha. O ensaísta do século II Luciano capta a noção cultural de como deveria ser a aparência de um homem no ginásio:

> Os jovens rapazes têm a pele bronzeada de sol, feições masculinas; revelam vitalidade, fervor, masculinidade. Eles brilham com fabuloso condicionamento: nem magros nem com peso excessivo, mas esculpidos com simetria. Com seu suor, livraram-se de toda carne desnecessária, e o que sobra é força e resistência, sem as manchas de qualquer qualidade inferior. Eles mantêm seus corpos com vigor.

A forma ideal não é nem muito magra nem muito gorda, mas perfeitamente balanceada. Em evidência estão não somente as qualidades físicas, mas a "masculinidade" e o "vigor" que emanam das feições "masculinas". Os corpos demonstram que tipo de homem eles são, e como vivem. Essa total perfeição do masculino é o que promete a ginástica, e a razão pela qual você freqüenta a academia. Entretanto, diz Luciano, sem exercício o corpo de um homem acabará assim: "Terá uma flacidez branca e preguiçosa ou uma pálida magreza, como o corpo de uma mulher, descorado pela sombra, trêmulo, ofegante e pingando de suor..." A ameaça ao corpo de um homem é ser "como o de uma mulher" – o reverso de tudo o que é bom para um homem. Luciano lista uma série de qualidades negativas – pálido, esquelético, flácido, trêmulo, fraco e úmido – a serem contrastadas com as qualidades a que todos devem aspirar: bronzeado, firme, simétrico, vigoroso e enxuto. A mensagem é clara: exercite-se com vigor ou sofra a humilhação de um corpo inferior, o que equivale a ser um cidadão inadequado.

Os artistas clássicos representaram o corpo ideal do atleta, que Luciano descreveu com tanto entusiasmo. O friso reproduzido na figura 3 fazia parte da base de uma estátua masculina que servia como ornamento de um jazigo. Os seis corpos estão expostos como se estivessem em um livro de anatomia, começando na esquerda com uma visão total da frente e girando em círculo até que a parte de trás seja visível. (O escultor teve alguns problemas com a rotação, principalmente na quinta figura.) O corpo deve ser, como insiste Luciano, magro mas bem desenvolvido – encorpado pela prática do exercício, mas não gordo ou exageradamente musculoso como um halterofilista dos dias atuais. Os músculos devem ser bem trabalhados ("talhados"), com abdome tipo "tanquinho" e peitoral definido; o torso deve revelar a crista do ilíaco, a acentuada linha ou vinco que se estende do topo da virilha ao quadril e que só pode ser vista quando os músculos são extremamente bem desenvolvidos e a taxa de gordura é excepcionalmente baixa – essa linha era enfatizada de tal maneira pelas esculturas gregas que era impossível copiá-la na vida real. As coxas são poderosas, as panturrilhas nitidamente delineadas, o pênis pequeno (sempre) e, uma vez que se trata de belos e jovens rapazes, eles ainda não têm barba, ainda que seus cabelos sejam cuidadosamente penteados.

Era no ginásio que o cidadão descobria que tipo de homem ele era – por meio da competição com outros homens, da exibição do corpo, da masculinização. O ginásio testava a masculinidade, e não apenas nas atividades atléticas. Era também um lugar-chave para encontros eróticos: ali o belo menino ficava conhecido como uma beldade, os homens disputavam a atenção de garotos atraentes e se reuniam para conversar, se exibir e observar uns aos outros. Era onde se podia ver outros homens, compará-los e comparar a si mesmo com a imagem do corpo perfeito. O ginásio fazia do corpo um tópico de conversação, exibição, desejo e preocupação, assim como de exercício e cuidados.

[FIG.3] *Friso "anatômico" de um monumento funerário*

A estátua romana da figura 4 soma teoria à prática. É uma cópia de uma das mais famosas estátuas do mundo clássico, o Doríforo, ou "Carregador de lança", feita por Policleto no século IV a.C. Polícletos também escrevia sobre escultura, e foi o primeiro a desenvolver um cânone do belo – isto é, ele esboçou em linguagem teórica matemática as perfeitas proporções que um homem deveria ter se fosse um exemplo perfeito de masculinidade. Esse procedimento foi seguido por Leonardo da Vinci em seus desenhos das proporções da forma humana, que examinam a matemática divina da beleza. Com menos interesse teórico, esse procedimento também foi adotado por Charles Atlas, que apregoava ser "o exemplo ideal do homem para o século XX" e que posou imitando a estátua de Policleto (figura 5). O escultor grego resumiu seu princípio teórico de equilíbrio e harmonia com a palavra "simetria" – um termo que ressoa claramente na admiração de Luciano pelo corpo perfeito. Embora muitos estudiosos tenham questionado se Doríforo realmente personifica esse cânone (a maioria pensa que sim), a inclinação teórica tipicamente grega é crucial. Não é apenas que o ginásio tornava as pessoas especialmente conscientes do corpo. Havia também uma crença artística, que oferecia regras abstratas para o corpo perfeito – regras por meio das quais era possível avaliar um corpo, real ou esculpido, e discuti-lo.

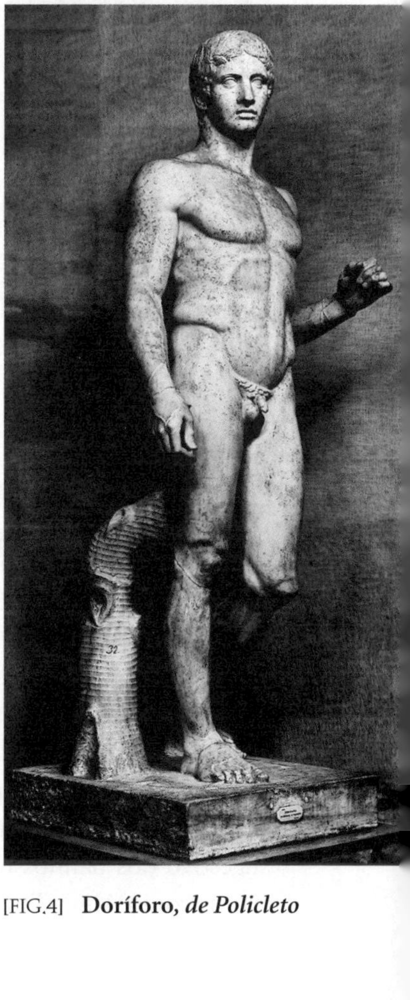

[FIG.4] **Doríforo,** ***de Policleto***

A forma ideal foi pintada e esculpida muitas vezes inundando as cidades da Grécia com uma imagem de corpo difícil de ser reproduzida. Hoje o mais comum é que sejam as modelos femininas que estabeleçam para as mulheres ocidentais modernas padrões corporais que quase ninguém consegue atingir, ao passo que na cultura grega era o corpo ideal do homem que despontava nos templos, vasos e pinturas como um incansável e impossível padrão para o homem. Um corpo verdadeiramente masculino requer muito trabalho, e muitos cuidados para ser produzido e mantido.

A nudez era essencial na cultura do antigo ginásio. Essa é uma diferença bastante óbvia nas exibições feitas por Charles Atlas e Doríforo sobre o que constitui a forma perfeita – assim como é entre

[FIG.5] *Charles Atlas*

o antigo Perseu e o herói de Ticiano. A surpresa moderna diante do hábito grego de exercitar-se nu indica de forma instantânea como os hábitos de exposição corporal são determinados pela cultura. Mas as atitudes com relação ao corpo nu em Roma são ainda mais provocativas. Para um romano, ir à casa de banhos era tão importante quanto, para um grego, ir ao ginásio. Indivíduos encontravam-se nas casas de banho não somente para usufruir dos banhos quentes e frios e das saunas a vapor, mas também para conversar amenidades e, ocasionalmente, praticar exercícios leves – despidos, sempre. Como em qualquer academia ou *spa* moderno, quando a convivência envolve corpos desnudos as fronteiras sociais precisam ser cuidadosamente estabelecidas, e as casas de banho tinham seus protocolos e rituais. Entretanto, o que sempre pareceu escandaloso para a tradição judaica e cristã é o fato de que as mulheres também as freqüentavam.

Questiona-se com freqüência, naturalmente, se existiam sessões exclusivas para mulheres, ou se membros das classes superiores eram separados. De fato, parece que algumas casas de banho teriam sido reservadas para homens ou para mulheres; e algumas tinham horários exclusivos para cada sexo. De qualquer maneira, banhos mistos eram certamente uma atividade comum em Roma. Quando Plutarco, cavalheiro e estudioso, se confessa profundamente chocado com a impropriedade dessas práticas, ele ilustra a típica reação da Grécia antiga. Quando cavalheiros e estudiosos modernos também expressam surpresa e ultraje diante dos banhos mistos romanos, torna-se evidente como é complicado nos afastarmos de nossa própria cultura da nudez, nossas próprias expectativas de exibição do corpo.

A ofensa não é a única reação aos banhos mistos de Roma. O ambiente sugestivo dos banhos incitou particularmente a imaginação de artistas vitorianos como Alma-Tadema: muitas de suas pinturas mais obviamente provocantes utilizam as casas de banho como cenário. *The Tepidarium*, o "quarto quente" (figura 6), constitui um maravilhoso exemplo: o rubor e a expressão sonhadora do rosto da mulher, juntamente com a insinuante posição sobre mantas sensuais, são delineados com a intenção de convidar o olhar fantasioso do observador. O estrigil na mão direita sugere que ela estava se exercitando e que precisa ser esfregada. Sensualmente, o penacho mantém uma medida de decoro (embora para Kenneth Clark ele sugira pêlos púbicos). Mesmo na própria Roma clássica, onde a prática dos banhos era um evento diário de lazer e prazer, sérios moralistas muitas vezes protestavam contra a frouxa moral e o comportamento indulgente que acreditavam vigorar ali. E poetas de princípios duvidosos escreviam poemas sobre esses ambientes que davam aos moralistas toda a munição de que precisavam.

A preocupação com a nudez, porém, não se refere apenas a seu evidente potencial sexual. Ela é freqüentemente considerada a condição natural, em que somos mais simplesmente nós mesmos, mas é também o estado em que menos podemos identificar a condição social, intelectual e moral da pessoa à nossa

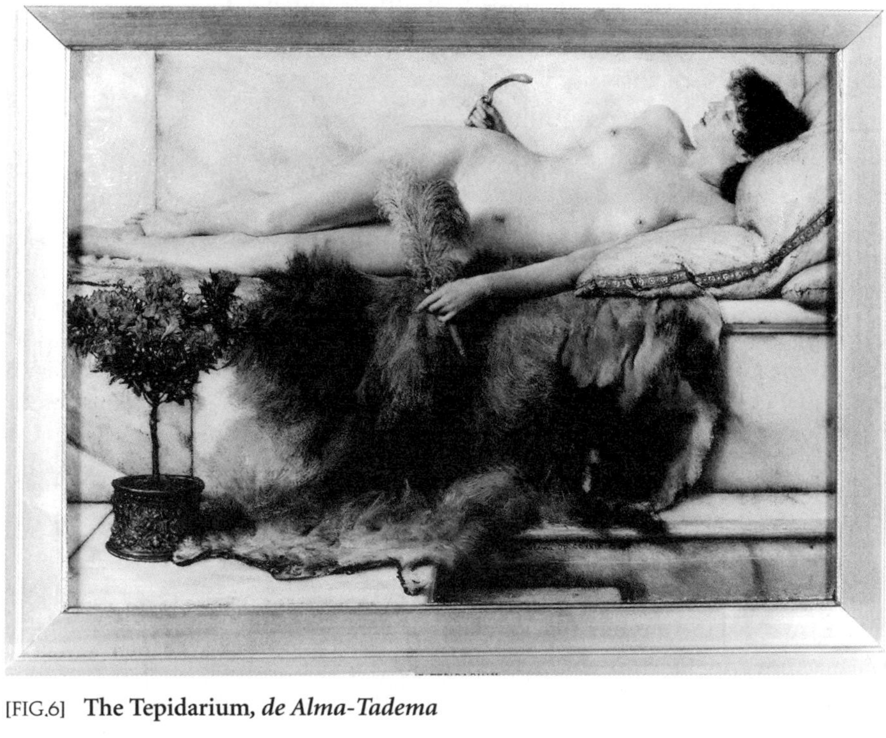

[FIG.6] **The Tepidarium,** ***de Alma-Tadema***

frente. A cultura romana, mais ainda que a sociedade moderna, era obcecada por sinais visíveis de status, honra e posição, que eram clara e inconfundivelmente caracterizados. A nudez esconde as roupas, as jóias e os outros emblemas que informam ao mundo quem é *aquele* cidadão. Um espaço compartido em que a nudez de fato ocultava o status de um homem poderia muito bem ter provocado ansiedade. Sim, o hábito faz o monge.

As antigas práticas de exibição da nudez podem parecer um tanto estranhas para olhos modernos. Não menos surpreendente é o fato de que tanto na antiga Atenas como no Império Romano existia um próspero comércio de manuais de saúde, dietas e guias de exercício. Toda uma série de especialistas, de médicos a técnicos esportivos e massagistas pessoais, competia entre si. Desde o século IV a.C. há vários livros sobre dieta, os "Regimens", agrupados no *Corpo hipocrático*, que dão conselhos sobre o que comer, quando e quão freqüentemente se lavar, quantos e que tipos de exercício fazer, quanto dormir e quanto de sexo praticar. A palavra grega para esses regimes é *diaite*, da qual se origina a palavra *dieta*. Os livros de dieta que hoje ainda encabeçam as listas dos best-sellers não constituem um fenômeno moderno. Os gregos antigos, igualmente obcecados pelo corpo perfeito, também ansiavam por conselhos de especialistas.

Esses livros de dieta continham longas sessões sobre os efeitos de diversos alimentos no sistema digestivo, e longas discussões sobre como curar vários problemas por meio de cuidadosas disciplinas de vida. Se, por exemplo, você tem dores de cabeça, sente-se letárgico, constipado e ocasionalmente febril – uma condição chamada de "excesso" –, então:

> Depois de um banho a vapor, purifique o corpo com heléboro, e por dez dias aumente gradualmente os alimentos leves e tenros, e as carnes que desobstruam os intestinos, para que o ventre inferior possa dominar a cabeça, arrastando os humores para baixo e para fora. Pratique corrida lenta, caminhadas suficientemente longas pela manhã, e luta com o corpo banhado em óleo. Não deixe de almoçar, e depois do almoço durma um pouco. Depois do jantar apenas uma pequena caminhada é suficiente. Tome um banho aquecido, passe um óleo e evite sexo. Esse é o tratamento mais rápido.

Esse conselho é uma mistura de atividades médicas, como tomar um banho a vapor com heléboro para purificar o sistema, e de disciplinas de vida mais gerais como "não deixe de almoçar, e depois do almoço durma um pouco".

O objetivo é ordenar a vida diária do cidadão – desde o sexo até a corrida – de acordo com o sistema médico. A Grécia não nos deu *personal trainers* e dietas da moda.

O corpo do cidadão é propriedade pública. Despido no ginásio, relaxado no simpósio, andando pela rua, falando na assembléia ou no tribunal, o corpo estava lá para ser observado e comentado. Como ficar em pé, como andar, como *parecer* um homem por meio do comportamento físico, eram preocupações partilhadas. Outros homens observam e julgam o corpo do cidadão: como o cidadão percebe a si mesmo depende dessa avaliação. Sócrates era sempre útil, como o escritor do século IV Xenofonte pretende provar com esta história:

> Vendo que Epigenes, um de seus companheiros, apresentava uma condição física precária para um homem jovem, ele disse: "Você tem o corpo de alguém que simplesmente não está envolvido em questões públicas!" Epigenes responde que é um cidadão privado e não atua na vida pública, mas Sócrates o repreende firmemente: "Você deveria cuidar de seu corpo como um atleta olímpico." Quando vê o jovem rapaz em sua medíocre condição física, Sócrates naturalmente conclui que seu corpo comprova, instantânea e obviamente, o vergonhoso fato de que o jovem não está participando da vida pública da cidade com o devido espírito público. Ele prossegue explicando que não só para um soldado, mas mesmo para um simples homem, "em nenhuma atividade você será prejudicado pelo fato de ter um corpo melhor". Conseqüentemente, conclui ele, você precisa trabalhar "para ver como consegue desenvolver a máxima beleza e força de seu corpo". E isso não acontecerá por si mesmo: "Você tem de cuidar de seu corpo."

Xenofonte representa a lógica do cuidado com o corpo. O cidadão deve treinar seu corpo para torná-lo o mais bonito e vigoroso possível, e assim ter sucesso tanto na guerra como em todas as outras atividades públicas. Sócrates não hesita em se dirigir a alguém para acusá-lo de flacidez, e em importunar um homem simplesmente porque ele não está em forma. Ao contrário dos filósofos modernos, presos à sala de aula e ao seminário, ele está na rua, ativamente alterando a vida das pessoas. Sócrates se envolve porque o cidadão flácido é uma questão pública, um assunto de interesse público. A gordura é uma questão política.

A influência da Grécia antiga no corpo do homem moderno é profunda. O que parece sensual e o que é considerado saudável dependem em larga medida dos ideais gregos representados na escultura e na arte clássicas. O corpo masculino perfeitamente tonificado, musculoso, definido e simétrico é elaborado como um ideal da arte de textos médicos e de outros escritos do mundo clássico. Apesar da tradição cristã que despreza o corpo como pecaminoso e almeja uma vida espiritual, não materialista, essa imagem do físico atlético e bem cuidado se enraizou completamente na imaginação da sociedade ocidental, um ícone de beleza e saúde imediatamente reconhecível. Espera-se que saibamos o que constitui um belo corpo. Podemos saber que diferentes culturas definem de modo distinto o que é um "belo corpo". Podemos estar plenamente conscientes de que as imagens corporais são manipuladas por uma imprensa poderosa, que sempre produziu fantasias sobre o corpo perfeito, seja uma rechonchuda mulher pintada por Rubens ou uma esquelética modelo nas páginas de *Vogue*. Mesmo assim, achamos que sabemos o que é um belo corpo. E o fato de que pensamos realmente sabê-lo demonstra o poder que os mitos gregos ainda exercem sobre a cultura ocidental contemporânea.

Na atual cultura do corpo, essa nostalgia pela Grécia é raramente explicitada. Entretanto, a conexão entre uma Grécia idealizada, o corpo perfeito e o atletismo se tornou absolutamente clara quando a Europa moderna reinventou os Jogos Olímpicos, no final do século XIX. Geralmente se atribui ao barão francês Pierre de Coubertin o crédito de fundador dos jogos modernos. Fazendo uma competente autopromoção, ele ficava bastante satisfeito em reivindicar para si, com muita freqüência, a invenção dos jogos. Coubertin era apaixonado pelo atletismo do sistema de educação pública britânica – ele lia *Schoolboys*, de Tom Brown, como se fosse um texto santo; e também esperava capacitar seus próprios compatriotas para resistir à máquina de guerra germânica por meio de um programa de "educação esportiva", uma esperança que ecoa a antiga noção grega do atletismo como a melhor preparação para a guerra. Mas a força que realmente impulsionou a emergência dos Jogos Olímpicos foi um impassível e profundo helenismo, um amor à Grécia antiga. Olímpia, escreveu Coubertin, foi "o berço de uma perspectiva de vida estritamente helênica em sua forma". Arqueólogos alemães tinham escavado Olímpia para revelar o verdadeiro local dos Jogos, Heinrich Schliemann tinha descoberto Tróia e seus tesouros; a paixão pela Antigüidade estava no apogeu. A oportunidade de viver um completo helenismo com o próprio corpo, na Grécia, e com um festival tão evocativo das glórias do passado produziu uma força irresistível que fez surgirem as Olimpíadas.

A obsessão do século XIX com tudo o que era grego modificou a cultura do corpo. Enquanto o movimento olímpico estava sendo resgatado –

e até as primeiras décadas do século XX –, floresceu, principalmente na Alemanha, um culto ao físico. Grupos se encontravam para caminhar, se exercitar e nadar ou treinar juntos, algumas vezes "ao natural". O amor romântico pela natureza produziu uma fixação tipicamente alemã pela "floresta" e pela "montanha", que se juntou à paixão pelo helenismo e fez do "exercício" uma idéia vigorosa para o nacionalismo alemão. A ginástica "ao natural" se tornou um símbolo do fervor nacionalista. Na verdade, a nudez pública ainda é aceita na Alemanha de maneira distinta do resto da Europa e dos Estados Unidos, e existem parques em Berlim, por exemplo, onde se expor ao sol totalmente despido ainda é algo normal.

Entretanto, com o passar do século, esse culto ao corpo alimentou os mais preocupantes elementos do nacionalismo alemão e sua agressiva promoção do físico atlético ariano. O elo mais sólido entre o amor romântico do século XIX pela Grécia e as violentas paixões arianas que vincularam o culto do corpo à ideologia nazista foi provido por Friedrich Nietzsche. Sua idealização do espírito germânico, suas teorias sobre o poder e sua exaltação da moralidade do super-homem que domina seus inferiores exerceu um efeito profundo no nacionalismo, que culmina no Partido Nazista antes e durante a Segunda Guerra Mundial. Embora o argumento de que a utilização de Nietzsche pelo fascismo alemão constitua um drástico abuso da verdadeira postura política do filósofo, não resta dúvida de que sua leitura proporcionou justificativa e inspiração para muitas ideologias do século XX.

Nietzsche sintetiza o impacto do corpo grego na imaginação ocidental em um cortante e estranho parágrafo. "Os alemães", ele afirma, "mais uma vez reforçaram sua ligação com os gregos, a mais elevada configuração humana até hoje." Aqui se encontra a explosiva alegação de que a raça alemã descende dos gregos, e que como os gregos constituíram a mais elevada configuração humana, conseqüentemente os alemães aspiram àquele pináculo, sua verdadeira herança. "Hoje nós estamos novamente nos aproximando de todas aquelas formas fundamentais de interpretação do mundo imaginadas pelos gregos... Estamos nos tornando *mais gregos* a cada dia." Mas para Nietzsche não é apenas em pensamento que podemos nos tornar mais gregos: "Estamos nos tornando *mais gregos* a cada dia; primeiramente, como é de se esperar nos conceitos e nas avaliações, como fantasmas helenizadores, por assim dizer; mas um dia, em nossos *corpos* também." Nós podemos, "como fantasmas helenizadores", nos colocar em uma perspectiva mental grega, mas o objetivo crucial e máximo é que nos tornemos gregos "também em nossos *corpos*". Precisamos nos tornar fisicamente gregos. É quase como se, por meio da filosofia clássica, todos nós fôssemos desenvolver cristas no ilíaco e abdomes "tanquinho". Esse desejo de um corpo grego é resumido por Nietzsche em termos sugestivos: "Aqui se encontra (e sempre se encontrou) minha esperança para o caráter alemão!" De forma resumida, ser realmente alemão, para Nietzsche, significa tornar-se grego "em nossos corpos".

A conexão entre o corpo clássico, o nacionalismo alemão e os ideais modernos do atletismo olímpico é brilhantemente captada no infame documentário *Olympia*, de Leni Riefenstahl, sobre os Jogos Olímpicos de Berlim em 1936, realizado para o Ministério de Propaganda de Goebbels. Seu estrondoso sucesso na Alemanha nazista o torna elemento integral de uma repugnante política do corpo, qualquer que tenha sido a intenção de sua criadora. De qualquer modo, em uma coleção de imagens impressionante, o filme revela o anseio pelo corpo grego. A primeira parte do documentário, chamada "Festival das Nações", começa com um extenso prólogo no qual imagens carregadas de ideologia são amorosamente evocadas. A câmera se move entre vistas da Acrópole para as de outras românticas ruínas, e finalmente para *close-ups* de estátuas de mármore branco. Nem todos são atletas, mas a imagem final é a da celebrada estátua clássica "O atirador de discos", esculpida por Míron. No filme, a imagem da estátua começa a revolver até se fundir com a de um atleta moderno, que atira discos com equilíbrio e poder muscular. O atleta moderno é visto, literalmente, como a personificação do clássico ideal esculpido. Nietzsche teria adorado as cenas da transformação do antigo atirador de discos no moderno atleta alemão do filme de Riefenstahl. Hitler ficou tão impressionado com "O atirador de discos" que em 1938 ele utilizou todas as suas conexões diplomáticas a fim de adquirir a estátua para a Alemanha. O ministro da Cultura italiano foi desconsiderado e a estátua enviada para Berlim (ela foi discretamente repatriada em 1948).

Nietzsche e Riefenstahl fazem parte de uma longa e recorrente tradição de tentar alcançar o ideal do corpo grego. Como os próprios gregos, nós nos cercamos da forma masculina, preparada por meio do exercício e da dieta, objeto do escrutínio público, do desejo e do fracasso. Essa personificação do mito grego se entranha na imaginação cultural do Ocidente e sobrevive como uma herança em todos nós. A academia, o torso, a pose, a dieta – a fascinação com o corpo grego se mostra ainda à nossa volta. "Ser grego em nossos *corpos*" pode parecer uma fantasia de Nietzsche. Mas é um ideal que muitos, conscientemente ou não, partilham ainda hoje.

[FIG.7] *Do filme* Olympia, *de Leni Riefenstahl*

2 *Coisa de homem?*

A preocupação moderna com o belo corpo faz um mito da Grécia antiga sobreviver. Entretanto, esse empenho em atingir a forma perfeita reflete apenas um lado de uma história bem mais complexa sobre o modo como os gregos e romanos expuseram a forma humana. A maneira pela qual nos diferenciamos do mundo clássico é também profundamente reveladora dos tabus e das ansiedades que perseguem a concepção moderna do "eu".

A influência das mais esplêndidas estátuas clássicas em nossos corpos imaginários é evidente. Entretanto, os torsos reluzentes expostos nos museus fornecem uma visão deturpada e limitada de como o corpo era representado no mundo clássico. Em gavetas trancadas e armários secretos por todo o mundo, curadores de museus guardam os pênis que foram arrancados das estátuas, junto com outros objetos que a tradição cristã cobriu com folhas de figueira ou dos quais tentou desviar seus pios olhos. O que os antigos fizeram com os pênis eretos é muito revelador, justamente por ser tão distinto da abordagem da sociedade moderna. Quando se trata do falo, o corpo clássico oferece um tipo de espelho diferente, no qual podemos enxergar com mais clareza quem pensamos ser.

Os curadores e os guardiões da moral têm a lei a seu lado, pelo menos na Inglaterra moderna e na maioria dos países ocidentais. Há muitos anos a lei inglesa define a pornografia *hardcore* pela exibição do pênis ereto. É a única coisa que você não pode mostrar na televisão ou nos jornais. Na televisão britânica, pode-se mostrar a simulação do ato sexual, violência sádica e mulheres nuas (depois das 21h), mas mesmo em um programa médico a ereção de um homem não é permitida.

O objetivo fundamental da lei é proibir imagens e escritos que tenham "tendência a corromper e depravar" aqueles que os vêem ou lêem, sobretudo os jovens e os vulneráveis. Portanto, para o bem geral da sociedade, todas essas obscenidades devem ser censuradas. Ou, já que a internet e a indústria de vídeos dificultam cada vez mais a manutenção da censura, a circulação dessas imagens deveria ao menos ser limitada, *tachada* de pornografia, a espectadores "adultos". E em termos legais, no que concerne às imagens, o que evidencia seu caráter pornográfico é o pênis ereto. Entretanto, nas próximas páginas você verá algumas ilustrações de pênis eretos. Mas isso não será pornografia, e este livro não corromperá sua mente, nem fará de você um depravado. É clássico. E é arte.

A figura 8 pode parecer um tanto bem comportada. Ela mostra duas colunas ornamentadas, cada uma coroada pelos restos do que uma vez foram enormes pênis eretos, complementados por testículos e pêlos púbicos. Eles estão localizados na entrada de um pequeno local sagrado dedicado a Dioniso, na ilha de Delos. Normalmente, quando historiadores da religião se deparam com pênis eretos, com ar vago classificam-nos de "símbolo de fertilidade" e, tão rapidamente quanto possível, desviam seus olhos para assuntos mais nobres. Neste caso, porém, tal reação é inadequada, já que a coluna mostrada em primeiro plano na ilustração é decorada com esculturas e inscrições que contam uma história mais precisa sobre a função do monumento e a razão pela qual ele se encontra nesse refinado contexto cívico grego. Logo após o fim do século IV a.C., o monumento foi montado por um homem chamado Caristia para celebrar o fato de haver financiado uma série de triunfantes

[FIG.8] ***O monumento de Caristia, em Delos***

[FIG.9] ***O monumento de Caristia (visão frontal)***

peças na competição de teatro local. Muitas aspirantes ao estrelato hollywoodiano apreciariam a ironia: esse pênis comemora um bem-sucedido empresário de teatro.

O monumento em si pode ser específico a Caristia, mas em nada sua forma e conteúdo seriam surpreendentes para olhos gregos. Em ambos os lados da coluna encontram-se relevos entalhados, muito parecidos em sua representação de um Dioniso despido, ladeado por um séqüito que inclui uma bacante – uma das indomitáveis celebrantes de seus ritos. Dioniso, é o deus patrono do teatro e do vinho, e os trunfos de Caristia aconteceram em um festival em homenagem a ele. Estas imagens constituem versões comuns dos festejos de Dioniso e eram freqüentemente utilizadas naquele período para celebrar um sucesso teatral.

A imagem na parte frontal da coluna parece ser mais surpreendente para o olhar moderno (figura 9). Aqui vemos um frango cuja cabeça é um pênis. Mas essa imagem não é estranha para os parâmetros gregos. É comum, por exemplo, falos alados em cenas pintadas nos vasos gregos (embora os estudiosos modernos não saibam exatamente como interpretar esse "pássaro fálico", arriscam a sugestão não muito ousada de que talvez ele carregue "implicações eróticas"); mulheres são mostradas carregando esses pássaros fálicos ou montadas neles. No caso que analisamos, porém, o frango/falo é imediatamente reconhecível como uma estátua de culto e veneração a Dioniso em Delos. Os delianos celebravam um famoso festival, o *Phallophoria*, em homenagem a Dioniso. Uma magnífica procissão levava para o principal santuário do deus uma estátua feita especialmente representando um pássaro cuja cabeça era um falo. Caristia deseja que sua vitória seja celebrada de forma a conectar seu sucesso às cerimônias religiosas da ilha.

A utilização de representações do falo ereto nos ritos cívicos do Estado moderno seria certamente desconcertante, mas o transporte de falos enormes fazia parte do culto a Dioniso em todo o mundo antigo. No apogeu da autoridade política de Atenas, aliados estrangeiros foram requisitados a mandar um falo para participar da procissão da Grande Dionisíaca, o festival em que tragédia e comédia eram encenadas. Essa era uma formidável ocasião política, plena de pompa cerimonial, da qual participavam visitantes e dignitários de todo o mundo grego. Atenienses nada viam de estranho na presença de enormes modelos de pênis rígidos na sua mais esplêndida cerimônia de Estado.

E por que não? Tudo o que eles tinham de fazer era dar uma olhada pela cidade. Nas portas das casas erguiam-se hermas, estátuas do deus Hermes, a divindade que guardava as passagens. Mas em lugar de tecidos habilmente esculpidos ou músculos talhados visíveis nos expoentes da escultura clássica, essas figuras eram constituídas apenas por uma cabeça sobre um pilar quadrado, do qual se projetava um grande pênis ereto. Às vezes nem havia cabeça. Hermas eram também colocadas em encruzilhadas por toda a zona rural de Atenas, e em cada uma delas um pequeno lema moral, como por exemplo "Não engane um amigo", era inscrito. Essas hermas tinham sido organizadas pelo Estado como forma de mapear o território de Atenas que se encontrava sob seu controle político e moral. Elemento religioso, elemento político, parte da organização e do território do Estado, o falo era uma visão diária – um aspecto integrante do universo simbólico por meio do qual a cultura clássica se expressava.

Também outros deuses, em especial Dioniso, tinham estátuas de veneração similares a essas hermas: um bloco, uma cabeça, um pênis ereto. Na cultura romana, Príapo era justamente uma dessas figuras fálicas, embora freqüentemente apresentasse um corpo humano mais desenvolvido. Entretanto, na imaginação romana, Príapo manuseava seu falo como uma arma para proteger jardins e pomares contra ladrões. Seu falo representava uma ameaça e um símbolo de poder – e senhores romanos vangloriavam-se enfaticamente de haver estuprado homens e mulheres escravos como castigo, ou simplesmente como maneira de afirmar sua autoridade.

[FIG.10] *Campainha romana*

Nem todos os usos que os romanos fizeram do falo envolviam agressões tão óbvias. Nas cinzas de Pompéia, escavadores encontraram campainhas de portas

[FIG.11] **_Ânfora com desenho de herma_**

na forma de pênis, e lamparinas na forma de genitais grotescos e exagerados. A figura 10 mostra quão ornados e, bem, quão *fálicos* tais objetos podem ser. Aqui um conjunto de três sinos pende – de um pênis ereto voador, um sino em cada uma das asas e um na ponta do pênis, como um bizarro fetiche sexual moderno. Mas esse falo alado também possui o seu próprio falo, igualmente ereto. E não é só isso – ele tem um rabo, e o rabo também possui a forma de um pênis, mesmo que seja bastante curvo. Esse não é apenas um pênis em um espaço público, mas um estupendamente fantástico *objet d'art* representado pelo pênis-no-pênis-no-pênis de alguém. É difícil saber quão normal, quão cafajeste ou quão divertida essa peça pareceria aos olhos romanos. Como deveriam, exatamente, ser tocados esses sinos?

O falo fazia parte da estrutura da religião e da vida clássica. Fazia parte tanto do mais pomposo ritual cívico como da experiência mais rotineira. Também se presta a todas as piadas e ofensas que uma imagem simbólica tão poderosa é capaz de atrair. A figura 11 ilustra a representação de uma herma, com um gracejo não muito sofisticado. Ela adorna um vaso feito na Atenas clássica, e mostra também um altar. A herma possui um falo desproporcional, e sua expressão parece de extremo desconforto. O deus se mostra incapaz de impedir que o pássaro bata as asas perto de seu rosto – e o pênis agigantado enfatiza o uso zombeteiro da estátua cultual como amuleto rotineiro. A imagem é muito adequada a essa ânfora de vinho, um vaso feito para ser usado nas festas onde homens se reuniam para beber, um simpósio, em que esse tipo de piada era perfeitamente cabível. Vale a pena ressaltar o contraste com o mundo moderno. Quando um acadêmico de um departamento de estudos religiosos nos Estados Unidos publicou um livro chamado *God's Phallus,* nos anos 1990, perdeu o emprego. O mundo moderno, mesmo que aprecie piadas religiosas, não acha muito bom que se brinque com o corpo sexual do divino.

É mais difícil, entretanto, observar a jovem figura feminina da figura 12, embora ela esteja magistralmente esculpida. Para o leitor moderno que facilmente se choca, é preciso mais cuidado. A figura contém uma verdadeira revelação. É uma herma de um deus chifrudo, barbado e feio, que deve ser Pã, o indisciplinado e perturbador deus do campo, causador de "pânico". Na frente da herma está a figura de uma jovem com pernas de bode – uma menina Pã, uma *Panisca*. Uma de suas patas está apoiada sobre um pequeno pedestal ou altar; em segundo plano, panos dependurados e árvores frutíferas também sugerem um elegante santuário rural. Entretanto, com a mão direita ela agarra o chifre da estátua ao mesmo tempo em que, com a esquerda, dirige o falo do deus para dentro de si.

De qualquer modo, esse relevo não é apenas uma imagem obscena. Em primeiro lugar, há muitos chistes que tornam a imagem surpreendentemente complexa, tanto quanto seu primoroso entalhe. Pã é tradicionalmente um estuprador de ninfas, de jovens ovelheiros e de bodes, mas aqui está sendo usado por uma fêmea para o prazer *dela*. Normalmente Pã persegue moças que podem ser metamorfoseadas em junco devido ao medo, e que acabam cortadas e tocadas como flautas por Pã. Aqui o deus é de pedra, e é a moça que faz, sem qualquer receio, o que bem entende com a figura estática. É um estereótipo padrão da comédia clássica que as mulheres necessitam constantemente de gratificação sexual: aqui vemos como a Panisca improvisa no santuário rural com um estilo aptamente rústico. Ela agarra os chifres do deus – e a palavra "chifre", em grego e em latim, assim como no inglês moderno, é freqüentemente utilizada em um trocadilho indecente: trata-se de uma imagem *horny*.*

[FIG.12] ***Uma Panisca em um sarcófago romano***

* *Horny* em inglês significa excitante ou, mais especificamente, "que dá tesão". A frase "*she is horny*" pode significar tanto "ela está com tesão" como "ela me dá tesão". Ao pé da letra, *horny* poderia ser traduzido como "chifrudo", "cornudo" – um termo que também tem conotação sexual, embora distinta do sentido com o qual é utilizado em inglês. (N.T.)

O trocadilho é perceptível, digamos, pela posição das mãos da moça. Mesmo as feições tipicamente distorcidas do deus adquirem um sorriso malicioso devido à maneira como ele está sendo tratado pela jovem. É relevante que as figuras nessa imagem não sejam simplesmente humanas, e que a mulher não possa ser a irmã, amante, esposa ou amiga do observador. Seria muito mais embaraçoso, ou inapropriado, ou simplesmente mal-educado para os romanos, como para nós hoje, se essa pequena cena fosse encenada por pessoas como nós. A natureza mística da cena ajuda a fazer dela uma possibilidade até mesmo divertida, e não apenas um gesto sexual grosseiro.

Mas o que é realmente surpreendente nessa imagem, ou mesmo chocante para um observador moderno, é o fato de ela estar esculpida em um sarcófago romano. Não é uma imagem lúbrica de um bordel ou de um quarto, mas parte de uma elaborada escultura de pedra que compunha o jazigo de um rico romano do século II. É um objeto destinado ao mais sagrado e árduo dos rituais, um funeral. Essa imagem deve ser vista em um contexto sagrado e sóbrio. E isso não surpreenderia nenhum romano. Existem muitos sarcófagos com cenas festivas envolvendo tanto figuras míticas como humanas. O nosso romano queria seu monumento coberto de imagens da boa vida, e essa pequena e mordaz vinheta mítica sobre os encantos campestres captura um sentido dos prazeres mundanos. Seria profundamente esquisito encontrar esse tipo de relevo em uma lápide moderna.

O pênis ereto *pode* sem dúvida funcionar como um símbolo de fertilidade. Ele pode ser usado para afastar o perigo e pode servir como símbolo do poder e do controle masculino. Além disso, porém, na cultura clássica ele é carregado em procissões, utilizado na construção de monumentos públicos, colocado nas portas e encruzilhadas, usado em campainhas e lâmpadas, pintado, esculpido, manuseado em contextos religiosos, políticos e teatrais, tanto quanto em situações privadas, descontraídas e informais. O que o Ocidente moderno estigmatiza como o maior símbolo de obscenidade, e cuja exposição proíbe porque corrompe e deprava, é amplamente exibido no mundo clássico.

Este breve *tour* sobre o falo na arte pública torna evidente que a arte clássica vai muito além do torso reluzente: é notável a diferença entre a facilidade de exibição do falo ereto na Antigüidade e a sua ansiosa dissimulação na era moderna. Mas é também evidente que a diferença de atitude não é uma simples questão de gosto ou costume. A maneira como o falo é mostrado revela aspectos fundamentais sobre o sentido do corpo e da sexualidade em ambas as culturas – sobre o que significa ser uma pessoa. O modo como reagimos hoje à Panisca revela algumas de nossas próprias idéias sobre corpo e sexualidade. Nossa reação nos mostra algo sobre cada um de nós.

Então por que a visão do pênis ereto *é* banida do público na Inglaterra moderna? Qualquer que seja a resposta – não parece haver uma só –, ela nos levará a todos os tipos de idéias sobre sexualidade e sociedade. Poderia ser porque todos os advogados fossem homens de certa idade e determinada classe social. Poderia ser porque a ereção é vista como um claro sinal de desejo, em contraste com a arte, que o disfarça. Poderia ser porque esta é a coisa que um homem mais tem vergonha de expor. Poderia ser porque as crianças fariam perguntas esquisitas. O que a assombrosa diferença entre o mundo antigo e o atual revela é a dificuldade em obter uma visão clara do por que fazemos exatamente o que fazemos com as imagens do corpo, e o que isso diz sobre quem somos.

3 *O corpo feminino – macio e esponjoso, depilado e recatado*

Até agora esta história tem se concentrado muito no homem. Em parte, isso reflete o material clássico, em que quase todo escritor, pintor e escultor era do sexo masculino, como o eram também as platéias esperadas, ou típicas, de grande parte do que era produzido por esses artistas. Por um lado, a ênfase no masculino é uma conseqüência previsível do foco no abdome "tanquinho" e no falo. Mas o fato de que existe também uma narrativa a ser contada sobre a exibição do corpo feminino não deve surpreender.

A tentação imediata é fazer um paralelo entre as histórias do sexo masculino e do feminino. Aquela ilusória simetria do "dele" e do "dela" nos leva a emparelhamentos esclarecedores. No âmbito da censura inglesa, por exemplo, a legislação sobre pornografia distingue entre o pênis ereto e o flácido, com a proteção extra de uma folha de figueira sempre que possível. Isso tem sido geralmente aceito como uma evidente linha demarcatória entre o aceitável e o inaceitável. Mas as coisas são bem diferentes e bem mais obscuras quando se trata do corpo feminino e da procura por sinais inaceitáveis de excitação sexual. Como muitos homens aturdidos, a lei também tem maior dificuldade em reconhecer os sinais do desejo sexual em uma mulher, e não sabe exatamente o que proibir. Se o problema é a excitação sexual, qual é seu sinal físico no corpo de uma mulher? E o que, no corpo de uma mulher, não poderia excitar um espectador masculino?

Desde a Segunda Guerra Mundial, os limites do aceitável vêm mudando radicalmente e se tornando cada vez mais nebulosos, ao passo que mais e mais do corpo feminino é posto à mostra em um *striptease* contínuo perante um público *voyeur*. Durante muito tempo uma linha divisória ferozmente mantida era o pêlo púbico – qualquer visão dele era diligentemente eliminada de filmes e revistas. Esse é um ponto em que podemos ver o impacto imediato da arte grega nas representações da figura feminina. As Afrodites e Vênuses que incendiaram a imaginação de artistas a partir do Renascimento nunca possuem pêlo púbico, embora estátuas masculinas, sejam de homens ou de deuses, na mesma tradição realista, quase sempre os têm. Algo tão vulgar como pêlos nas axilas não está presente nem em estátuas masculinas nem em femininas. O antigo hábito da depilação pode sempre ser invocado para explicar esse fato, pelo menos nas mulheres: sabe-se que as mulheres na Grécia de fato se depilavam. Algumas raspavam os pêlos púbicos em formas esmeradas – ou pelo menos alguns homens faziam piadas sobre isso. Mas as tradições artísticas modernas seguiram o antigo código: nada de pêlos púbicos para as mulheres.

As imagens femininas que procedem de todas aquelas Afrodites estão normalmente despidas. Dizem que o crítico de arte vitoriano Ruskin, que cresceu acostumado com essas imagens, chocou-se de tal maneira ao ver os pêlos púbicos de sua mulher na noite de núpcias que o casamento nunca foi consumado. Para muitos historiadores da arte, essa maneira de representação da forma feminina é uma "idealização". Mas é também uma fantasia que exerce uma forma de censura. É um véu falso que possibilita a visão de apenas algumas coisas; apenas algumas coisas são capazes de ser vistas. A história de Ruskin, verdadeira ou não, mostra o potencial para a ansiedade, o constante alicerce da fantasia e da censura, que permeia esse hábito de representação pictórica. Junto com as formas gregas de representação, herdamos alguns dos antigos preconceitos de gênero.

A exclusão dos pêlos do corpo nas esculturas gregas do sexo feminino faz parte de uma reticência mais penetrante. Enquanto estátuas de homens nus povoam as cidades e os campos da Grécia desde os primórdios, não foi até o século IX a.C., algumas gerações depois de Sócrates e Péricles, que a primeira figura feminina desnuda, a deusa Afrodite, foi esculpida e exibida. A primeira estátua de uma mulher nua teve um quê inevitável de escândalo: o povo de Cos, que tinha encomendado a estátua para o templo da cidade, negou-se a aceitá-la quando ficou pronta. Mas ela logo foi recebida pela ilha vizinha de Cnidos, e o templo que a abrigou tornou-se um dos mais afamados locais de turismo do Mediterrâneo antigo. A Afrodite de Cnidos era famosa por sua estonteante beleza erótica. Diante dela, homens pasmavam e até se apaixonavam. De acordo com uma história engenhosa, um rapaz teria tentado mesmo copular com ela e, segundo o inventor do caso, pode-se ainda ver a mancha do sêmen no mármore da parte interna da coxa da estátua. Essa é uma história destinada a fazer o ouvinte olhar fixamente entre as pernas da deusa. A estátua original foi perdida, mas uma cópia romana (figura 13) mostra como a pose sugere que a deusa tenha sido surpreendida em seu banho, descoberta em sua nudez pelo observador. A mão esquerda se estende em direção à toga. A outra cobre os genitais em um gesto que ao mesmo tempo esconde e atrai a atenção para eles. Seus olhos se desviam, pudica ou previdentemente, do observador.

Enquanto estátuas masculinas estão posicionadas direta e firmemente, disponíveis para o olhar do observador, a estátua feminina faz um jogo de esconder e revelar. Freqüentemente, está envolta em panos ou usa apenas sedas transparentes e esvoaçantes como se estivesse em um túnel de vento. No caso de uma escultura feminina, o observador sempre procura ver quanto do corpo está exposto.

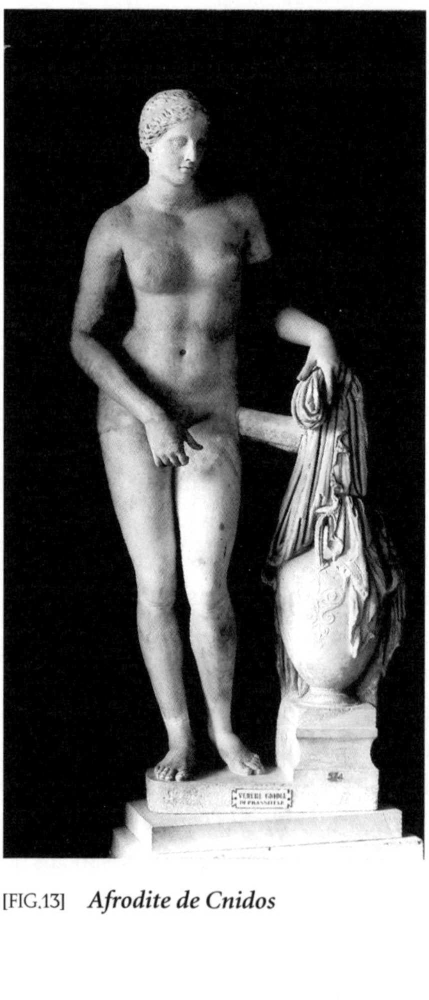

[FIG.13] *Afrodite de Cnidos*

A estátua conhecida como "Afrodite calipígia" (figura 14) oferece uma dinâmica de exposição distinta. Ela está de costas para o observador, levantando a toga para mostrar as nádegas despidas. A deusa olha por cima do ombro direito para espiar, ela mesma, o próprio corpo. "Afrodite calipígia" significa "Afrodite de bela bunda". A estátua dirige seus próprios olhos, e o olhar do observador, para o ponto cuidadosamente exposto e realçado. Ela precisa da toga levantada para enquadrar o que deve ser visto. A obra dirige os olhares para a parte erotizada do corpo da deusa. As deusas Atenas e Ártemis, por outro lado, nunca são representadas nuas, e os mitos nos advertem que homens como Actaeon, que as viu no banho, mesmo que por acidente, foram brutalmente dilacerados. Contemplar Afrodite causa desejo no observador – porém é ainda mais arriscado ver outras deusas despidas.

A exposição do corpo feminino, ou a observação da forma feminina desnuda, parece ser uma coisa diferente da do corpo masculino. Quando aproximamos a história da censura e da exibição do corpo feminino àquela do masculino, a justaposição ajuda a compreender ambas. Ansiedades e regras sociais que se reforçam mutuamente podem ser vistas em operação. A "arte" permite ao observador dirigir o olhar ao que seria em geral inaceitável, mas também o policia atentamente. No corpo esculpido ou pintado, a diferença entre o desejado idealismo e um realismo preocupante é muito tênue. Se a imagem do corpo evoca de modo exagerado a sujeira, ou a desordem da atividade sexual, ela se torna repulsiva. Quando um espectador observa, qualquer consciência de seu próprio corpo – e, portanto, de sua própria sexualidade, moralidade ou mortalidade – requer regulamentação constante: a sociedade sempre se preocupa com as imagens do corpo.

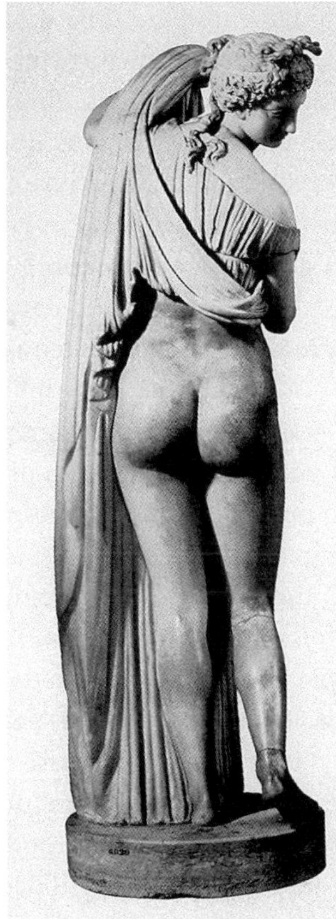

[FIG.14] *Afrodite calipígia*

Como é exatamente que a observação de imagens corrompe o observador? Quando é que o prazer da observação se torna um impulso perverso? Esses são os pontos de discussão que continuam a perseguir o caso de amor do Ocidente com as imagens físicas, diretamente focados quando nos referimos às esculturas da Grécia. Devemos colocar os padrões da representação masculina junto aos da representação feminina – digamos, o pênis ereto do homem junto à falta de pêlos púbicos na mulher – se quisermos avaliar exatamente o que a contemplação dos corpos significa para nós.

Nós podemos começar a contar uma história dos corpos masculinos e femininos em exibição. Entretanto, a sociedade grega era extremamente patriarcal, e qualquer impressão de simetria entre a representação dos dois sexos volta-se rapidamente para uma manifestação de poder, com os homens no topo. O que acontece com o corpo da mulher na medicina é o exemplo mais claro disso. Os corpos masculinos são treinados pelos livros de dieta e autocontrole para chegar à constituição perfeita. Os corpos femininos não possuem essa aspiração. Como resume Aristóteles, "uma mulher é uma deformidade natural". Por natureza, a carne da mulher é molhada, fria, fraca e passiva. Ela é "porosa e esponjosa". (Um homem, claro, é seco, quente, duro e ativo.) A definição médica da natureza do físico feminino fixa sua condição como permanentemente inadequada.

A medicina é a disciplina dominante na percepção da carne e dos ossos humanos, e a medicina grega persistiu como modelo para a ciência ocidental por séculos. Galeno, o principal médico do século II d.C., foi o livro-texto em hospitais europeus mesmo após William Harvey descobrir a circulação do sangue 1.500 anos depois; a compreensão da histeria, por exemplo, a doença feminina *par excellence*, sempre dependeu de modelos da mente e do corpo feminino profundamente influenciados por essa longa tradição. A medicina formula nossa compreensão do corpo, e a medicina grega concebia o corpo feminino através de maneiras particularmente significativas.

Para a medicina clássica dos textos hipocráticos, o corpo de uma mulher é como um cântaro, com tubos interconectados para a circulação do sangue e dos fluidos – tubos que podem ser perigosamente obstruídos. Portanto, caso se queira verificar a fertilidade de uma menina, deve-se colocar um pedaço de alho em sua vagina à noite. Se de manhã ela tiver mau hálito, isso indica que, por sorte, seus tubos estão devidamente desobstruídos e que não há impedimento para a gravidez. O tubo que se estende das narinas até o útero deve estar desobstruído. Essa via de conexão explica por que os médicos gregos podiam pensar que a voz de uma mulher engrossava depois da primeira relação sexual: a desobstrução do orifício de baixo naturalmente afeta o orifício de cima. A conexão entre boca e vagina ainda vigora no vocabulário médico moderno: médicos se referem aos "lábios" vaginais e à "cérvice" (pescoço) do útero. A fisiologia feminina requer explicações científicas – e a ciência concede ao leitor, e ao médico, poder sobre o mundo. A medicina é uma das maneiras como o lugar da mulher na sociedade é demarcado. A medicina modifica nossa visão sobre o corpo das mulheres.

O cânone do corpo perfeito é masculino. O homem precisa de regra, exercício e controle, e abarca o cenário artístico, quadrado, simétrico, perfeito. O corpo da mulher, "um homem deformado", é sempre insuficiente por causa de sua maciez ensangüentada e esponjosa. No pensamento médico grego, o "corpo feminino perfeito" é quase um oxímoro – e essa assimetria depreciativa permeia toda a sociedade grega. Uma mulher pode ser sensual, bela, saudável – mas seu corpo é subjugado à regulamentação e ao controle dos homens. E não pode configurar um cânone. Não se pode olhar para uma mulher como se olha para um homem. A herança das imagens do corpo da Antigüidade clássica também acarreta um impacto social. Para as galerias de arte e as revistas contemporâneas, esse impacto é óbvio, mas ele é também sentido nas ruas e nas instituições da cidade moderna. "Por que uma mulher não pode ser mais parecida com um homem?", canta o professor Higgins em *My Fair Lady – Minha bela dama.* A resposta a essa questão e a própria maneira como ela é formulada têm uma longa história, cujo ponto de partida fundamental é o sistema grego de representação dos corpos femininos e masculinos.

Há boas razões que explicam por que todos nós sentimos o corpo como o fundamento da existência. Nascimento, crescimento, doença, morte – o ser humano é uma coisa física. E o que pode parecer mais natural e óbvio que nossas sensações corporais – dor e prazer, risos e lágrimas? Você não pode *fingir* prazer ou dor, pelo menos não para si mesmo. Porém, o que vimos sobre os corpos da Antigüidade mostra como diferentes sociedades possuem concepções bastante particulares sobre o tema, como essas concepções parecem naturais para os membros de cada uma, ainda que possam parecer estranhas e mesmo anormais para aqueles que pertencem a outras sociedades. Mas então, o que faz o natural parecer natural?

Observar o corpo através das lentes clássicas realça o fato de que idéias aparentemente diretas ou óbvias têm uma história contínua. Essa história é interessante por si mesma; mais importante, porém, é o fato de que ela de fato ajuda a produzir o modo como o corpo se apresenta a nós. Portanto, pode parecer óbvio e correto que um homem que possui um torso magro, sólido e levemente esculpido com músculos tenha um "belo corpo". Mas não é evidente ou óbvio pensar assim. Afinal, seria possível argumentar que ter esse "belo corpo" denota na verdade esforço vulgar e pouco atraente do trabalhador braçal, similar a mãos ásperas e calejadas. Podemos apreciar maciez, gordura e palidez em um corpo porque indicam uma vida de lazer e, portanto, de classe, berço e educação. Podemos também interpretar o "belo corpo" como sinal de uma narcisística obsessão consigo mesmo, devido ao tempo e ao esforço necessários à aquisição do abdome tipo "tanquinho". Essa ambivalência – manifesta com relação a halterofilistas e sua excessiva e exagerada musculatura – resulta, pelo menos em parte, de uma preocupação com o fato de que dedicar muito tempo ao desenvolvimento do próprio corpo é, de alguma forma, errado, tanto por causa da obsessão propriamente dita quanto porque esta é dirigida ao corpo, mera carne. Quem realmente quer ser amado somente pelo corpo?

O fato de pensarmos que o torso de Apolo e as mãos de um lorde equivalem a um "belo corpo" resulta de nossa história cultural. A nostalgia pela Grécia, em particular, constitui um fator central nesse processo. O corpo grego tornou-se parte de nossa concepção de corpo. A noção que tinha Rubens do que era uma bela mulher tornou-se tão desconcertante para o público moderno que requer uma explicação. Isso não significa uma mera mudança de gosto. Mais propriamente, existem as histórias interconectadas da medicina, da história da arte, da sexualidade e de sua exibição, das expectativas sociais e das crenças religiosas que, juntas, modificam a noção e o ideal da forma corporal. A Grécia antiga, e Roma, nos deram as imagens, as fantasias e os modelos por meio dos quais progrediu a história das mudanças. A imaginação moderna, conscientemente ou não, é impregnada pela Grécia. Como nós vemos o corpo é parte dessa história cultural, parte do mito grego em ação, dentro de nós.

Os corpos a que assistimos em filmes, para os quais olhamos em propagandas, sobre os quais lemos em romances ou livros-texto de medicina, os corpos que regulamentamos através de leis e convenções, os corpos da arte erudita e do grafite sujo, da fantasia e da investigação científica, todos esses corpos da imaginação nos cercam de imagens por meio das quais nós amamos e vivemos. Essas imagens fazem parte de uma história, uma história que trata de como vemos e como compreendemos o mundo. Se quisermos entendê-la – entender *como* nos tornamos aquilo que pensamos que somos –, precisamos aprender como o corpo grego continua a impregnar nossas idéias sobre o "eu". Sentir-se pouco à vontade com o próprio corpo não significa apenas se sentir constrangido pela própria aparência. Pode também significar o reconhecimento da influência de nossa história sobre nós mesmos. Isso deve mudar a percepção do que você vê na próxima vez que se olhar no espelho. Há uma história grega dentro de todos nós, que faz de nós quem pensamos ser.

4 *Dele e dela – uma história de amor?*

Sempre que um corpo perfeito adentra empertigado o palco social, estabelece-se a cena para que o deus do amor exalte os corações humanos. A Atenas clássica, o centro do mundo cultural mediterrâneo nos séculos IV e V a.C., sempre ofereceu a imagem do desejo clássico que mais provocou confusão, fantasia e repugnância em culturas subseqüentes. Para os romanos, era tão atraente quanto nitidamente inadequado; os cristãos gritaram e espernearam diante de sua repugnante perversão; os vitorianos desviaram os olhos, ou fantasiaram desesperadamente. Atualmente, as normas sociais e os tabus das regras atenienses sobre o desejo são menos conhecidos. Mas a questão de como os atenienses amavam é extraordinariamente esclarecedora para nossas próprias, e mais íntimas, atitudes com relação a nós mesmos e a nossos corpos.

O "amor grego" constituiu um elemento fundamental na imaginação ocidental. Não há período ou sociedade moderna que não tenha se voltado para a Grécia antiga a fim de imaginar e debater a maneira pela qual homens amam homens. Safo de Lesbos é um nome que ecoa com força erótica através dos séculos. A história do desejo moderno, como a do corpo moderno, tem uma base que remonta à Grécia e que, da mesma maneira que o corpo, ressalta de forma chocante tanto a nossa diferença do mundo clássico como o que dele herdamos.

"O amor", afirma o clichê moderno, "é igual no mundo inteiro." Mas não é. E o exemplo da Grécia antiga mostra quanto somos esquisitos e particulares no Ocidente moderno (sobretudo quando pensamos que nossa normalidade é evidente e típica). Existe uma fascinante história de amor para contar, e, como a Grécia será o palco principal – será uma fábula sobre como homens amam outros homens. Antes, porém, começo com o que o Ocidente moderno sempre quer ouvir: a história do menino que conhece uma menina...

Uma das peculiaridades dessa história é que um homem que transou com uma garota de 13 anos antes de se casarem e que logo depois se matou seja considerado a figura arquetípica do herói romântico. O fato de Romeu simbolizar o papel do amante na imaginação moderna tem muito mais a ver com a peça de Shakespeare do que com os verdadeiros fatos da história. Na cultura moderna, o nome Romeu – "o que há em um nome?" – evoca imediatamente o suspiro lacrimejante em direção a uma sacada e a busca do amor verdadeiro apesar das barreiras das restrições sociais e disputas familiares. Essa é uma história que foi encenada e reescrita muitas vezes desde a tragédia de Shakespeare.

Na Grécia clássica não existe nenhuma história equivalente sobre jovens amantes perfeitos, ou mesmo desgraçados – esse *tipo* de amor simplesmente não existia. Mesmo o casal que se torna o protótipo da fidelidade para gerações posteriores, Ulisses e Penélope, na *Odisséia* de Homero, nunca diz "Eu te amo" ou "Eu te quero", ou mesmo "Eu senti sua falta", ou qualquer outra expressão de amor apaixonado que uma platéia moderna exigiria quando um marido ausente depois de muito tempo retornasse da guerra. Sócrates personifica o marido grego, quando no leito de morte expulsa a esposa lacrimosa para passar suas últimas horas conversando com seus companheiros. Paixões monstruosas e assassinas corrompem os corpos das heroínas das tragédias gregas, mas elas não são jamais destruídas por um belo e delicado amor. Não existe "Romeu e Julieta" na Grécia clássica.

A palavra grega mais comumente traduzida como "amor" é *eros*. Mas "desejo" seria muito mais exato, na maioria das vezes. *Eros* é um sentimento de atração passional por outra pessoa. Ou pela cidade onde o indivíduo vive, ou pela comida. Quando no diálogo de *O Banquete* Platão emprega *eros* para expressar as mais elevadas ânsias filosóficas para o "bem em si", desejos que transcendem o físico e buscam a satisfação dos mais profundos anseios e capacidades da alma, fica fácil entender por que "amor" tem sido a tradução normalmente tida como mais apropriada. E muitos amantes gregos utilizam *eros* para expressar suas mais profundas e enternecedoras sensações.

Mas *eros* não se assemelha a "amor" no senso romântico ou cristão. Em um contexto sexual, ele é com freqüência descrito como uma doença, uma chama ardente e destrutiva, que não é absolutamente desejada por sua vítima.

Como uma força social, ele pode ser muito destrutivo. De acordo com letras de canções modernas, "o amor faz o mundo dar voltas", ou "o amor é uma coisa esplendorosa". Para Ésquilo, o poeta trágico, "Eros destrói e perverte todos os laços unificantes da sociedade", e para Sófocles "Eros arrasta as mentes de homens justos na direção da injustiça e da destruição". A tragédia adora mostrar a violência e a miséria causadas pelo desejo. O fato de Eros ser destrutivo é uma verdade estabelecida, e a tragédia o mostra aos habitantes da cidade. Você pode estimar o "amor", mas deve sempre se manter cauteloso com relação a *eros*.

Na tragédia, a platéia pode esperar que tudo, inclusive *eros*, tenha um final trágico. Em outras partes existe aquele travesso menino alado – Cupido em latim, Eros em grego – que causa problemas, discussões e piadas à nossa custa. Vivenciar *eros* não é dignificante. É um lugar-comum da ficção moderna que todos deveriam querer se apaixonar. Entretanto, essa idéia provocaria um calafrio espantado em um ateniense clássico – mesmo quando a doce bênção de *eros* é reconhecida. "Autocontrole" é a mais valiosa das qualidades, e significa *não* querer desejar. Significa também controlar ao máximo o infeliz "eu" se o pior acontecer e o incontrolável desejo se manifestar.

Filósofos rigorosos e cheios de princípios buscam a satisfação na contemplação, no autocontrole e no pensamento profundo. Para cidadãos com moral menos rigorosa, *eros* pode ao menos ser satisfeito por intermédio de uma realização física singular; *eros* não é duradouro, ou melhor, não se espera que ele dure. Ele pode ser transferido, em série e com facilidade, para outro objeto de desejo. O *eros* consumado é satisfeito e saciado, ao passo que o amor – como vemos nas camisetas modernas – é para sempre. *Eros* é uma doce amargura, uma doença temporária e enfraquecedora, o que torna a tradução "amor" um tanto enganadora.

Há uma dinâmica do *eros* em ação que é especialmente difícil para um amante moderno apreciar, e que de forma contundente ilustra a diferença entre o antes e o agora. Trata-se do ideal da reciprocidade. Na sociedade moderna, amar e ser amado é um ideal padrão da aspiração romântica. Um casal deve supostamente compartilhar sentimentos similares de paixão, afeto e respeito. Um romance de Jane Austen requer que o herói e a heroína reconheçam que se amam, nem que seja na última página. Nós queremos caminhar pela rua de mãos dadas. "Você me ama?" é *a* questão em um relacionamento. Existem muitas letras de canções sobre paixões não correspondidas, mas desde o cavalheiro e sua donzela nos poemas de amor cortês até Fred Astaire e Ginger Rogers esses versos são prelúdios para a antecipada bênção do amor mútuo e correspondido. Somente nas últimas décadas do século XX é que se espera um desejo sexual semelhante e compartilhado. O amor em romances vitorianos se alastra por caminhos diferentes, que acompanham as incertezas sobre o desejo sexual feminino encontradas nos textos médicos e no pensamento social da era vitoriana. Mas ainda vemos as pessoas que rejeitam o ideal de reciprocidade serem estigmatizadas – o "sedutor", o "mulherengo", a "prostituta" e assim por diante. A sociedade ocidental moderna privilegia uma mutualidade de vínculos ao longo do tempo – dos jovens amantes ao casal de idosos à frente do chalé. Até que a morte os separe.

Não existe norma moral ou ideal equivalente na Atenas antiga. Isso não significa que os homens clássicos não eram afetuosos ou não desenvolviam vínculos comuns com suas esposas. Longe disso. A relação entre homem e mulher é expressa repetidas vezes como um laço de responsabilidade, obrigação e respeito. Existe também uma expectativa mútua de manutenção do lar, que é baseado e fundamentado no casamento. O mais sólido e indiscutível imperativo do pensamento social grego através do mundo clássico é a continuidade do lar. A família deve continuar, assegurada através de gerações – e a garantia do casamento é parte integrante dessa continuidade. Mas sentir *desejo* pela esposa só pode constituir um erro trágico ou cômico. Como sintetiza Sêneca, o moralista latino: "Deitar-se com a esposa como se fosse ela uma amante é tão odioso como cometer o adultério."

O momento mais atraente de uma menina decente é no papel de virgem no dia de seu casamento, e existem incontáveis pinturas em vasos nas quais uma bela jovem é acompanhada em sua viagem em direção ao marido por um pequeno *eros* alado (figura 15). Esse desenho em particular revela uma imagem que circundava um vaso. Ele mostra todas as etapas de um casamento grego. Na extremidade esquerda senta-se a noiva, a quem o *eros* alado concede atratividade. As seis figuras a seguir estão trazendo presentes e enfeites para a noiva – cinco mulheres e *eros* em uma pequena procissão. À direita está o noivo, o homem barbado. Ele segura o punho esquerdo da noiva ao conduzi-la a seu novo lar. O braço direito quem segura é *eros*. O deus do desejo toma conta da menina a cada momento do seu dia de casamento. Eu digo "menina" porque a idade média das noivas era em torno de 14 ou 15 anos, ao passo que a dos noivos era de aproximadamente 35 – uma discrepância em termos de idade que auxiliava o homem a permanecer no comando. Nesse momento, a menina estava no topo de sua atratividade sexual para o marido. Mas, depois do dia do casamento, as coisas mudavam. Como marido, o *eros* de um homem podia ser dirigido a uma amante, um menino, uma prostituta e mesmo – embora fosse muito mais arriscado – à esposa de alguém. Declarações de paixão públicas e explícitas deveriam excluir a própria esposa.

[FIG.15] *Imagens de um vaso ateniense sobre a celebração de um casamento*

Isso se aplica até mesmo ao casal que mais corajosamente se esforça para manter o lar e o casamento como um inviolável monumento, isto é, Penélope e Ulisses em *Odisséia*. Ulisses se deita com várias deusas a caminho de casa – contra sua vontade, naturalmente – e Penélope é assediada por diversos pretendentes. Mas apesar dos 20 anos de sofrimento, e apesar de irem para a cama juntos no clímax da história do retorno, eles jamais expressam, sequer uma vez, desejo ou ardor sexual um pelo outro. Eles nem mesmo usam expressões delicadas como "Quero tomá-lo em meus braços". Esse silêncio não se deve ao fato de a poesia épica favorecer uma grave reticência. Trata-se de uma posição ideológica profunda. Na obra de Homero, o desejo sexual, para um homem, representa sempre um perigo, e para a mulher, um sinal da corrupção da norma adequada. Naquele universo, quando um homem sente desejo ele deve se precaver. Os malvados pretendentes de Penélope sentem desejo quando estão sendo burlados em direção à morte. Páris, o sedutor que leva destruição a Tróia, é conduzido pelo desejo por Helena. Não é de surpreender que Penélope e Ulisses não abordem o tema do desejo recíproco.

A mesma configuração é verdadeira nos trágicos dramas da clássica cidade de Atenas. É um axioma da terapia moderna que aprender a expressar o desejo é uma liberdade positiva e libertadora. Entretanto, na tragédia grega toda mulher que exprime desejo sexual, mesmo que por seu marido, causa a destruição do lar. Qualquer mulher que articule seu desejo sexual torna-se monstruosa – desde Medéia, que acaba matando os próprios filhos, a Clitemnestra, que assassina o marido. Na comédia, há muitos homens lascivos, e muitos cobiçam até mesmo as próprias mulheres – mas eles são, para um homem, personagens divertidos, humilhados pelo desejo, levados por seus pênis eretos a cenas escandalosamente ridículas. Apesar do grande objetivo comum de manter um lar por meio do casamento, o vínculo hierárquico entre homem e mulher não deixa espaço para um desejo sexual compartilhado e recíproco – pelo menos não no âmbito explícito e moral da expressão pública.

No âmago da questão encontra-se uma compreensão particular do desejo masculino. O homem adulto conhece o desejo – mas não objetiva ser o objeto dele. Ele certamente quer ser tratado com respeito, humor, deferência, mas não quer ser submetido ao controle de outro. Ele não quer ser objeto de galanteio. Autocontrole, aquela virtude primordial, significa controlar sua mulher, seu corpo, seu desejo, seu lar. Se sua mulher, seu corpo, seus desejos ou seu lar tomam conta dele, ele corre o risco de se tornar alvo de ridículo e de humilhação, ou até mesmo de ser destruído. Um homem não deve se submeter aos sentimentos dos outros. Essa atitude é memoravelmente resumida em uma sórdida piadinha de Plutarco. Ele descreve um homem de quem os amigos zombam porque a menina com quem se relaciona não gosta verdadeiramente dele. Ele responde: "Quando vou a um restaurante, como peixe. Eu não me importo com o que o peixe pensa de mim." Mordazmente brutal, talvez, mas que capta uma perspectiva do arquétipo masculino. Ele está feliz em ser o sujeito do desejo, e a reciprocidade não entra na equação. "Você me ama?" simplesmente não é uma pergunta grega.

5 *O amor grego*

No mundo antigo, não encontraremos poesia apaixonada, discussões profundas e íntimas, grandes histórias ou um humor consciente e sofisticado na instituição do casamento, mas sim no desejo de homens por homens. Não há área da vida grega em que as diferenças entre a cultura moderna e a clássica sejam sentidas de forma mais aguda e discutidas de modo mais estridente que no que é tradicionalmente chamado de "amor grego" – ou, menos piamente, "homossexualidade grega". Atualmente, ambos os termos carregam implicações inadequadas, mas servem para introduzir um aspecto do comportamento social grego que continua a provocar furiosos debates e violentos engajamentos pessoais: tanto para indivíduos quanto para a sociedade como um todo, o status dos gays representa uma das áreas mais conflituosas das mudanças sociais contemporâneas.

Debates sérios sobre identidade sexual continuam a retornar à Grécia, desde os séculos passados até o Ocidente contemporâneo. No final dos anos 1990, por exemplo, a legislatura do estado do Colorado passou por um longo e formal debate sobre leis antidiscriminatórias, e especificamente sobre incluir ou não homossexuais como categoria nessas cláusulas. Para tentar descobrir se a homossexualidade poderia ser considerada "natural", a corte ouviu os testemunhos, amplamente divulgados na mídia, de especialistas em Platão. Produziu-se uma áspera discussão sobre o significado do que Platão teria dito, e sobre o que isso deveria significar para nós. O estado alegou que Platão e

Aristóteles mostraram que a homossexualidade era nociva à família e que não era do interesse oficial apoiá-la. Em oposição a essa alegação, defendeu-se que Platão, Aristóteles e a sociedade grega mostravam uma realidade bastante diferente. "O sistema jurídico e o público em geral", como divulgou a *Virginia Law Review*, devem ser informados sobre "a versão integral e correta da história sobre as antigas normas sexuais." Para os advogados do Colorado, Platão era uma autoridade importante na discussão do desejo masculino.

Esse tipo de debate poderia ter se passado em quase qualquer período desde o Renascimento. Como os estetas da Inglaterra vitoriana, muitas prósperas subculturas homossexuais idealizam a Grécia, e, como no caso da legislatura do Colorado, quando os argumentos se voltam na direção do valor social da homossexualidade, a sociedade grega tem se mostrado o modelo mais significativo para o debate. O Ocidente moderno tem grande dificuldade em pensar o desejo entre homens sem invocar a Grécia. Essa é a área onde é mais difícil achar um espaço entre a fantasia e o estigma, e onde as suposições modernas sobre a sexualidade são expostas de maneira mais reveladora. A descrição do que constituiu "o amor grego" – o desejo de homens por homens, suas instituições e suas práticas – nos permite explorar a questão, mais delicada, do atual significado do "amor grego".

As expectativas sociais atenienses constituem o livro de regras de como deve acontecer o desejo apropriado de homens por homens. O homem que deseja é chamado de *erastes*, normalmente traduzido como "amante", e é um cidadão. *Qualquer* cidadão livre pode sentir e expressar desejo por homens. Por si próprio, o fato de desejar alguém do mesmo sexo não causa escândalo, vergonha ou mesmo qualquer polêmica – ainda que o escárnio e a comiseração sejam as reações mais comuns diante de alguém que esteja apaixonado. A absoluta normalidade dessa forma de desejo é evidente em todos os níveis da vida em Atenas. Mesmo um político que comparece a uma corte pode falar sobre seu desejo por homens mais jovens sem ser submetido à fúria real ou imaginária da maioria moral. Como no contexto moderno, um político tem grande interesse em parecer normal. Aqui temos Ésquines, um político do século IV, casado, e que desempenha o papel de promotor em um instigante inquérito sexual: "Meus oponentes vão me perguntar se eu não me envergonho de ser uma peste no ginásio e de ter sido amante de tantos rapazes... mas eu não vejo nenhum erro com o amor correto... Eu tampouco nego que tenha sido propenso a me apaixonar dessa maneira, coisa que ainda faço atualmente."

Para Ésquines, ficar à toa no ginásio, seduzindo rapazes e colocando-se na posição de *erastes* para muitos deles é um sinal de "amor correto". É, diz ele, o que a lei determina que um homem livre deva fazer. Também Sócrates, um homem casado, é continuamente descrito por Platão a extasiar-se com belos rapazes. De acordo com um poeta ultraconservador em questões políticas, assim pode ser resumido um dia perfeito: "Felizardo é o homem que está apaixonado, que vai ao ginásio, vai para a casa e dorme o dia inteiro com um belo rapaz." Uma relação sexual entre homens é perfeitamente normal.

O que o *erastes* deseja é um *eromenos*, normalmente traduzido como "amado". Esse amado deve ser o que é também chamado de um "menino", e preferivelmente um belo menino. Isso significa um jovem imberbe, no início da puberdade. O que faz um menino belo é seu "tamanho" e "estatura"; o ideal é um corpo musculoso, simétrico e desenvolvido. O que impede um menino de ser belo são os pêlos. A primeira penugem nas bochechas é atraente, mas uma vez que a barba começa a aparecer, o menino se transforma em homem e não constituiu mais um objeto de desejo apropriado. Ele pode agora desempenhar o papel de *erastes*. Os pêlos assinalam o temido marco, e são lamentados por poetas eróticos gregos como a terrível e repentina perda da beleza perfeita. No Império Romano sob o domínio de Adriano, um grego chamado Strato organizou uma coleção de sátiras eróticas de diversos autores, quase todas dirigidas a meninos, que tratam de toda variação imaginável do tema da chegada dos indesejáveis pêlos. Enquanto poetas ingleses aconselhavam seus amados a "juntar vossos botões de rosa enquanto possível", o poeta grego adverte seu menino a não ser insolente, sob a esmagadora ameaça: "Existem tais coisas como os pêlos."

Para o homem grego na cidade clássica, o desejo que um cidadão adulto livre sente por um menino livre constituiu *o* modelo dominante de laço erótico. Nenhuma outra forma de contato masculino tem o mesmo prestígio, a mesma aceitação ou as mesmas pretensões ao êxtase erótico. Entretanto, o sexo entre homens de idade semelhante, sobretudo quando os dois são barbados, é repetidamente ridicularizado; ou, com mais rigidez moral, considerado inaceitável; ou ainda, com mais fervor, descartado como simplesmente repugnante (quaisquer que fossem as relações ocultas sob o véu da privacidade). O pior tipo de homem, entretanto, é o adulto afeminado, que permite que seu próprio corpo seja usado para o prazer de outro homem – o *cinaidos*. Ninguém se refere a si mesmo como um *cinaidos*: é o tipo de insulto supremo que não pode nem mesmo ser usado como piada. Você poderia gracejar que todos os políticos "se deixam penetrar", e presumir que eles dariam uma boa risada. Mas chamar alguém de *cinaidos* era um ato violentamente hostil. Um senhor podia transar com o próprio menino-escravo, e mesmo expressar desejo por ele, embora as relações de poder interferissem inevitavelmente. Ter relações com um prostituto do sexo masculino não era muito digno, sobretudo aos olhos dos inimigos, mas as inquietações típicas sobre o envolvimento com prostitutos não eram como as preocupações moralistas modernas. Em vez disso, o que causava desaprovação era o fato de a possibilidade do uso de prostitutos levar a problemas financeiros, ou demonstrar insuficiente autocontrole, em especial quando se está maldizendo alguém de quem não se gosta. Mas todos esses tipos de desejo masculino empalidecem perante o modelo do cidadão e seu menino.

Existe uma fascinante dinâmica que opera quando o belo menino se transforma no cidadão peludo: o menino que era visto pelo homem como um objeto de desejo se transforma em um homem que *não* deve ser visto como objeto de desejo, mas deve ele mesmo desempenhar o papel de *erastes*. Todo homem sabe que foi uma vez "aquele menino". Conseqüentemente, é necessário que haja um imenso cuidado com o "menino que será um cidadão"; um elaborado modelo de galanteio rege contato entre homem e menino. É o tipo de livro de regras que os vitorianos desenvolveram para "menino encontra menina" – e, como naquela complexa dança de regulamentos, o modelo grego do educado galanteio masculino foi motivo de preocupação e discussão, obedecido e ignorado com ansiosa propriedade. Desde o primeiro olhar através de um abarrotado ginásio até os momentos finais do êxtase erótico, essas regras delineiam como era a experiência do amor grego.

O primeiro instante é sempre *eros* à primeira vista – a trovoada da repentina visão de uma beldade. Nas palavras de Sócrates, quando o menino do momento entra no ginásio de Taureas:

> Charmides me pareceu incrível tanto em seu porte como em sua beleza, e todos os outros também pareciam cobiçá-lo – eles ficaram tão atônitos e confusos quando ele entrou no ginásio ... todos o admiravam como a uma estátua ... e então eu dei uma olhada dentro da sua toga, e peguei fogo, e deixei de ser eu mesmo ... era como se eu tivesse sido capturado por uma besta.

A visão do menino é um momento compartilhado de extraordinária confusão: todos o desejam, inclusive Sócrates, e todos o admiram como se fosse uma obra de arte. Ele possui as qualidades clássicas de "beleza" e "estatura". Um segundo olhar, mais íntimo, para o corpo que se esconde sob as roupas deixa Sócrates desesperadamente excitado. "*Eros* goteja de seus olhos", como disse Eurípides, e isso faz com que eles ardam, doam.

Todo o autocontrole de Sócrates será necessário para demonstrar como a filosofia é capaz de apaziguar as mais ardentes chamas do desejo. A resposta a *eros* deve ser o controle. O próximo passo do cortejo é preciosamente definido por Ésquines, com toda a propriedade interessada do político no tribunal. "A lei", ele afirma, permite a um homem livre "se associar com um menino, segui-lo, acompanhá-lo." Ou seja, quando *eros* ataca, um homem tenta estar com seu amado. Ele o persegue por todos os lados, esperando acompanhá-lo ao ginásio e a eventos sociais, mostrando desejo por meio da "presença". O que não significa, entretanto, comportar-se de maneira melada ou enlouquecida. Isso é freqüentemente descrito como um processo educacional. O amante dá ao amado os benefícios de sua experiência, e lhe ensina sobre o mundo. O amor correto significa autocontrole e a possibilidade de transformação do belo menino em bom cidadão (sobretudo quando se está na assembléia). Esse é o tipo de conversa idealizada que causa grande interesse dos filósofos em *eros*.

Existem muitas imagens que representam o processo celebrado por Ésquines. A figura 16 mostra uma série de imagens abertas para que possam ser vistas de uma só vez. Elas mostram um conjunto de variações de como um amante "acompanha e toma conta" do menino. No fundo da taça (figura 16c) encontramos um refinado desenho de um homem mais velho. Ele tem barba, naturalmente, uma roupa de cidadão sobre o peito desnudo e um bastão, freqüentemente carregado por cidadãos quando ao ar livre. Ele toca um belo jovem, também sobriamente vestido.

Tanto o homem como o menino estão segurando cães de caça em coleiras, e normalmente se pensa que isso indica um contexto de caça. Esta é uma atividade masculina *par excellence*, que constitui uma das áreas da vida social em que homens mais velhos instruem os jovens e em que podem "se consorciar". O homem mais velho poderia também estar presenteando o jovem com o cachorro, uma vez que dar presentes é prática corrente no processo de corte. A figura 16b mostra três casais. À esquerda, um homem barbado, com toga e bastão, dirige-se, com um gesto que denota modéstia, a um jovem cuja toga cobre toda a parte superior de seu corpo. O segundo casal, no meio, é composto por um homem parecido, também mais velho, que também presenteia um menino menos reticente com uma lebre. (Caçar, em especial lebres e pássaros, é um dos presentes mais comumente representados.) No terceiro casal, à direita, o homem mais velho dirige-se a um jovem sentado, e é assistido por seu escravo, que conduz um cachorro. A terceira imagem, figura 16a, mostra o resto da taça, que representa cenas semelhantes – mas dessa vez um homem solitário assiste à troca que acontece próximo a ele. O amante aparece aqui oferecendo dinheiro ao menino – a bolsa é evidente na sua mão esquerda. À direita, outro homem oferece uma flor para um rapazote que olha um cachorrinho aos saltos – enquanto este, por sua vez, é observado por um jovem e correto rapaz castamente vestido. Na figura 16b, temos três pares simétricos de amantes; em cada um deles um homem "dá assistência" a um rapaz. Na figura 16a, temos dois pares de três figuras cada, e o terceiro homem triangula a cena em uma potencial competição, ou uma possível falta de atenção ou de contato.

Juntas, essas imagens fornecem um repertório de "homens acompanhando e assistindo" meninos. Elas estão pintadas em uma taça feita para uso no simpósio. Nesse local, onde homens acompanham e assistem meninos, ao girar as imagens pintadas no exterior da taça (figuras 16a e b) ou ao tomar o vinho para ver a imagem no fundo (figura 16c), quem bebe encontra uma reflexão cuidadosamente calibrada de suas próprias interações sociais. A taça ilustra o desenrolar do "amor correto".

Não é por acaso que a descrição moral bem-comportada de Ésquines não progride além desse estágio do processo de corte, pelo menos quando fala de si mesmo. Mas muitos pintores e escritores o fazem. Os próximos passos são mais físicos, embora na mente dos que se autocontrolam sejam acompanhados por um intenso processo de atenção e reflexão. Depois do presente, talvez um beijo. O amante grego passava muito tempo conspirando por beijos. Este adorável epigrama é atribuído a Platão, embora seja quase certo que ele não o tenha escrito:

> Enquanto beijava Ágaton, elevei minha alma a meus lábios visto que a pobre sofredora tinha se erguido, para passar através de mim para dentro dele.

Esse extraordinário conceito, de que a alma pode passar entre amantes no suspiro de um beijo, tem sido reutilizado por gerações de poetas. Sócrates é menos otimista, pelo menos como é retratado por Xenofonte:

> "Deus do céu", exclamou Xenofonte, "que efeito sinistro você acredita ter um beijo" ... "Você é tolo", disse Sócrates, "você acha que pessoas bonitas não injetam nada em você quando o beijam, só porque você não pode ver algo acontecendo? Você não percebe que o monstro que eles chamam de 'beleza e juventude' é muito mais terrível que uma aranha venenosa..."

O beijo de um belo jovem é mais nocivo que a mais vil das aranhas, e se aqui você segue o austero conselho do filósofo, no momento em que vir um belo menino, deve se virar e correr.

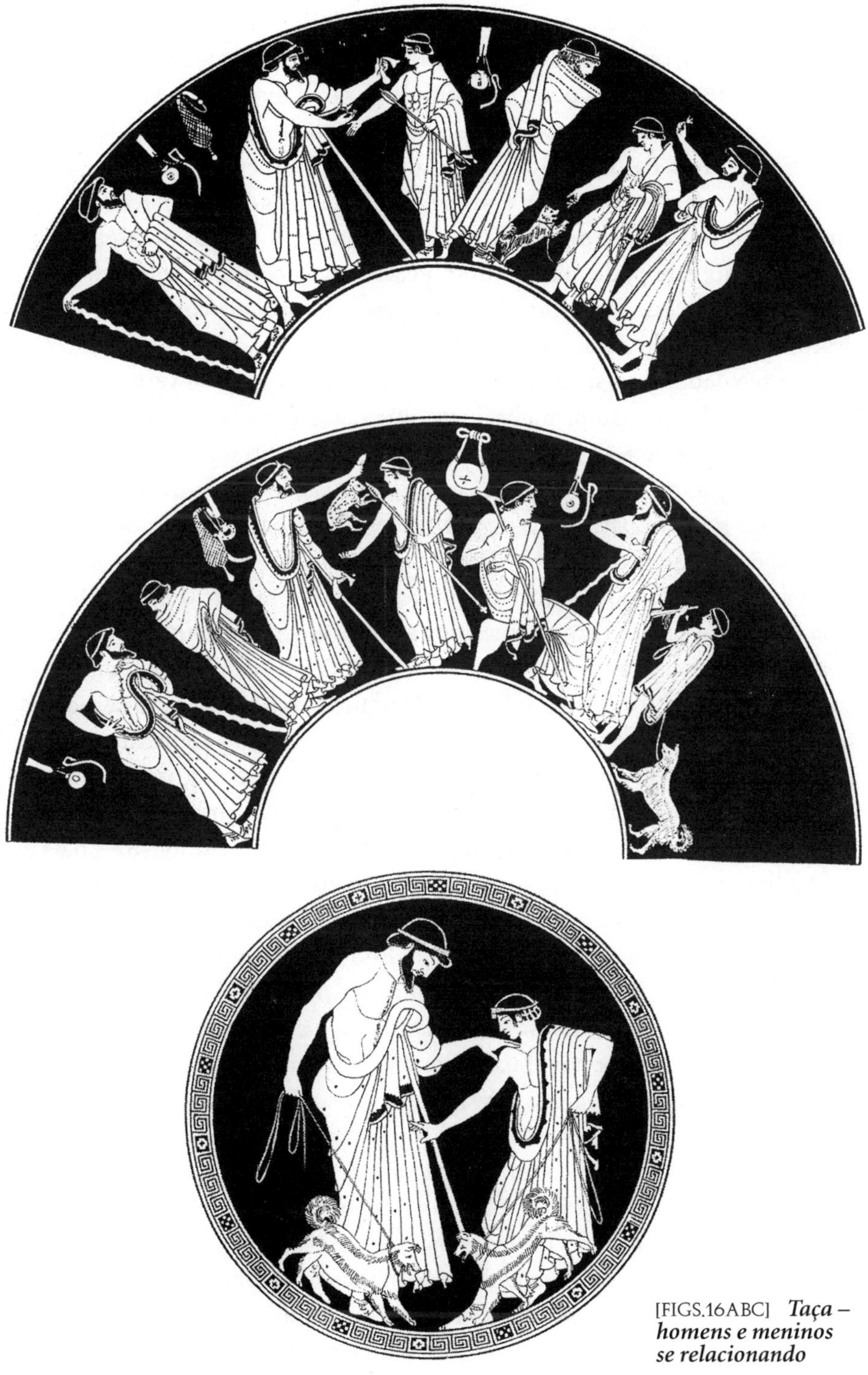

[FIGS.16ABC] ***Taça – homens e meninos se relacionando***

Um beijo ou um afago levarão você ao estágio final – que era conhecido como o negócio, ou o trabalho –, cometendo o ato. Mas também aqui há um problema. Até que ponto pode o menino que vai se tornar cidadão deixar seu corpo ser usado pelo amante? Quão longe pode ele ir sem antes perder aquele precário controle da dignidade e do status, agora ou em retrospecto? A perene questão de quão longe ir é cercada de eufemismos e hesitações. O que um homem busca, um menino deve evitar. Quando um homem pede algo a um menino, este pode, nas circunstâncias certas, "conceder seu pedido". As "circunstâncias certas" significam uma longa e apropriada corte, com todo o desenvolvimento do cuidado educativo. Isso pode culminar em um único estouro arrebatador, aquele momento roubado. Mas o que envolveria "conceder um pedido"? É aqui, em primeiro lugar, que se torna mais visível a assimetria do *eros*, sua falta de reciprocidade. A famosa taça, ilustrada na figura 17, decorada pelo pintor Brigo, incorpora essa assimetria de maneira admirável. Ela mostra um homem barbado que, por razões óbvias, deixou de lado o bastão e o chapéu, embora não tenha tirado completamente a toga. Ele está de pé junto a um belo e vigoroso jovem, que aceitou seu presente – provavelmente uma caça – e o segura firmemente com a mão esquerda, em um saco. Ambos estão nus e parecem afetuosamente abraçados. O menino segura a cabeça do homem e olha dentro de seus olhos. Mas enquanto o homem mostra todos os sinais de excitação sexual – mais uma vez um pênis ereto –, o menino, apesar de ser estimulado pela mão esquerda do homem, não responde da mesma maneira. De fato, em todas as muitas imagens que temos, da mais circunspecta à mais grosseira, não há nenhuma na qual um jovem rapaz demonstre sinais de excitação paralelos aos de seu amante. Apreciação, aceitação e mesmo afeição podem estar presentes em um abraço, um olhar, um salto de alegria – mas o desejo sexual transita em uma só direção. Essa imagem pretende mostrar um cidadão sendo um homem, e um menino um menino, da maneira correta. Quem bebe dessa taça pode se sentir satisfeito. Na era moderna, com nossa preocupação em relação ao abuso sexual de menores, é difícil observar essa imagem de normalidade grega sem se sentir desconfortável. Fica claro como é distinta a noção grega do que é apropriado sexualmente.

O ato final de prazer, como em toda dança de corte, envolve expectativas de comportamento apropriado. Um movimento certamente fora de cogitação seria o sexo oral. Tanto na cultura grega como na latina, qualquer pessoa que permite que sua boca seja usada dessa maneira é considerada repugnante. As cenas de sexo oral em vasos são geralmente de orgias e envolvem prostitutas, freqüentemente feias e muitas vezes submetidas ao ato contra a própria vontade. É simplesmente inaceitável para um menino digno. Mas o que pode parecer mais surpreendente para o observador moderno é que a forma normal de "cometer o ato" é o que acadêmicos gostam de chamar de "relações interfemorais", chamado pelos gregos de *diomerizein* – literalmente, "cometer o ato nas coxas". O pênis do homem é inserido entre as coxas do menino. Dessa maneira, não há penetração. No tom altamente moral adotado por tantos dos textos jurídicos e filosóficos, qualquer penetração de um menino livre seria chamada de ultraje, de sacrilégio. A figura 18, de uma jarra de vinho do século VI a.C., representa o momento final de maneira fulgurante. O par central está copulando no que é a posição padrão para homens e meninos gregos. O menino está aprumado e o homem se debruça sobre seus ombros, com os joelhos dobrados e a posição do pênis muito claramente marcada por sua inserção entre as coxas do amado. As cenas de sexo entre homens e meninos eram assim. Não há muitas delas representadas em vasos – a corte e a antecipação são as imagens escolhidas com mais freqüência para festas em que homens bebem juntos. As ilustrações dessas cenas são raramente extraordinárias ou meticulosas, e provavelmente esses não são os tipos de vasos que alguém colocaria em sua mesa. O que de fato aparece em inúmeros objetos é a inscrição "*kalos ho pais*", "o menino é lindo". Isso é às vezes especificado com um nome, "fulano de tal é lindo", freqüentemente um nome bastante conhecido, celebrando uma das famosas beldades da época. Tudo isso faz parte da exibição, do escrutínio e da realização das fantasias que compõem a realidade de *eros* em pleno resplendor da vida pública da cidade. O "menino lindo" é constantemente inscrito nos vasos e na vida erótica dos cidadãos da Grécia clássica.

[FIG.17] *Taça feita por Brigo*

É porque o amor grego é tão diferente de qualquer norma da sociedade moderna que ele tem sido um modelo tão provocador – e tão inspirador – para discussões sobre o que constitui sexualidade normal. Esse elaborado universo de corte e realização, de beleza e desejo, oferece um espelho no qual, como tantos antes de nós, podemos refletir sobre as posturas de nossa própria cultura com relação à sexualidade. Sempre que a masculinidade é discutida, o caso da Grécia clássica nos faz questionar a maneira pela qual devemos compreender a masculinidade.

[FIG.18] *Jarra de vinho mostrando relação interfemoral*

6 *Um homem é um homem é um...*

Sempre que a masculinidade é questionada, a grande diferença do comportamento sexual dos homens gregos atrai ou total reprovação moral ou fantasias saudosistas do tipo mais idealista. Muitas vezes o amor grego é descartado como escandaloso e repugnante; outras, alimenta devaneios sobre um êxtase de livre expressão pré-cristão. Ambas essas respostas exigem uma visão monocromática da Antigüidade. A Grécia é vista ou como o mundo pagão cujos vícios são rejeitados para a produção da moralidade moderna ou como o paraíso perdido anterior à prisão do desejo pelas "algemas mentais" da sociedade. Essas duas imagens da sexualidade clássica são utilizadas para formular e impingir poderosas idéias sobre o que é certo e o que é errado para a sociedade moderna: ambas usam visões extremamente simplistas do passado para sustentar reivindicações no presente.

O atirador de discos de Riefenstahl que continua a existir no corpo do atleta alemão mostra nitidamente o perigo dessas fantasias idealizadas e extremamente simplistas sobre o passado, uma vez que elas têm sérias conseqüências sociais e políticas. A imagem pura da masculinidade clássica é projetada para imprimir uma exigência na atualidade. Mas a tentação de pensar que o passado é mais simples e mais fácil que o presente pode distorcer até mesmo a mais genial discussão sobre a masculinidade. É sempre em outra época e em outro lugar que "homens eram homens".

Entretanto, a Grécia não foi a infância de ninguém. A sexualidade já era complexa, torturada, engraçada, tola, confusa e difícil de ser vivida. O livro de regras pode nos dar um conjunto de expectativas sociais. Mas qualquer livro de regras sobre o desejo é algo com que se pode brincar, que pode ser desobedecido de forma consciente ou não, e que pode ser tomado como normal ou ser rigidamente imposto. Na sociedade contemporânea, depois de um século do movimento feminista – um século marcado pela pressão da guerra e da mudança social –, a observação de que "a masculinidade está sendo questionada" tornou-se corriqueira. Mas, já na Grécia antiga, as fronteiras da identidade masculina foram testadas, ameaçadas e claramente minadas. Provar-se homem já era um negócio frágil. Uma visão mais elaborada dos perigos da masculinidade grega clássica não só obstrui o idealismo perigoso de uma Riefenstahl como também nos faz suspeitar de qualquer reivindicação moderna de que "um homem é um homem é um homem".

Uma imagem que os gregos adoravam usar para ponderar sobre como um homem é um homem é um homem era o sátiro. A mitologia pode colocar em exibição o homem heróico, mas também inclui os seguidores de Dioniso, que possuem o rabo peludo de um bode, um feio nariz arrebitado e às vezes também pernas e chifres de bode. Sátiros são as mais comuns decorações em vasos para simpósios. Eles se distinguem normalmente por suas exibições fálicas e por fazerem uma série de coisas que os homens não são verdadeiramente capazes de fazer. Eles não são violentos destruidores de casamentos como os centauros, que têm de ser representados sendo eles próprios destruídos – como o são nas esculturas do Partenon da Acrópole de Atenas e em outras imponentes esculturas cívicas. Sátiros arrebatam as mênades* – ou tentam fazê-lo –, mas normalmente causam escândalo de maneira mais simples. A figura 19 mostra sátiros no simpósio. Ela está pintada em um belo esfriadouro de vinho, feito para manter a bebida resfriada por toda a noite. O sátiro do meio está fazendo um malabarismo que não deve ser treinado em casa. Um dos mais populares jogos com bebidas no simpósio é chamado de *kottabos*, e envolvia equilibrar uma taça em um bastão no meio da sala; de seu assento, cada jogador atirava os resíduos do vinho de seu copo para tentar derrubá-la. Os sátiros estão inventando uma nova forma de jogar. (Muitas reproduções modernas desse vaso decorosamente apagam o falo do sátiro que se encontra reclinado, o que torna

* Mênades eram ninfas que participavam das festas de Dioniso, também chamadas de bacantes. (N.T.)

[FIG.19] *Jarra de vinho do século VI com sátiros*

a imagem um tanto desconcertante.) É um vaso primoroso, com belos desenhos e uma imagem alegre e elegante. Os sátiros têm cabelos puxados em um coque caprichado, e os dois sátiros que ladeiam o acrobata central têm o pênis educadamente amarrado para trás. A imagem utiliza o jogo de maneira brincalhona, mas não desordenada. Mas nem todas as imagens são tão comportadas. A figura 20 mostra os sátiros em uma orgia mais acrobática. A imagem é muito menos requintada, e os personagens têm rostos e corpos mais grotescos. Essa não é uma festa em que se deva amarrar o pênis para trás. A imagem na extrema direita, deixada de fora do sexo grupal, parece estar a ponto de copular com uma estátua da esfinge, que permanece inescrutável. Essa imagem mostra os sátiros fazendo tudo o que os meninos bem-comportados não devem fazer. Conforme se vai virando a taça, a cada gole, revela-se uma nova cena imoral desempenhada com muita alegria. Sátiros perturbam, vagando na perigosa fronteira que divide o humano do bestial.

Entretanto, os sátiros não são simplesmente mitológicos – uma vez que homens, cidadãos respeitáveis, se vestiam como tais. Todos os anos em Atenas,

[FIG.20] *Orgia acrobática dos sátiros*

depois das tragédias, montavam-se peças satíricas. Essas eram constituídas por pequenos atos, muitas vezes tumultuados, com o coro sempre formado por sátiros – homens usando shorts cheios de pêlos e com pênis e rabo acoplados. Os sátiros se envolviam em artimanhas, enrascadas e escapadas que parodiavam o sério mundo humano das tragédias. Além disso, em muitas procissões religiosas e festivais de Dioniso em todo o mundo grego, homens se vestiam como sátiros, marchavam e pulavam.

[FIG.21] *Homem vestido de sátiro*

Na figura 21, vemos um homem com máscara de sátiro, dessa vez com uma elegante bermuda estampada, à qual se acoplam um rabo e um pênis ereto. O cidadão dança, mãos nos quadris, na frente de um grande jarro de vinho circundado por um ramo de vinha dionisíaca. Homens brincam de sátiros. Aí é que está o problema. Nas ocasiões em que homens se reúnem e bebem juntos, em que momento se tornam parecidos com um sátiro? Sátiros são como homens paródicos que se comportam mal. Eles cruzam e descruzam as fronteiras da adequação masculina. Mas servem de decoração para muitos vasos usados nos simpósios. Eles auxiliam constantemente Dioniso, que é não somente o patrono do vinho do simpósio mas também uma figura divina que pode fazer de um homem aquilo que ele não é – tal como uma caneca de vinho. Os sátiros estão em todas as festas atenienses, instigando perguntas sobre os limites do comportamento. Com que liberdade pode um homem se comportar em uma festa de bebidas? Quando ele se torna um sátiro? É *assim* que ficamos quando tomamos muito do vinho de Dioniso? O sátiro segura um espelho zombeteiro, embaraçoso e engraçado, com o qual o homem grego deve confrontar seu próprio corpo e sua sexualidade.

Alguns vasos mostram isso de modo bastante irônico. As figuras 22a e 22b são dois lados de uma mesma taça – e juntas fazem uma pergunta a quem bebe. Na figura 22a, um sátiro carrega uma mênade. Ela tem a pele clara, como normalmente as mulheres são representadas, e guirlandas nos cabelos soltos.

[FIG.22A] ***Sátiro carregando uma mênade***

[FIG.22B] ***Homem abraça mulher***

A excitação do sátiro é evidente fisicamente, mas é difícil dizer o quanto a mênade está resistindo a ele. Na figura 22b, um homem barbado e propriamente vestido abraça uma mulher afetuosamente. Eles se olham nos olhos; ela também tem guirlandas nos cabelos, embora seu penteado seja mais caprichado, mais arrumado. Esse casal se veste com elegância. As duas cenas são unidas pelas mesmas vinhas, o mesmo arco dionisíaco. Então, quando um bebedor segura essa taça, como interpreta as duas cenas juntas? Será a cena do carinhoso abraço humano o lado positivo, afetuoso de *eros*, enquanto a do sátiro é o lado negativo, o horror do estupro? Ou estão as imagens ligadas de modo mais malicioso? Deveria o par ser lido sob o título "Como os homens realmente são"? Ou "Depois de muitas taças de vinho..."? As imagens dessa peça fazem uma pergunta sobre como o desejo masculino é representado.

Sátiros, juntamente com faunos e Pã, continuam a aparecer aqui e ali na arte ocidental para evocar a liberdade sexual sob uma roupagem clássica. O grande bailarino russo Nijinski exibe-se em um resplandecente figurino, completo com chifres e genitais chocantemente explícitos (figura 23). Tratase de uma foto de seu balé *L'Après midi d'un faune*, coreografado sobre uma música de Debussy e apresentado pela primeira vez em Paris, em 1911. Essa performance provocou escândalo, e a polícia teve de ser chamada para controlar a exaltada platéia. A sexualidade crua que Nijinski evocava aterrorizou e fascinou os parisienses – e ajudou a transformar a dança na arte mais revolucionária da Europa. A cena clássica era o que permitia que o espetáculo acontecesse, mas forçava os limites até que a platéia estivesse em completa agitação emocional. Sátiros são perturbadores. Eles transformam a cena bucólica em um lugar perigoso. E, para Paris, essa imagem da masculinidade era simplesmente demasiada.

Mas não é só no mito que a masculinidade é abordada. Platão, cuja análise do desejo masculino é tão influente, cria uma imagem desse desejo com tal complexidade e profundidade que não fica devendo nada aos romances modernos. *O Banquete* é a bíblia do amor grego, mas não há passagem nele mais memorável ou engraçada do que a que tem lugar logo após o aclamado discurso de Sócrates sobre como é possível aos filósofos transcender o desejo por belos corpos através da contemplação da Beleza em si. Há uma forte batida na porta, e entra em cena Alcibíades, bêbado, carregado por duas prostitutas. Depois do idealismo abstrato de Sócrates, Alcibíades proclama uma história escandalosa e transgressora sobre sexo que traz as coisas de volta a um nível muito mais plausível e humano.

[FIG.23] *Nijinski como um fauno*

Alcibíades era o jovem mais atraente e carismático de Atenas. O diálogo, escrito muitos anos após sua morte, se passa quando ele ainda tinha toda a carreira à sua frente, uma carreira repleta de traição, de violência, que foi do sucesso meteórico à derrota desesperada. *O Banquete* se passa quando esse perigoso e volátil anti-herói era jovem e sensual – e a história que ele conta é um relato franco e chocante de como tentou seduzir o horrendo Sócrates. Alcibíades, como ele mesmo relata, extasiou-se com as palavras de Sócrates, ficando desesperado para estar com ele. Sabia "que Sócrates é propenso a se apaixonar por rapazes jovens e atraentes e sempre os cerca e se apaixona por eles" – que é exatamente como Sócrates descreveu sua reação diante de Charmides no ginásio. Ele tentou sua fórmula usual. "Eu disse a meu assistente que se fosse... e me permiti passar um tempo a sós com ele." Mas nada aconteceu. Então "eu o convidei especialmente a me acompanhar ao ginásio e se exercitar comigo, e fui ao ginásio com ele para tentar algo lá". Eles se exercitaram e lutaram, mas nada se passou. Depois "eu o convidei para jantar, como se eu fosse um amante tramando para arranjar um namorado". No segundo jantar, Alcibíades convidou Sócrates para passar a noite. Está escuro, eles estão juntos: "Eu o cutuquei e disse 'Sócrates, você está dormindo?' 'De maneira nenhuma', ele respondeu. 'Você sabe o que eu acho?' 'Não, o quê?' 'Eu acho que você é o único digno de ser meu amante, mas você parece muito nervoso para me dizer isso.'" A tentativa grosseira e desajeitada de Alcibíades para levar o filósofo para a cama não dá resultado, pois a sedução se transforma em uma conversa filosófica. Alcibíades conclui tristemente: "Absolutamente nada aconteceu e quando eu me levantei de uma noite com Sócrates eu poderia ter dormido com o meu pai ou o meu irmão mais velho."

Alcibíades sabe que é o mais desejado jovem de Atenas, a beldade de sua época, porém é incapaz de persuadir um homem velho e feio, com uma tendência a amar meninos, a tocá-los mesmo quando estão deitados, nus, na mesma cama. O que surpreende nessa história não é somente a zombaria e a humilhação de si mesmo que requer necessariamente uma história desse tipo. O que surpreende é que Alcibíades teve de se comportar tão mal. Ele teve de se comportar, como ele mesmo comenta, como se fosse o amante e não o amado. É ele quem busca, quem suplica. Ele é muito direto – e agora nos conta, no meio de sua bebedeira, e de maneira petulante, em uma mistura de exposição e de consciência de si mesmo, sua própria ousadia.

Platão construiu aqui um retrato extraordinariamente multifacetado. Nós estamos sendo encorajados a olhar para a juventude de um célebre e famoso político no momento em que, na posição de um menino sensual e facilmente impressionável, ele poderia ter seguido Sócrates e se transformado em uma bela e nobre alma. Mas vemos também Alcibíades olhando para trás, para seu "eu" mais jovem, quando ele tentou e não conseguiu seduzir Sócrates. Captamos, em retrospecto, o momento embriagado em que Alcibíades reconhece sua própria ousadia. Ainda assim, ele mesmo se expõe por vontade própria – um momento definitivo na história de seu declínio moral. Platão tece conjuntamente o sexo e a política, o auto-reconhecimento e o engano de si mesmo, o ato de contar histórias e a filosofia, no intuito de criar um senso profundo de quão complexo pode ser o nosso envolvimento com nossa própria sexualidade. A transgressão de Alcibíades torna-se uma via para Platão escrever uma filosofia do desejo.

O mapa ateniense da adequação masculina tem seus sinais, suas estradas e seus companheiros de viagem, mas encontrar uma rota através dele, no solo, pode se tornar uma complicada negociação de armadilhas e emboscadas, promessas e erros, fantasias e ilusões. Embora a masculinidade seja reforçada por regras e expectativas, existem oportunidades para driblar, de forma brincalhona ou transgressora, os limites e fronteiras. Nós nos cercamos de imagens e ficções de homens malcomportados para encontrar os limites do que acreditamos ser aceitável. Nós processamos criminosos. E temos curiosidade por personagens como Alcibíades, ricos, famosos, escandalosos, cujo poder de atração e transgressão é tão entrelaçado, e cujas histórias amamos ouvir. Quando Platão se torna um texto-chave da cultura homossexual no século XIX, é a sagacidade de Alcibíades, sua capacidade de autopromoção e seu extravagante senso estilístico, tanto quanto seu amor transcendental por belos rapazes, que se mostram tão sedutores para Oscar Wilde e seus amigos.

A fragilidade da masculinidade era uma questão na Grécia antiga como é na cultura ocidental contemporânea. Mesmo assim, apesar do sentido brincalhão e dos perigos da sexualidade masculina grega, a sociedade moderna achou conveniente reconhecer no passado nada mais que um modelo de virtude ou de vício puro e simples. Diante do complexo universo do amor grego, tão distinto das normas e das expectativas modernas, deveríamos ao menos levar em conta os interesses próprios daqueles ideólogos da cultura moderna que, com tanta certeza, afirmam saber o que constitui um homem e o que um homem deve ser.

7 *Ansiando por Safo*

O "amor grego", com seu arquivo de maravilhosos escritos sobre o desejo e seu repertório de belas imagens de corpos masculinos do mundo clássico, assegurou uma fonte privilegiada de idéias com as quais o Ocidente pudesse conceber o desejo masculino e a masculinidade em geral. Em comparação, a história do desejo feminino é muito menos articulada.

A história do amor entre mulheres demonstra como qualquer noção de simetria entre o desejo masculino e o feminino seria altamente enganosa. Não há equivalentes às instituições do amor grego, que são básicas para o desejo masculino. Os homens têm o ginásio, o simpósio e outros espaços públicos da cidade para, sob o olhar cuidadoso da sociedade que tanto encoraja quanto policia o comportamento erótico, praticar um elaborado ritual de corte; as mulheres não possuem esses tipos de arenas. Escritores do sexo masculino que idealizam o amor por meninos descrevem o desejo entre mulheres como horrendo, imoral, contrário à natureza e simplesmente nojento. Mesmo quando o satirista do século II Luciano escreve um diálogo ficcional no qual uma cortesã chamada Lena revela como foi seduzida por uma rica mulher, a personagem se envergonha do ato propriamente dito e se atrapalha com ele. Embora o ato seja descrito para o leitor de maneira provocante, o vocabulário utilizado carrega a ameaça constante de revelar a aversão e a lubricidade subjacentes. Existe outra razão pela qual a "homossexualidade" como um termo que vale para os dois gêneros não tem utilidade para a Atenas clássica. O homoerotismo feminino permaneceu uma prática não nomeada por todo o mundo clássico – embora muitas vezes descrito de maneira insultante –, sem nenhum status social exceto aquele conferido a uma perversão ultrajante e reprimida.

Na verdade, é impossível encontrar, na cidade clássica, qualquer exemplo de uma mulher que desejasse outra sexualmente. A idéia era suficientemente conhecida, mas os poucos escritores gregos – todos do sexo masculino – que chegam a mencioná-la consideram-na monstruosa. Em nossos registros históricos sobre a Atenas clássica, com tantos casos de homens que amavam meninos, não há nenhum exemplo efetivo de uma mulher real que amasse mulheres. Podemos apenas imaginar um mundo escondido do desejo feminino.

Contudo, de uma época anterior à cidade clássica e de uma ilha no mar Egeu, dessa história de outra forma silenciada, emerge, sim, uma figura única, um ícone incomparável na obsessão da cultura moderna pela Grécia clássica para entender o desejo. Essa é Safo, e é ela quem domina todos os nossos conceitos sobre o desejo feminino clássico. Alguns de seus poemas imortalizam seu desejo por belas meninas. Se seguirmos a atração de Safo, descobriremos muito mais que a santa padroeira das mulheres que amam mulheres.

Apesar de não sabermos quase nada sobre Safo – ou talvez por isso mesmo –, ela se tornou um ícone para a reflexão sobre a sexualidade feita através do prisma grego. Quando juntamos tudo o que com certeza sabemos sobre ela, mal somos capazes de construir uma narrativa biográfica. Ela viveu por volta do começo do século VI a.C. e escreveu poesias de amor na ilha de Lesbos, algumas das quais foram escritas para mulheres. Tudo o mais que passa por biografia é inventado por estudiosos antigos ou modernos com base em sua poesia, ou, já que existem apenas alguns poucos fragmentos e uns poucos poemas que ainda podem ser lidos, com base em projeções imaginativas.

As histórias vêm em todas as formas e tamanhos. Ela se apaixonou por um homem chamado Fáon e se atirou de um despenhadeiro em um desespero suicida; foi professora de um grupo de meninas a quem ensinou; ela era baixa, de pele escura e feia; teve uma filha chamada Cleide; teve uma amante chamada Cleide; foi uma poetisa que desempenhou todos os papéis de um poeta da época, compondo canções para casamento, para festas e bebedeiras, pequenas sátiras e letras insensíveis; foi uma poetisa que criou uma nova estética feminina, removida das esferas masculinas da guerra e da violência, em um novo e exuberante espaço de sensualidade e sensibilidade, que celebrava relações pessoais entre mulheres. Geralmente leitores clássicos consideravam Safo o maior dos escritores de poemas líricos, a décima musa, e ela foi admirada com paixão por toda a Antigüidade. Sua obra, qualquer que seja a dinâmica de gêneros de suas histórias de amor, foi cantada por homens em simpósios durante séculos, embora seja difícil imaginar exatamente como se sentia um homem daquela sociedade patriarcal ao recitar seus poemas.

Mais que qualquer outra figura, Safo mostra como a sexualidade moderna utiliza a Grécia como espelho no qual se encontrar. Ela constitui um modelo de como o Ocidente utiliza a Grécia antiga para pensar sobre o desejo. Uma vez que tão pouco é de fato conhecido sobre a Safo real, ela se torna uma tela perfeita para a projeção de uma imagem do desejo. Três pinturas vitorianas nos ajudarão a tornar visível esse processo de projeção. São três imagens entre centenas que poderiam ter sido escolhidas. Safo é constantemente usada para exprimir o desejo feminino no mundo dos homens.

A figura 24 mostra um retrato de corpo inteiro, pintado por Charles-Auguste Mengin em 1877, de uma Safo meditativa, oferecido à galeria de Manchester sete anos mais tarde. Mengin é um pintor parisiense sem nenhum destaque, mas essa é uma pintura memorável. Safo, "sombria" segundo a descrição de Ovídio, embora talvez não tão baixa nem tão feia, aparece como uma jovem artista romântica, ardorosamente taciturna. O braço esquerdo encontra-se languidamente posicionado sobre um pilar encoberto pela sombra; o direito segura a lira, seu instrumento e símbolo de sua autoridade. O olhar fixo é introspectivo, o rosto é encoberto por cabelos que se confundem com a túnica, e os olhos são ocultos pelas sobrancelhas. A túnica negra também se mistura com a sombra por detrás dela. Essa não é a Grécia da luz e da pureza, da claridade e da racionalidade – é a encarnação de uma paixão abrasadora e perigosa. Desde que Byron, ele próprio o herói arquetípico da paixão romântica e perigosa, escreveu "as ilhas gregas, as ilhas gregas/ onde a ardente Safo amou e cantou", Safo, de fato, tem queimado e ardido.

Mas em um gesto de erotismo poderoso, Mengin despiu os seios e os ombros de Safo, e permitiu que essas partes sejam tão brilhantemente iluminadas quanto as outras são ocultas pela sombra. Não está claro de onde poderia vir a luz que ilumina seu corpo dessa maneira e deixa sombras tão profundas no restante da pintura. Parece que é a luz de seus seios que revela o que podemos ver de sua face. Esse é um estilo de vestir totalmente estranho – como se devêssemos pensar que era assim que circulavam os poetas na antiga Lesbos. O devaneio de Mengin sobre o mundo grego e a vida de Safo permite ao espectador olhar para o corpo exposto da jovem menina. Poderíamos fazer uma leitura intelectualizada dessa pintura como uma metáfora para a paixão envolvida na criatividade artística; o amor que arde em seu peito é uma paixão que explode

[FIG.24] **Safo,** ***por Mengin***

e ilumina sua face, o espelho da alma. Mas o observador é na verdade flagrado em um olhar mais obviamente erótico, direcionado aos seios carnudos da menina, e esse olhar é prazeroso. Essa é uma pintura imensamente sensual sobre uma poetisa do amor.

A imagem seguinte (figura 25), desenhada em 1841, apresenta uma representação muito diferente da paixão de Safo. Aqui ela se encontra no topo de um rochedo, presumivelmente se preparando para o salto suicida; o sol está se pondo sobre um mar indubitavelmente escuro, da cor do vinho, e a poetisa olha, através das águas, em direção ao céu. Seu cabelo está penteado em um coque no estilo do século XIX do qual, na mais refinada desordem, alguns fios escapam. Ela se ajoelha na familiar posição de um penitente. As mãos estão juntas, não para dizer uma prece, mas talvez para indicar um grau de conflito emocional, ou de reflexão interior, que se equipare ao olhar dirigido aos céus. O vestido é tipicamente grego, com braços e ombros descobertos e apenas uma sutil sugestão da forma física que está embaixo. O que torna essa imagem particularmente fascinante é o fato de ter sido desenhada pela própria rainha Vitória, quando esta era uma jovem. O desenho está assinado, datado e intitulado "Safo". Essa é uma imagem da imaginação da jovem rainha.

A Safo da rainha Vitória é *realmente* vitoriana. A imagem pode sugerir a fascinação contemporânea com a "mulher desonrada", a arquetípica mulher seduzida que é rejeitada pela sociedade devido às falhas morais, concretizadas em seu deslize sexual, até não ter mais opção exceto o suicídio. Entretanto, essa é uma imagem bem mais pudica, uma mulher desconsolada lutando com o amor. A gravura pode ter sido feita pela jovem rainha em um momento de privacidade, mas foi publicada em 1900, quase no final de seu longo reinado. "Será difícil refinar a beleza poética e a intensidade romântica de Safo desenhada por Sua Majestade a Rainha", declara o artigo que a acompanha. "Ele é simples e apaixonado." É difícil não notar o lisonjeio exagerado nessa crítica de arte, mas esta insiste em que o desenho seja visto com uma intensa e apaixonada personificação do desejo feminino. Como a meditativa amante de Mengin, a imagem produzida pela rainha mostra não o objeto do desejo, mas a própria mulher que deseja. A imaginação mais lúgubre de Mengin contrasta claramente com a regulamentação social encarnada pela Safo de Vitória.

Ao contrário do desenho da rainha Vitória, a gloriosa tela na figura 26 é de um dos maiores popularizadores de uma visão da Grécia para a sociedade vitoriana, Lawrence Alma-Tadema. Ele pintou uma série de luxuriantes, e muitas vezes decadentes, imagens do mundo clássico cujo decoro e precisão arqueológica mal escondem a palpitante fascinação com a corrupção, a decadência e o prazer voyeurístico. Nessa pintura de 1881, intitulada *Safo*, o Mediterrâneo reluz sombriamente em segundo plano, sob um céu luminoso visto através do topo dos pinheiros. O cenário é um terraço externo de mármore, chamado de êxedra, preparado como uma pequena área para recitais, com uma curva de assentos divididos em duas filas. Essa área é decorada com pequenas estátuas e um pilar de mármore cinza (estela), e os lugares individuais são marcados nos bancos por balizas de pedra. Esse cenário é típico de muitas das luxuriantes paisagens de Alma-Tadema. Ele pintou muitas telas nas quais uma arquetípica e sonhadora cena de amor é vivida por um rapaz e uma moça vestidos com roupas gregas, em um palco grego de mármore branco brilhante, contra um mar e um céu de azul resplendoroso. Em *Safo*, portanto, a poesia e o erotismo são sugeridos tanto pela paisagem como pelo título.

[FIG.25] *Safo pintada pela rainha Vitória*

O poeta que recita, com a lira nos braços, é Alceu, um homem que, segundo algumas histórias, seria amante de Safo. Ele é descrito como jovem e belo, e, quando toca a lira, olha fixamente para Safo, que descansa o rosto sobre um pedestal. Ela devolve o olhar com uma intensidade sonhadora. No pedestal, entre a poetisa que escuta e o poeta que recita, há uma coroa de louros, uma coroa de vencedor esperando por uma cabeça. Atrás de Safo, sentadas em bancos de mármore, estão três meninas em diferentes estados de concentração, êxtase e observação crítica. Uma quarta moça está de pé atrás de Safo. Ela está coroada com margaridas e, ao mesmo tempo em que olha para Alceu, estende o braço sobre os ombros de Safo em um gesto afetuoso e protetor. Os bancos de mármore estão rabiscados com grafite, que soletram em grego os nomes das meninas tidas como amantes de Safo – Anactória, Átide, Gôngila. Uma das poucas críticas a serem feitas quando da exibição da pintura foi que o formato das letras não correspondia ao grego do tempo e da época de Safo.

As tensões sexuais da pintura estão cuidadosamente calibradas. Safo está magnetizada pela troca de olhares com Alceu. Isso é erótico? Ou é uma rivalidade poética? A coroa de louros está posicionada entre eles, e os dois poetas

[FIG.26] Safo, ***por Alma-Tadema***

também estão conectados pela madeira do pedestal onde Safo lê e pela madeira da cadeira e da lira de Alceu, no espaço onde ele atua. Aqui temos um poeta face a face com outro. Ao mesmo tempo, a taça dourada descartada sob a cadeira do rapaz sugere certa despreocupação decadente. Safo, entretanto, está situada no meio de suas garotas. Os grafites que listam os nomes de suas amantes, colocados como placas para cada assento, detalha uma história de poéticas paixões. Os nomes proclamados e a mão protetora da bela garota em pé sugerem que, se há uma tensão erótica aqui, ela se coloca entre a tradição que leva Safo a namorar garotas e a que a leva a namorar garotos. Será que Safo cruzará a linha entre seu grupo de meninas e Alceu? A tela leva o observador a ver desejo na pintura. Quem deseja quem, e de que maneira?

Essa é uma pintura notável, particularmente para o período vitoriano, precisamente por sua habilidade de sugerir – graças ao disfarce clássico – uma tensão entre o amor sexual de uma mulher por outra e seu amor por um homem. Não há nada que se assemelhe a isso na cultura vitoriana. Existem alguns poemas elegantes e constrangidos escritos por mulheres que usam Safo para codificar seu desejo, e essas por sua vez se referem a uma longa, e muitas vezes oculta, história de escritos "sáficos". Mas Alma-Tadema é um homem no auge de sua fama. Outros homens que explicitaram demais o desejo de Safo sofreram muito por sua liberdade artística. O poeta Swinburne arruinou sua reputação para sempre quando publicou as impetuosas e sensuais palavras da *sua* Safo, desesperada para pôr os lábios sobre o corpo de Anactória.

> Ah que meus lábios fossem lábios sem melodia, mas prensados
> Contra o machucado florescer de seus pálidos seios castigados!
> Ah que a minha boca fosse alimentada não com o leite das Musas
> Mas com o doce sangue de suas doces e pequenas feridas!
> Que com minha boca eu sentisse, e que com ela pudesse saborear
> Os frágeis flocos de seus seios até sua cintura!

Swinburne foi condenado ao ostracismo por sua franqueza erótica. (Seu gosto pela flagelação é tão óbvio em "Anactória" como sua homossexualidade.) Ele, que tinha sido amigo íntimo do estudioso dos clássicos Benjamin Jowett em Oxford, acabou seus dias como um homem solitário e destruído.

A única outra pintura que conheço que mostra Safo sendo tocada por outra mulher é a pequena aquarela de Simeon Solomon, intitulada *Safo e Erina no Jardim de Mitilena*, hoje na coleção da Tate Gallery em Londres, na qual duas arquetípicas garotas pré-rafaelitas, com longos cachos esvoaçantes e bocas apetitosas, quase roçam os lábios em um beijo. Mas essa escandalosa pintura não estava destinada à exibição pública. Solomon era um judeu renegado, um dos mais escandalosos do extravagante grupo de artistas que se reunia ao redor de Walter Pater e Oscar Wilde. Ele brincava despido com Swinburne e, como este, foi deserdado pela família e por toda a "boa sociedade" devido a seu perverso comportamento homossexual e suas publicações ousadas. Embora estivesse na moda entre a autoproclamada elite da estética pendurar um quadro de Solomon na parede, poucos fora daquele grupo conheciam sua obra. Ela não tinha o status público de uma pintura como a Safo de Alma-Tadema, e isso enfatiza quão extraordinária esta é. No centro da cultura erudita vitoriana, algo que não pode ser nomeado é articulado em uma tela. Por intermédio de Safo e da paisagem grega, o desejo silenciado encontra sua voz.

Safo mostra brilhantemente como a Grécia habita a imaginação se-xual moderna. É ela a figura por meio da qual falamos sobre o desejo, pintamos o desejo, fantasiamos o desejo. O corpo masculino perfeito da Grécia estabelece uma imagem canônica que dá forma à nossa visão da masculinidade. Safo não possui uma forma física única – mas sua idéia fornece os espelhos mutantes nos quais é produzida uma série de expressões do desejo. Safo permite que o mundo moderno articule e sinta desejo.

8 *Fazendo o que é natural?*

Nessa história de amor da Grécia antiga, duas reivindicações diferentes se articulam em direções opostas. Por um lado, o que herdamos da Grécia está por toda parte. O corpo grego enche nossa mente com imagens de como um homem deve ser. A história da sexualidade encontra repetidamente suas origens na Grécia antiga. Por outro lado, se compararmos as diferenças entre as leis britânicas de censura com a cultura exibicionista da Atenas clássica, ou as antigas expectativas sobre o comportamento sexual com as práticas modernas, as diferenças entre o mundo antigo e o moderno se mostram surpreendentemente óbvias.

Essa tensão entre o fato de sermos descendentes da Antigüidade e de a encararmos como algo deveras estranho é, freqüentemente, algo bastante provocativo, tanto para os policiais como para os malandros da cultura ocidental moderna. Não é apenas que a Atenas clássica pareça diferente. A cultura moderna ocidental é sempre capaz de lidar com aquilo que parece diferente: ela o chama de "outro", "estranho", "surpreendente", "antropologicamente interessante", e dessa maneira reforça sua própria identidade. A descrição do "não como nós" é uma estratégia fundamental para a definição do "nós". Vestir-se com apenas um tapa-pênis é "exótico", "forasteiro" e instantaneamente reconhecível como um símbolo cultural que não nos pertence – exceto como marca do que é estranho.

O problema é que a antiga Grécia não pode ser simplesmente o "outro". Ela é uma das fontes privilegiadas dos valores da cultura moderna ocidental. No *Banquete* de Platão, um filósofo, um poeta cômico, um poeta trágico, um médico e um político discutem o amor de homens por meninos. Nós herdamos a filosofia, o teatro, a medicina, a teoria política e a nossa querida democracia da Atenas clássica. Como anunciou Shelley: "Todos nós somos gregos." Os clássicos são fundamentais.

Essa tensão nunca foi tão fortemente sentida como na Europa do século XIX. Para os vitorianos que queriam que seus gregos fossem brancos e puros, e que queriam fazer da homossexualidade um crime para todas as idades, as tensões entre a imagem idealizada do passado e sua produção artística, filosófica, literária e comportamental eram difíceis de ser administradas. Em certo sentido – o mais comum e corriqueiro – a tensão foi ativa e estranhamente silenciada. E.M. Forster, cujos livros investigavam magistralmente a fragilidade das convenções sociais inglesas, descreve com horror divertido o diretor de escola inglês traduzindo grego para seus alunos e solenemente lendo em voz alta: "omitir – uma referência ao amor inenarrável dos gregos." A necessidade de mencionar o que não se deve dizer sempre produz estranhas repressões e revelações. É bastante difícil saber quanto do *Banquete* poderia ser traduzido se essa regra fosse obedecida.

Em outro nível menos saudável, estudar grego e invocar a beleza das coisas helênicas tornou-se uma maneira codificada para um seleto grupo de rapazes se direcionar, por meio da estética, para um estilo de vida que zombava das normas e leis da sociedade. Oscar Wilde pretendia conduzir uma séria pesquisa e produzir a edição de uma tragédia euripidiana antes de se tornar o queridinho e o bicho-papão da sociedade londrina. Em sua defesa na corte contra a acusação notória de grave indecência, Wilde argumentou que o amor entre homens era a mais nobre das ligações, um amor "que serviu de fundamento para a filosofia de Platão... puro... perfeito... intelectual". O fato de sua retumbante retórica ter produzido uma salva de palmas espontânea entre os membros da audiência não fez diferença. No fim, ele foi condenado a definhar de forma humilhante na cadeia de Reading. Com o exemplo de Wilde, a tensão entre o amor grego e a glória que representava a Grécia na imaginação cultural vitoriana foi forçosamente colocada em foco.

Entretanto, a provocação do caso grego não nos abandonou, e é ainda central para as discussões atuais sobre o impacto social e moral do desejo sexual. Para aqueles que querem declarar a homossexualidade contrária às leis da natureza – como tantas leis e insultos a ela se referem – é perturbador o fato de que na gloriosa cultura da Atenas clássica, onde se originaram nossas mais estimadas idéias e instituições, muitos homens achavam totalmente natural o amor de homens por meninos. Sem os impedimentos inventados pela lei e pela regulamentação social, poderia parecer que homens naturalmente desejariam meninos. Fica difícil chamar esse desejo de abominável quando ele parece ser parte tão natural da cultura clássica. Mesmo se acreditamos que atos sexuais entre homens são simplesmente errados – por exemplo, porque o livro do Levítico assim o diz –, o exemplo da Grécia pode sugerir que as regras bíblicas são necessárias exatamente porque sem elas nada haveria para impedir homens de desejar uns aos outros e de agir de acordo com esse desejo. Tal como as leis bíblicas que proíbem o consumo de porco e salmão, precisamos de uma regra que impeça o que de outra maneira seria parte do comportamento normal de pessoas comuns.

Entretanto, para aqueles que querem chamar a homossexualidade de "natural", as coisas são igualmente estranhas. A razão para isso não é apenas o fato de as instituições do desejo masculino da Grécia clássica serem tão particulares que é difícil vê-las como paradigma para o Ocidente moderno, e menos ainda como modelo universal da natureza das coisas. Na realidade, o problema é muito mais profundo. Talvez a melhor forma de esclarecer a dificuldade seja colocar a questão mais formal, isto é, se "homossexualidade" e "heterossexualidade" indicam "tipos naturais". Sempre existiram "homossexuais" e "heterossexuais" na natureza, independentemente das diferentes maneiras em que as línguas e as sociedades funcionam? Ou será que o fato de diferentes culturas organizarem suas concepções sobre a sexualidade de maneiras tão distintas significa que "homossexuais" e "heterossexuais" existem somente quando podem ser nomeados, imaginados ou vistos, ou quando podemos interagir com eles? Resumindo, são os homo e heterossexuais como o continente australiano – à espera de serem descobertos e nomeados, ou como uma bola de futebol, algo que só existe quando inventado, o que quer que seja que se tenha feito com pés e bolas antes disso?

Claro que é possível ser mais exato. O termo "homossexual", e seu oposto "heterossexual", foi utilizado pela primeira vez por Richard Krafft-Ebing na década de 1870 na Alemanha, e 20 anos depois na língua inglesa, quando a obra de Krafft-Ebing sobre a sexualidade foi traduzida. Krafft-Ebing, junto com Havelock Ellis, Freud e muitos outros, trabalhou para produzir novas maneiras de se pensar a sexualidade, o que teve imenso impacto no sistema legal e na medicina, como também nas expectativas sociais – impacto que ainda hoje afeta nossas vidas. Pela primeira vez no século XIX, como mostraram os historiadores da medicina, uma patologia chamada de "homossexualismo" foi expressa: ou seja, foi descrito um estado psicológico que definia uma pessoa de acordo com o gênero do parceiro sexual que ela escolhia. Pela primeira vez, podia-se *ser* um homossexual – e podia-se ser tratado, curado, punido e amado por sê-lo. Em muitos lugares e épocas anteriores, o sexo entre homens foi reconhecido, desfrutado e estigmatizado. A sodomia foi um crime em muitos lugares do mundo, e de fato ainda é. Homens flagrados cometendo esses atos em geral foram humilhados física e psicologicamente como "fracos", "efeminados", "abomináveis". Também existiram lugares, como as *molly houses* do século XVIII em Londres, onde homens se reuniam para cometer atos conscientes de prazer transgressor. Apenas muito recentemente, as instituições oficiais da lei, da medicina e da filosofia começaram a trabalhar com a idéia de que a "homossexualidade" é uma condição humana, e de que a natureza de alguém pode ser definida pela homossexualidade, ou que uma pessoa possa ser definida simples e absolutamente como "homossexual".

Essa é uma área do pensamento social moderno em que esperança e história, ideologia e argumento intelectual tendem a se confundir. A alegação de que a natureza humana é uma constante pode ser ouvida diariamente: "As pessoas são iguais no mundo todo", "isso é a natureza humana", "as pessoas são assim" e por aí afora. Pode-se formular isso em uma escala intelectual bem mais elevada quando a terapia psicanalítica de Freud encontra padrões imutáveis do desenvolvimento psicológico humano em um passado distante e vago: digamos, o complexo de Édipo na cidade onde Édipo nasceu. Ao menos para alguns historiadores gays, o desejo de encontrar "homossexualismo" através da história é uma motivação: a existência perene estabelece força e autoridade.

Porém, é fácil demonstrar como argumentos que reivindicam uma natureza humana imutável têm de ignorar muitas diferenças surpreendentes em lugares e épocas distintos, e também têm de supor a presença de todo tipo de fatos para os quais não existem provas sólidas. Para uma platéia moderna, parece óbvio que sonhar sobre fazer sexo com a mãe necessariamente indica uma preocupação psicológica profunda, conectada com o complexo de Édipo. Contudo, para que isso seja óbvio, é necessário ignorar o que dizem os antigos livros sobre sonhos. Em primeiro lugar, eles declaram que a *maneira* de fazer sexo com a mãe é o que importa: a posição que ambos ocupam. E, em segundo lugar, deduzem eles, o sonho se refere à carreira política e à pátria. Absolutamente nada a ver com sexo.

Também é necessário ignorar o fato de que a cultura da Atenas clássica tinha expectativas diferentes. Quando na peça *Édipo Rei*, de Sófocles, o próprio

Édipo expressa seu medo de que o oráculo esteja certo e que ele venha a fazer sexo com a mãe, é dito a ele que não se preocupe: "Muitos homens sonham que fazem sexo com a mãe: não significa nada, eles vivem felizes." É irônico que essas palavras sejam ditas pela própria mãe de Édipo, com quem ele já fez sexo e teve filhos. Mas essa declaração não se encaixaria bem em uma tragédia moderna – em que a serena afirmação de que inúmeras pessoas sonham que fazem sexo com suas mães e que isso não representa problema algum provavelmente causaria ultraje, surpresa ou riso. Acima de tudo, o argumento de que a natureza humana é sempre a mesma tem sido freqüentemente utilizado, e de maneira particularmente desagradável, com o intuito de apoiar uma agenda conservadora oposta à ameaça de mudanças. "É devido ao fato de não se poder mudar a natureza humana" que "não se deve permitir às mulheres estudar, praticar esportes, ter um emprego, falar em público" (exemplos reais no debate do século XIX sobre a chamada "questão da mulher"). O reconhecimento geral de que "as pessoas sempre serão as mesmas" pode facilmente se metamorfosear em insistência brutal nos sombrios caminhos do preconceito e do poder.

A tensão entre esses dois princípios – por um lado, de que a natureza humana é construída em e pela sociedade; por outro, de que a natureza humana possui características essenciais e imutáveis – provavelmente não será resolvida, pelo menos não para a satisfação de todos. Mas o que faz da Atenas clássica um caso tão estimulante é a maneira pela qual lança um desafio bastante significativo àquela noção vitoriana – e aos herdeiros modernos dessa noção – da "homossexualidade" como uma patologia que define um indivíduo. Pois, em Atenas, sexo entre homens não é *um* tipo de fato moral, social, ou mesmo psicológico, e certamente não implica um tipo de condição psicológica. Não há nenhuma dúvida de que alguns homens adultos têm relações sexuais com outros. Quando estas eram conhecidas ou imaginadas, eram ridicularizadas, muitas vezes de forma violenta. Era um modelo do que deveria ser desprezado como incorreto e até mesmo abominável. Pior de todos era o *cinaidos*, o homem que tinha prazer em se deixar usar sexualmente, de caráter absolutamente corrupto. Entretanto, o *cinaidos* é um exemplo de escárnio em um lado extremo da balança; sua posição no universo do amor adequado entre homens pode ser equiparada àquela do viciado em cocaína com relação ao apreciador de vinhos. E o amor adequado, com todas as suas complexas regras de corte e todo o cuidado com a alma enobrecida do jovem que nasce livre, constituía uma prática e um prazer completamente aceitos na sociedade. Aceitação, normalidade e naturalidade não são definidas pelo fato de ser entre homens que a chama do desejo se acende. Não se pode ser "homossexual" ou gay na Atenas clássica.

Isso explica por que discussões sobre o "amor grego" tendem a ser tão inflamadas e inspiram posicionamentos tão comprometidos. Conversas sobre o comportamento sexual não vão muito longe antes que conceitos como "natural" ou "normal" venham à tona. Mas o exemplo da Grécia provoca uma preocupação perturbadora e real. Até que ponto são nossas estimadas idéias sobre a natureza simplesmente uma das crenças culturais da definição do "eu"? Até que ponto podem quaisquer regras culturais ser baseadas no sólido princípio do "natural"? "Fazer simplesmente o que é natural" é uma bela frase em uma canção, mas não constitui um bom lema para uma vida de reflexão. A menos que possamos começar a analisar essas concepções do natural dentro de um processo histórico que ainda estamos vivendo, estamos destinados a viver meramente um conjunto de mitos herdados, mas sobre os quais refletimos.

O "amor grego" deveria fazer-nos pensar novamente sobre o significado de "natural", onde precisamos olhar para encontrá-lo – e o quão difícil é olhar para essas idéias de maneira crítica. A sexualidade e o natural são inevitavelmente parte de qualquer noção de identidade. O caso da Grécia sempre acrescentará um ponto de interrogação à questão de quem pensamos ser.

Parte II

AONDE VOCÊ PENSA QUE VAI?

1 *O império da religião*

Mesmo o mais convicto ateu tem de reconhecer que uma enorme quantidade da arte e da música fundamentais para a cultura ocidental está profundamente arraigada na tradição do Ocidente judaico-cristão. Qualquer abordagem que não leve em conta as paixões, as discussões e as histórias que produziram obras de arte tão significativas como a "Missa em si menor" de Bach, o "Quarteto para o fim dos tempos" de Messiaen, a Capela Sistina ou a figura do Cristo Redentor sobre o Rio de Janeiro será inevitavelmente incapaz de captar grande parte de sua importância e seu poder. Sem a Bíblia, a leitura do *Paraíso perdido* de Milton é obviamente grosseira; mas mesmo uma escritora como George Eliot, que tanto se debate com sua religião, ou um teatrólogo como Ibsen, com seu pensamento obsessivamente anticlerical, serão insuficientemente compreendidos pelo leitor que ignore o fervor intelectual que instiga a escrita. Sem algum conhecimento da Bíblia e de sua força religiosa, grande parte da arte, da música e dos textos da cultura ocidental se tornará pouco mais que familiares cartões-postais de uma viagem turística ao passado.

Travar conhecimento com a grande tradição artística e filosófica da cultura ocidental sem compreender seu longo entrosamento com o cristianismo é estar destinado à superficialidade. Contudo, tentar compreender o cristianismo sem avaliar seu longo e apaixonado envolvimento com a sociedade e a língua gregas não é menos superficial. Como exigiu T.S.Eliot, "leitores que desejam ver sobreviver uma civilização cristã" precisam reconhecer "a importância do estudo do latim e do grego". Para Eliot, a continuação da existência da civilização cristã depende do compromisso com o estudo dos clássicos.

Essa é uma afirmação impactante. Entretanto, o cristianismo apareceu na cultura da Antigüidade clássica, e Eliot percebeu que seu nascimento e desenvolvimento não podem ser entendidos senão dentro desse contexto histórico. Para ele, os ataques à educação clássica que estavam em voga em sua época tinham conseqüências danosas para nossa capacidade de compreender a religião – tão significativa para ele pessoalmente e para o que ele entendia como sociedade. Na verdade, a preocupação de Eliot concretizou-se suficientemente, a ponto de uma discussão sobre a importância do cristianismo em um livro sobre a relevância dos clássicos parecer surpreendente para muitas pessoas. Embora o cristianismo, como todas as religiões, conceda grande importância a uma completa compreensão de sua origem, o ensino contemporâneo esquece-se facilmente de que ele tem sua origem na Antigüidade clássica, e que os primeiros quatro séculos de seu desenvolvimento, os anos de seu estabelecimento, ocorreram durante o Império Romano. O cristianismo é fundamentalmente um assunto da época clássica.

Os cristãos freqüentemente se declaram diferentes dos pagãos – e existe hoje uma divisão institucional entre o estudo dos clássicos e o estudo do período inicial da Igreja. Mas um personagem como santo Ambrósio mostra quão enganosa sempre será essa divisão. Ele é um dos doutores da Igreja católica, tendo batizado santo Agostinho. É um antepassado, extraordinariamente influente e venerado, da religião cristã. Entretanto, Ambrósio foi durante muitos anos, e com muito sucesso, um oficial do governo romano, e um de seus administradores. Para preconceitos modernos, o fato de que ele somente se converteu ao cristianismo quando foi nomeado bispo de Milão, uma posição de enorme poder, é quase um choque. A distinção entre cristãos e romanos era muito mais difícil de se fazer do que os cristãos posteriores gostariam que acreditássemos. O Império Romano se tornou cristão, mas, no processo, o cristianismo tomou a forma do Império Romano.

De fato, a vasta maioria dos primeiros cristãos influentes foi criada em cidades gregas e romanas, educada na cultura grega e romana e viveu suas vidas em instituições gregas e romanas. Eles falavam grego e latim, liam autores gregos e latinos, e eram cercados pelas arquiteturas grega e latina – a arquitetura da mente tanto quanto a das cidades. Não deve ser nenhuma surpresa o fato de que o primeiro período do cristianismo é parte integral da cultura clássica do Império Romano.

Essa é uma história que hoje tem conseqüências para todos nós, cristãos ou não, nos níveis mais fundamentais de nossas vidas. Mas isso pode não ser facilmente percebido em um primeiro momento. Uma vez que, no último século, um número crescente de pessoas através do Ocidente afastou-se do cristianismo como regime de veneração e como autoridade moral dominante, a gênese do antigo cristianismo pode parecer um passado cada vez mais irrelevante, mesmo que a maioria dos países ocidentais ainda se identifique como cristã. (No caso da Inglaterra, a conexão entre o Estado e a Igreja faz disso uma realidade formal; em outros países europeus e nos Estados Unidos, a conexão não é constitucional, mas com freqüência é ainda mais fortemente sentida.) O impacto dessa história é fundamental mesmo na sociedade secular; entretanto, como os princípios mais gerais promovidos pelo cristianismo incorporaram-se tão profundamente ao estilo de vida moderno, eles parecem ter se tornado os valores tradicionais e familiares da própria sociedade. Muitas das nossas suposições mais básicas derivam dessa história, e seu poder sobre nós emerge precisamente porque não lhes damos o devido valor.

Foram os cristãos, por exemplo, que propuseram o casamento como um sacramento que deveria durar para sempre. O ideal moderno de um casamento feliz "até que a morte nos separe" e o estigma que resulta do divórcio ou de um novo casamento são produto da influência cristã. A idéia de que um homem deve ter relações sexuais apenas com sua mulher, e que qualquer outra forma de sexo representa infidelidade, ou adultério, ou imoralidade, também não é uma idéia romana, grega ou judaica, mas cristã, e isso constitui a base das noções modernas de fidelidade nas relações. Todas as sociedades consideram alguma forma de atividade sexual inaceitável ou repulsiva, mas a noção de que a carne e o sexo em si são sujos – uma idéia que está muito por trás da culpa, da libidinagem e do puritanismo moderno – é também em grande parte uma herança cristã.

Todos temos essa história cristã, clássica dentro de nós. Mesmo alguém que não tenha nenhuma intenção de se casar em uma Igreja cristã reconhecerá esses valores básicos, herdados como norma social. Muitos indivíduos, cristãos ou não, ainda querem se casar, querem ter um casamento duradouro, com um parceiro fiel, e pensam que esses valores são importantes. Contudo, é precisamente nessas áreas mais fundamentais da vida – casamento, relações de família, moralidade sexual – que são sentidas de forma profunda as tensões das mudanças sociais na sociedade contemporânea. Como deve funcionar o casamento é uma questão premente tanto no nível social quanto no pessoal. Esses princípios que regem a vida possuem uma história cristã – e é essa história que faz deles o que são hoje. Quanto mais esses princípios são desafiados pela sociedade moderna, mais importante é para todos nós compreender suas origens e como são capazes de exercer tal poder. Esse projeto é uma iniciativa compartilhada por qualquer homem ou mulher contemporâneo que esteja tentando encontrar seu caminho na sociedade moderna.

O cristianismo começou como uma seita menor e rebelde do judaísmo, na província romana de Judéia. No início, todos aqueles que se consideravam cristãos continuaram também a praticar os ritos como judeus ativos. Essa situação mudou na segunda metade do século I d.C., quando Paulo iniciou sua tentativa de converter os não-judeus com sua "Missão aos gentios". Pequenos grupos de cristãos autodesignados começaram a se desenvolver ao longo do Mediterrâneo, concentrados principalmente em grandes cidades como Roma, onde se formou uma infra-estrutura de poder. Diferentes autores se esforçaram para expressar o que significava ser cristão, e ao longo do século II discutiram ferozmente entre si, com freqüência com cáusticas acusações de heresia e afirmações igualmente poderosas de piedade hipócrita.

Quando alguns poucos cristãos começaram a causar problemas para as autoridades romanas, eles foram assassinados pelos suspeitos de sempre, da maneira usual. Alguns foram enviados pelos magistrados à arena onde lutavam os gladiadores; outros foram crucificados – uma punição comum para escravos e outros marginais. Punições mais bizarras também foram escolhidas – os romanos eram excelentes para maquinar torturas incomuns. Essas vítimas transformaram-se em mártires. Um mártir é literalmente uma "testemunha", e estar preparado para morrer a fim de testemunhar a crença em um deus cristão tornou-se uma das imagens exemplares do início do cristianismo. Uma causa requer mártires. No Egito, a partir dos anos 270, grupos ascéticos se retiraram no deserto para viver fora da sociedade romana. Esses "pais do deserto" são os fundadores do movimento monástico, e santo Antão que iniciou seu retiro no ano 270, é seu fundador e principal inspirador. Uma causa requer heróis e santos também.

Ao longo dos séculos III e IV, o cristianismo gradualmente se tornou uma religião em crescente evidência pública – havia um maior número de pessoas envolvidas, e elas se expressavam de maneira mais organizada. Esse foi um momento crucial. Para as autoridades locais, os cristãos tornaram-se cada vez mais preocupantes devido a seu desregramento perturbador e disruptivo. No século II, somente uma minúscula porcentagem do Império Romano era cristã, e não merecia sequer a atenção das autoridades. No final do século III, eles eram numerosos o suficiente para merecer atenção violenta do governo romano, no que os cristãos chamam de "perseguições". Como os martírios de outrora, as perseguições aumentaram o senso de heroísmo combativo da Igreja, e reforçaram seu senso de identidade de grupo. A mais significativa dessas perseguições ("A Grande Perseguição") começou em 303, quando o imperador ordenou a destruição de igrejas, a queima de livros sagrados e a deposição de cristãos de cargos de distinção e privilégio.

Em 312, porém, em uma reviravolta surpreendente, o próprio imperador Constantino se converteu ao cristianismo, e o império tornou-se formalmente cristão. Como Paulo na estrada para Damasco, essa história é um ícone de iluminação. Diz-se que, antes de uma batalha, Constantino teria visto no céu uma cruz em chamas, com as palavras "*in hoc signo vincas*" ("sob este sinal/bandeira você triunfará"), e ali mesmo ele se converteu. Na prática, a negociação foi provavelmente mais complexa e pragmática. Já havia um número significativo de cristãos entre a elite romana, e a continuação do vasto aparato do império significava que era possível para muitos oficiais viverem como cristãos, da mesma maneira que haviam feito como romanos tradicionais. Entretanto, a conversão do chefe de Estado foi crucial para o desenvolvimento do império cristão. O poder militar e político de Roma dava agora apoio à nova religião, e a conversão do imperador deu imensa autoridade simbólica para os cristãos que pertenciam ao sistema e para aqueles fora dele.

Embora o imperador tivesse declarado o império cristão, havia ainda muito tempo para mudar de idéia. Quando, em 361, Juliano o Apóstata tornou-se o único imperador, ele voltou para o paganismo e restabeleceu muitos cultos antigos; muitos romanos tinham hesitado em seguir Constantino, e continuaram hesitando. Havia ainda imensos e violentos debates sobre como deveriam ser constituídas as crenças e as práticas do cristianismo ortodoxo. Por princípio, cristãos matavam-se uns aos outros, e existe uma notável lista de alternativas derrotadas, consideradas heréticas pela vitória do que se tornou a ortodoxia – pelagianos, gnósticos, arianos, montanistas, marcionistas. A partir do final do século IV, o Império Romano era completamente cristão, e sua organização administrativa era composta por cristãos. Os solitários ascéticos do deserto haviam se tornado os administradores de um vasto sistema cívico. A partir de então, as violentas discussões sobre como ser cristão aconteceriam dentro das estruturas de poder de uma grande instituição.

A história do início do cristianismo sempre foi sujeita a contestações – e, algumas vezes, motivo de assassinatos. Muito se poderia acrescentar a esse breve relato para fornecer uma imagem mais elaborada. Mas o que é claro é que o cristianismo, a cada reviravolta dessa complicada narrativa, desenvolveu-se através e contrariamente à cultura clássica. De início, encontrou sua força em deliberadamente contradizer a cultura clássica na qual nasceu. A surpresa agressiva e radical do início do cristianismo só pode ser propriamente apreciada dentro desse contexto. Ele exigiu seu reconhecimento como uma religião anticlássica. Entretanto, ao se expandir, enroscou-se cada vez mais nas estruturas de poder romanas, e em seus sistemas de pensamento. Quando o império se tornou cristão, o cristianismo se tornou romano – a origem do Sagrado Império Romano.

A cultura moderna tem repetidamente esquecido ou dado menos importância do que deveria às estranhas e extremas raízes do cristianismo: a imagem que ele tem de si mesmo resiste particularmente em considerar seus difíceis e agressivos ancestrais. Mas tanto para o cristão praticante como para qualquer um – não-cristãos, ateístas, agnósticos –, é importante enxergar como a tradição religiosa dominante do Ocidente se formou no mundo clássico. É nada menos que a história da formação da cultura ocidental. Esquecer o longo e apaixonado envolvimento do cristianismo com a língua e a sociedade grega e latina, ou o nascimento do cristianismo nessa cultura da Antigüidade, nos ameaça a ser meros turistas na cultura ocidental. E eu, pessoalmente, prefiro *viver* na cultura ocidental a ser um turista dentro dela.

2 *Superestrelas da carne*

Simeão Estilita ficou de pé sobre um pilar. Na cadeia de montanhas de Telnesin, na Síria, ao norte de Antioquia, ele se manteve de pé por 30 anos, dia e noite, sobre uma coluna de pouco mais de 18 metros, em vigília contínua; uma imagem viva do Cristo crucificado. Esse não foi seu primeiro ato de sacrifício a Deus. "Na fome e na sede, no calor e no frio, continuamente, incessantemente, em súplica, ininterruptamente, e sempre de pé, ele não deu a seus olhos nenhum sono, nem descanso a seu corpo por 56 anos, noite e dia", como insiste seu biógrafo. Ele tinha passado nove anos jejuando em um monastério "em uma maravilhosa disciplina e práticas severas"; depois, passou dez anos em pé em uma esquina do pequeno monastério perto de Telnesin, às vezes em uma cela. Depois disso, ficou em pé por sete anos sobre um pequeno pilar. Finalmente, ele se moveu para o pilar de 18 metros, onde viveu até sua morte em 459.

Esse foi um sofrimento com o qual seu biógrafo se deleita:

> Em público, ele amarrou seus pés a um pilar, coberto misteriosamente com o poder divino. A carne de seus pés se rompeu devido a sua posição, mas toda a sua mente estava iluminada para o Senhor. Os ligamentos de suas vértebras se deslocaram devido ao suplício contínuo, mas ele fortaleceu sua mente com o amor de Cristo, o Ajudador.

Seu ato é uma demonstração pública do amor pelo Senhor, como um mártir. Seu corpo está torturado e destruído – pés rasgados, vértebras deslocadas –, mas seu amor espiritual está incendiado, sua mente repleta de êxtase religioso. "Ele não tinha medo dos sofrimentos físicos", explica *A vida*, sua biografia, "e não deu a seu corpo nenhum prazer, nem mesmo por uma hora." Um bom cristão deveria ser destemido em seu serviço a Deus, e a arma do Diabo é o gozo e o prazer – o sinal da queda e a temida tentação de pecar. O biógrafo continua com uma longa especificação das dores de Simeão. Seus ossos tornaram-se visíveis devido à sua posição; o estômago se rompeu; ele perdeu a visão por 40 dias a cada vez; o pé esquerdo, tomado por úlceras, emitia um odor pútrido e estava coberto de vermes. O cheiro era tão ruim que seus discípulos não podiam chegar nem até a metade da escada para alcançá-lo. Até o monarca do país implorou a ele que descesse. Mas por 40 dias e 40 noites, um esqueleto, incapaz de falar, ele combateu o demônio. Quando todos acharam que estava morto, ele emerge triunfante, curado, para continuar com sua vida ascética. Simeão é um herói do suplício, um atleta vitorioso na competição da dor, um *santo*.

Mesmo seu biógrafo, que o venera, imagina que alguém possa se perguntar por que Simeão fez tudo isso a si mesmo. A mais imediata é a resposta teológica de praxe: "Por meio da aflição de seu servo, o Senhor talvez possa despertar o mundo do peso da letargia de seu sono, para que o nome da sua divina glória possa ser provado por intermédio daquele que nele acredita." Simeão é um exemplo do poder da crença, que deve fazer com que todos se despertem para a mensagem de Deus.

O santo era importante também de outras maneiras. Ele desempenhava um papel, como homem santo, na sociedade vilareja do Mediterrâneo oriental. Um monastério de discípulos prosperou ao largo da base do pilar de Simeão; lugar visitado por peregrinos e onde se realizavam encontros públicos locais. O devoto, quando não estava em agonia ou com o corpo rompido, agia para resolver disputas, como uma espécie de juiz especial. Seu status como homem santo dependia do ajuntamento dos aldeãos dos arredores, que ficavam extasiados em sua presença e que, por sua especial santidade, utilizavam-no como solucionador de conflitos. Como um poderoso senhor – mas sem os conflitos, a apropriação indevida de fundos e a brutalidade em potencial –, o homem santo podia atuar como mediador na vida aldeã. Ele representava um estímulo para a vida em comunidade. Dava conselhos sobre rituais, tomava decisões em casos de processos legais; deliberava sobre o racionamento de água. Podia instruir os padres e os figurões locais a cancelar dívidas, emprestar dinheiro a juros baixos e obedecer aos marcos fronteiriços entre vizinhos. Do alto de seu pilar, acima do caos da vida diária, perto de Deus, Simeão Estilita representava uma conexão entre o mundo humano e o divino, e exercia essa autoridade. Ele fazia bem à comunidade.

Simeão faleceu em 459. Ele foi uma superestrela no rol dos homens santos, todos grandes sofredores, razão pela qual a Síria era especialmente famosa. Esses santos representavam o pináculo da nova atitude cristã relacionada ao corpo. Os ascéticos, como são conhecidos, eram devotos da subordinação (*askesis*) da carne. Por meio do jejum, da privação de sono, da oração e da abstinência sexual, esperavam "mortificar" a carne – torná-la *morta*, através da destruição de seu calor, sua umidade e seu vigor. Dessa maneira, uma mulher poderia *secar* sua carne até ficar dura, impedir a menstruação, recusar a gravidez e se tornar assexuada. (O único casamento da freira é com Deus.) Orígenes, o maior teólogo do começo do século III, encontrou sua própria, e extrema, resposta. Ele estava tão desesperado para manter o celibato e para dominar os desejos da carne que se castrou com as próprias mãos. Era a única maneira de subjugar a ereção, o sinal físico da inabilidade do homem em controlar o desejo e a carne. Como Simeão Estilita, Orígenes vivenciou em seu corpo as conseqüências de sua teologia.

O cristianismo que Simeão Estilita incorpora opunha-se agressivamente aos ideais da cultura clássica. Nos contextos sociais do ginásio, do mercado, das casas de banho, do exército e do teatro, a beldade grega era um cidadão livre, de certa idade, cercado de admiradores e totalmente atuante na arena social. Era um jovem que se transformaria em homem e cujo comportamento estava sempre governado por essa expectativa de mudança. Por esse motivo, Sócrates podia criticar seu companheiro Epigenes por ter "o corpo de alguém que não está propriamente engajado em assuntos públicos". O corpo do cidadão clássico *devia* mostrar como ele desempenha – como soldado, orador, homem do bem – sua obrigação pública. O corpo de cada homem age, e é observado em ação, na sua esfera social.

Sem qualquer dúvida, Simeão Estilita faz de seu corpo algo público: para os discípulos ao pé do pilar, sua forma lacerada e lacrimejante constituía um sinal visível de santidade. Entretanto, esse é um novo corpo cristão em exibição.

Para o cristão e seu corpo, que se debate contra Satã e suas tentações, a santidade constitui crucialmente um ato de separação. O monge no deserto ora sozinho. A palavra "monastério" deriva da palavra grega *monos*, que significa "sozinho", "por conta própria". Os cristãos admiravam o "anacoreta", que vive como um eremita, totalmente sozinho, em uma cela ou caverna, retirado da sociedade humana. A abstinência sexual, um voto de silêncio, dirigir os olhos ao céu, um regime de orações, um compromisso com o jejum, todos constituem maneiras de romper os elos sociais entre os humanos. Mesmo Sócrates, o filósofo grego com mais autocontrole, circula pelo ginásio, bebe no simpósio e se deita sob o cobertor de Alcibíades. O homem santo cristão é exemplar por negar esses laços sociais, esses prazeres compartidos.

O gesto de separação era evidente em todos os níveis. A forma mais básica de atividade religiosa grega e romana era o sacrifício, uma atividade pública que terminava com uma refeição comunitária. O ritual do sacrifício definia o grupo social. Ele separava os "de dentro", o "nós" – que faziam parte do grupo –, dos "de fora" – o "eles", que eram excluídos. Poderia ser um evento familiar, uma cerimônia de Estado, uma associação de trabalhadores ou uma tropa de soldados. Mas o ritual unia aquele grupo em um costume participativo e compartilhado. Se um assassinato ou algum tipo de sacrilégio tivesse sido cometido, a punição especificava freqüentemente a "exclusão dos sacrifícios". Isso fazia do criminal um pária social. Uma maneira de os cristãos demonstrarem publicamente sua diferença era a recusa em participar de sacrifícios. Por vontade própria, eles excluíam-se obstinadamente da comunidade. Muitas histórias de martírio se voltam a essa recusa. Isso não constituía apenas um gesto teológico contra a religião grega ou romana. Era uma declaração pública, e terrivelmente agressiva, de uma separação radical em relação a tudo aquilo que fazia de um grupo social uma comunidade.

Naturalmente, os cristãos constituíram suas próprias comunidades. Eles criaram grupos, seitas e lugares de encontro para rezas comunitárias. Eles banqueteavam juntos, e juntavam-se para banquetear. Glorificavam a "irmandade" e formavam sociedades por meio da circulação de cartas e textos entre grupos distintos e indivíduos intelectuais. Através dos séculos, suas instituições formaram as estruturas sociais dominantes da Europa. Porém, desde o início, o cristianismo também santificou os homens e mulheres que rejeitaram os vínculos da sociedade humana em uma tentativa apaixonada de forjar uma relação singular com Deus. Essa construção da santidade da separação, baseada em uma interioridade intensa, permanece uma parte integrante da teologia cristã. O cristianismo é construído sobre a inversão dos sinais essenciais da cultura greco-romana.

O cristão também se separava dos outros por meio da privação. No início da Quaresma, os discípulos de Simeão Estilita enviaram-lhe um pote de lentilhas. No fim da Quaresma, eles o removeram, sem que tivesse sido aberto. Simeão passara 40 dias sem comer nada. A aceitação voluntária, pelo mártir, do sofrimento do jejum é talvez a mais extraordinária de muitas das privações que ele mesmo escolhe, sobretudo no contexto dessa escolha. O mundo antigo sempre foi uma sociedade de subsistência em que a maioria das pessoas vivia sob permanente e genuína ameaça de fome. Comer bem significava o triunfo da civilização, uma combinação do trabalho árduo do lavrador e da graça dos deuses. Um glutão é condenado precisamente por sua repulsiva e gulosa apropriação de recursos escassos. Para que o glutão engorde, alguém tem de sofrer. A conexão entre agricultura e cultura era fortemente arraigada no mundo antigo. A terra do lavrador é a base do que faz a vida dos homens humana.

Os cristãos que se retiravam ao deserto apresentavam um extraordinário e difícil desafio a essa maneira de pensar, essa necessidade de civilização. O deserto, por definição, é o oposto do solo agricultor: ele nada produz. E os ascéticos fugiam para essa zona desumana para lutar contra suas próprias barrigas, ao jejuar em uma obsessão competitiva. O calendário do cristão comum podia alternar entre jejum e banquete, Quaresma e Páscoa. O ascético, entretanto, seguia um modelo de privação ininterrupta. Enquanto se empenhava e passava fome para atingir a espiritualidade, seu corpo se "purificava", expurgado de sua carnalidade. Nas palavras de santo Antão, o ascético esperava, por meio do jejum, "receber uma parcela daquele *corpo espiritual* que o corpo assumirá na ressurreição dos justos".

Por mil anos ou mais, um cristão não podia, não devia ser gordo. A gordura poderia ser um problema político para o ateniense clássico: para o cristão era uma questão religiosa que punha em perigo sua alma imortal. Hoje, se você não come chocolate na Quaresma ou come peixe às sextas-feiras, ou mesmo se simplesmente compreende a piada sobre frei Tuck de Robin Hood, com sua barrigona e seu amor pela comida, você está, mesmo que de forma mais leve, imitando esses distantes mas fundamentais modelos de santidade. Um teólogo do século IV assim definiu os benefícios de jejuar – um pouco como um vendedor exaltando os poderes de um remédio milagroso: "Jejuar... cura doenças, seca os humores do corpo, assusta os demônios, nos livra de pensamentos impuros, clarifica a mente e purifica o coração, santifica o corpo e ergue o homem ao trono de Deus." Com tantos benefícios extraordinários obtidos pelo jejum, talvez não seja tão surpreendente que Gregório de Nissa tenha declarado que o senso do paladar é "a mãe de todos os pecados". A diferença com o mundo clássico não poderia ser mais vividamente assinalada. Gregos e romanos adoravam peixe, conservas, queijo, enguia, um pouco de óleo e um bom vinho. Terêncio, o teatrólogo romano autor de comédias, escreveu: "*Sine Cerere et Libero friget Venus*" ("sem comida e vinho, o sexo se esfria"). Ele recomendava um bom jantar e alguns drinques para auxiliar a sedução e o prazer erótico. As mesmas palavras são citadas pelo cristão Jerônimo, de forma muito menos bem-humorada, para mostrar como o jejum pode ajudar a abater os impulsos sexuais.

A sexualidade era outro campo de batalha no qual a privação do ascético tinha por objetivo refrear seus desejos carnais. O esforço para alcançar a pureza do coração no deserto produz extraordinárias histórias de tentação e força de vontade. Filósofos gregos haviam exaltado o autocontrole – e Alcibíades pôde se levantar intocado da cama de Sócrates. Mas a abstinência, a negação total do prazer, era um exagero perigoso e desagradável. Como disse a deusa Tétis para seu filho Aquiles em *Ilíada*: "É bom dormir com uma mulher." Para os cristãos ascéticos, entretanto, a meta era a total repressão dos impulsos.

A dificuldade estava na inevitável inabilidade do homem para controlar a fantasia, os sonhos, ou mesmo as maneiras pelas quais o corpo responde. A ereção, a ejaculação noturna, a memória não solicitada humilhavam os religiosos. Essa dificuldade mostrava serem necessários vigilância e esforço contínuos. Esses sonhos, essas fantasias tentadoras, mostravam o estado de pureza mais secreto de cada homem. Embora um corpo delgado e uma aparência santa pudessem demonstrar grande pureza, a sexualidade era um barômetro da mais íntima, mais secreta e mais reveladora batalha com o pecado e a impureza. Mesmo se o comportamento sexual pudesse ser moderado e os desejos sexuais atenuados, o que de noite se manifestava era um lembrete constante de uma batalha ainda não vencida.

"Eu tenho pena de você se você não está pensando em sexo," escreve um ascético, "porque você deve estar praticando." Não há aí muito espaço para a calma ou a grandeza espiritual (não há muita escolha). São muitas as histórias sobre a falha do controle sexual, de ejaculações noturnas e sonhos prolongados até os deslizes com maiores conseqüências, como gerar crianças ou molestar sexualmente os novatos. "Pureza do coração" transforma-se facilmente em medo da tentação, e daí em misoginia. Esta pode ser expressa de forma brutalmente física. Conta-se que um monge teria esfregado seus mantos no corpo decomposto de uma mulher morta, para que o odor impedisse qualquer pensamento sobre mulheres que não estivesse ligado à morte. A castidade de um monge era uma frágil conquista, ameaçada por todos os lados, e principalmente pelo lado de dentro. Vencer Satã era um emprego de tempo integral.

É surpreendente o quão radical é a tentativa de controlar a sexualidade no contexto da cultura greco-romana, e isso produz algumas justaposições extraordinárias. Em *O Banquete*, Platão reúne, de maneira tão engraçada e maliciosa quanto permite a filosofia, um grupo de intelectuais para discutir o sexo e o desejo. Metódio, um cristão sírio do século II, também escreveu um *Banquete*, mas sua versão retrata uma mesa de mulheres virgens que glorificam os méritos da virgindade. Elas conversam de maneira sóbria, mas mordaz, e entremeiam as negações da carne apenas com ocasionais hinos à castidade. Já não estamos mais em Atenas.

A atitude dos cristãos com relação à dor também enuncia sua distância do mundo clássico. A habilidade para suportar o calor e o frio, o trabalho árduo e o perigo é uma das qualidades que o cidadão-soldado grego considerava um ideal. O soldado romano também celebrava a firmeza frente ao inimigo. Entretanto, não se poderia dizer que a dor era uma escolha voluntária, ou que a destruição do corpo era uma meta desejada. Contudo, o cristão, emulando Jesus na cruz, queria não apenas um corpo purificado pela privação, mas também um corpo que precisava e desejava sofrimento. Como Deus fez do sofrimento de Simeão Estilita um exemplo para todos os humanos, cuja sina *é* o sofrimento, os mártires abraçaram a dor para demonstrar como eram capazes de transcendê-la. "A punição violenta é um prazer" para o mártir, porque rir da dor é demonstrar o triunfo do espírito interior sobre o corpo mundano.

O triunfo do mártir é adotado pelos ascéticos no controle da sua dor, e torna-se parte integral da linguagem do cristianismo. Como com todos os ideais, essa lógica de separação e privação do período inicial do cristianismo foi negociada por meio de uma complexa variedade de maneiras. Para alguns, os mártires e os ascéticos eram os soldados de elite das tropas de Cristo. Eles constituíam o modelo a que todos deveriam aspirar. Para outros, a existência de personagens tão extremos facilitava levar de qualquer forma suas próprias vidas sem a sobrecarga de expectativas tão onerosas. Para outros ainda, esses eram personagens fascinantes ou revoltantes, que causavam curiosidade ou aflição. Na prática, o desapontamento, a derrota, a culpa, ou simplesmente a negação, exerciam um poderoso papel nessas negociações – embora, como sempre, seja difícil traçar a história de sentimentos religiosos freqüentemente privados, tão intrincados e variantes. Os mártires e os ascéticos permaneceram componentes integrais da história do cristianismo e de sua auto-afirmação – qualquer que seja a maneira como as comunidades e as instituições cristãs tenham se desenvolvido. Toda história requer heróis, e, para o início do cristianismo, eles são os ascéticos e os mártires.

Os santos do sofrimento, como Simeão Estilita, são intencionalmente extremos. Entretanto, os ideais mais gerais e comuns sobre o comportamento do corpo também sofrem mudanças do mundo clássico para o império cristão. O cristianismo inventou o homem cristão por meio da inversão das idéias mais estimadas da representação do "eu" na Grécia e em Roma. O cristianismo apropriou-se do doloroso e deliberadamente humilhante castigo de um não-cidadão – a crucificação – e fez dele um símbolo do triunfo da nova religião. Na Atenas e na Roma clássicas, o corpo do cidadão devia ser inviolável. Ele não devia ser penetrado; ele não podia, por lei, ser torturado, embora o corpo de um escravo estivesse sujeito tanto à tortura quanto à penetração. Um cidadão não podia ser açoitado. A punição padrão para um escravo era o chicote. A linha divisória entre o escravo e o liberto era corporificada de forma vívida. O cristão glorificava a tortura do mártir; e o mártir tanto se deleitava com a violação de seu corpo que um deles, enquanto é repetidamente esfaqueado, agradece aos agressores, já que agora possui "muitos mais orifícios através dos quais louvar a Deus". Em vez de evitar o açoitamento do escravo, alguns cristãos desejavam a autoflagelação como um sinal de servidão a Deus.

O orador clássico é ordenado a se manter ereto, a fazer uma pose que demonstre sua própria dignidade, sua honra, seu status, sua posição. Ao cristão, ordena-se que seja modesto. Isso não quer dizer apenas evitar a arrogância desagradável. Significa uma submissão física, uma humilhação de si mesmo. O cristão é encorajado a se rebaixar perante os relicários dos mártires, a se deitar no solo, chorando e sussurrando orações. O cidadão clássico desfila sob o olhar de seus compatriotas objetivando o esplendor do sucesso na esfera pública: "Olhem para mim", grita Aquiles, "vocês não vêem como sou grande e bonito!" Ao cristão, ordena-se: "Acostume seus olhos a nunca olhar para o corpo de qualquer pessoa, nem mesmo, se possível, para o seu próprio." Exercitando-se despido no ginásio, relaxando nas casas de banho, exibindo o corpo – todos esses sinais padrão, e privilegiados, de ser grego e de ser romano, foram interditados para a comunidade cristã. O cristão devia se conduzir de maneira exatamente oposta ao espalhafatoso, exibicionista herói grego. Esta nova linguagem corporal – o valor da modéstia, a dignidade do sofrimento, a vergonha do corpo – foi longamente herdada pelo Ocidente, e ainda afeta cada um de nós. Como um cântico infantil ainda prega: "Todas as crianças cristãs devem ser humildes e meigas."

Os heróis da cultura que se tornaram os santos do cristianismo apropriaram-se da imagem do corpo clássico e a reestruturaram da maneira mais chocante possível. A idéia bíblica do "serviço a Deus" cristalizou-se em uma noção de escravidão humana que trouxe consigo a degradação do escravo, o sofrimento, a humilhação e a tortura – mas como qualidades positivas. O cristianismo não brota simplesmente de Jesus ou de Paulo. Sua radical inovação provê da reviravolta precisa dos valores clássicos tradicionais. Esse é o início do longo e turbulento engajamento do cristianismo com a Grécia e com Roma. Durante os séculos formadores, o cristianismo é a vivência de uma lógica *anticlássica* de separação, privação e dor para provar ao mundo perplexo o amor a Deus.

3 *O sexo e a cidade*

A CARNE E O MUNDO

O corpo do santo, fatigado, faminto, angustiado e desejoso, foi uma das imagens mais potentes do cristianismo. Entretanto, quando o Império Romano tornou-se cristão e os ideais santos de privação solitária tiveram de ser acomodados às exigências estatais de manutenção e reprodução da sociedade, o casamento e as atitudes com relação ao sexo tornaram-se inevitavelmente uma arena específica de conflito. Essa é uma história que afetou fortemente a vida contemporânea: a instituição moderna do casamento começa aqui. O modo como os cristãos reinterpretaram as normas clássicas da vida em família resultou nos valores "tradicionais", "convencionais" e "esperados" da sociedade contemporânea ocidental, tanto para cristãos como para não-cristãos. A compreensão do desenvolvimento dessas transformações explica um grande número das tensões e dos problemas familiares da sociedade moderna. É uma história do Império Romano que ainda domina as escolhas e as dinâmicas da vida atual.

Seria difícil imaginar uma instituição que tenha tido impacto mais profundo na vida social do Ocidente que o casamento cristão. Não somente ele constrói as relações de família por meio das quais a maioria das pessoas tem vivido através dos séculos, mas também carrega consigo um conjunto de concepções sobre o funcionamento da sexualidade na sociedade e sobre como indivíduos devem se relacionar. O casamento é o alicerce da sociedade, o que explica a razão pela qual ele é sempre utilizado como barômetro "do estado da sociedade atual". No mundo ocidental moderno, devido à taxa de divórcio, a estilos de vida alternativos e a diferentes versões da satisfação pessoal, o casamento é freqüentemente declarado sob ameaça. Nossa concepção do casamento é um indicador de como enxergamos nosso lugar na sociedade. Agora é um momento especialmente importante para tentar compreender por que o casamento se desenvolveu de tal maneira – e, em sua constituição, o que está em jogo para nós.

O próprio casamento cristão, agora a mais tradicional das escolhas, começou como um estilo de vida radical e alternativo. Ele trazia consigo um conjunto de estranhas e ameaçadoras atitudes em relação a como a vida deveria ser vivida e ao que deveria significar a satisfação pessoal. Sua formação institucional ocorreu dentro e contra a cultura greco-romana, e limitada pela organização política do Império Romano. A invenção do casamento cristão faz parte dos primeiros quatro séculos da era atual, da história clássica, mas seus efeitos fazem parte integral da história moderna.

A cerimônia do casamento anglicano revela vividamente essa história encoberta. É uma ocasião familiar, emotiva – tanto em novelas e filmes como na vida real. A congregação é convidada "a se juntar a este homem e a esta mulher em sagrado matrimônio, que é um estado honrado, instituído em Deus no tempo da inocência do homem, expressando conosco a mística união que existe entre Cristo e sua Igreja". Logo depois somos lembrados de que o matrimônio "é recomendado por são Paulo para ser honrado por todos os homens", embora a versão mais comumente usada no século XX substitua o nome "Paulo" por "Sagrada Escritura", e abandone a referência "à inocência do homem". Nesse momento específico, geralmente há tantas coisas para celebrar – ou com o que se preocupar – que a congregação, ou a noiva e o noivo, mal prestam atenção a essas palavras. (Embora seja difícil *não* antecipar um desastre mesmo nos casamentos mais bem organizados, já que romances e filmes adoram mostrar casamentos sendo interrompidos segundos antes de serem consumados.) Entretanto, tais palavras na verdade indicam uma história sórdida e litigiosa. A cerimônia do casamento moderno constitui uma excelente rota para dentro dessa bizarra história de radical revolução social na Antigüidade clássica.

Paulo é a autoridade, a Sagrada Escritura, que recomenda que o casamento seja "honrado por todos os homens". De fato, ele recomenda enfaticamente o matrimônio. Na Carta aos Coríntios, diz: "Que cada homem tenha sua própria esposa, e que cada mulher tenha seu próprio marido" – o que soa inequívoco. Todo mundo deveria se casar e ser monógamo. E ele desenvolve em todos os textos um conjunto de leis que possibilita a continuação do casamento patriarcal de uma forma que gregos, romanos e judeus reconheceriam: a mulher deve ser subordinada ao marido, não somente no casamento, mas em toda a sociedade. "A mulher é a glória do homem. Porque o homem não é da mulher, mas a mulher é do homem." Esse controle patriarcal se estende até mesmo à forma de vestir. Paulo costumava exigir que as mulheres cobrissem seus cabelos, ao passo que os homens não tinham de fazê-lo. Pelo menos em um nível importante – isto é, em sua atitude negativa com relação às mulheres –, esse revolucionário religioso seguia a mais conservadora agenda social. Mas – e é aqui que intensas discussões e considerável violência física foram geradas – ele introduz seu conselho favorável ao casamento com esta clara e ainda mais preocupante afirmação: "Faz bem a um homem não tocar uma mulher." Ele deseja que "todos os homens fossem equilibrados como eu mesmo sou", comprometidos com o celibato absoluto. "A mulher solteira cuida das coisas do Senhor para ser santa, tanto no corpo como no espírito; porém a casada cuida das coisas do mundo, de como há de agradar o marido."

Há aqui uma evidente tabela de classificação, e o casamento ocupa uma mísera segunda posição quando comparado à virgindade. Um pai pode organizar o casamento da filha, mas seria melhor que ele a tivesse mantido virgem. Paulo apela à autoridade de um pai quando se trata das escolhas da filha. Cabe ao pai escolher por ela. Um homem pode até se casar, se for incapaz de controlar seus desejos, mas seria melhor se pudesse se manter desassociado, como diz Paulo, para fazer de seu "corpo um templo".

É improvável que quando as pessoas escutam são Paulo e sua Sagrada Escritura mencionados na cerimônia de casamento elas percebam quão seletivo é esse apoio ao honrado estado do casamento. De fato, Paulo recomenda o casamento, mas o faz somente para evitar que aqueles que não conseguem suportar o celibato sejam queimados no inferno por cometerem o pecado do sexo ilícito. É isso que faz do casamento algo "honrado".

A história da santa Tecla mostra o que acontece quando as meninas escutam os conselhos de Paulo. A vida de Tecla, ao contrário da de são Simeão Estilita, poderia fazer parte de um romance, e mostra de maneira fascinante a conexão do cristianismo com o mundo grego. Escrita em algum momento entre os séculos II e IV, muitos anos depois de Paulo ter morrido, é uma história firmemente situada no mundo mediterrâneo oriental de língua grega, o mundo no qual, de fato, os romances gregos foram escritos. Tecla passeia pelo território ao redor de Antioquia, onde seria erguido o pilar de Simeão Estilita, mas nessa história o lugar e o tempo parecem muito diferentes.

Tecla é uma bela jovem, de boa família, que está noiva de um homem chamado Tamiris. Paulo está pregando em uma casa que pertence a Onesíforo, vizinho de Tecla. Ela está sentada em sua janela e escuta as palavras de Paulo, que até ela flutuam. O discurso sobre a devoção e a castidade a atrai, e por três dias e três noites ela se senta na janela, em vigília. A família vê que, apesar do fato de ser "uma moça muito modesta", está "dominada por um novo desejo e uma nova paixão". Há uma discussão em família. Enquanto Tecla permanece extasiada, todos caem aos prantos; sua mãe implora; os escravos lamentam; o noivo, Tamiris, desespera-se pela perda da noiva. Com os magistrados e um grupo de cidadãos armados com cassetetes, ele se dirige à casa de Onesíforo e exige que o deixem entrar. "Você corrompeu a cidade dos iconienses, inclusive minha noiva, e por isso ela me rejeita." E a multidão entoa: "Fora com o mago! Ele corrompeu todas as nossas esposas!" Paulo, aqui, é visto como líder de algum estranho e erótico culto, levando as mulheres ao mau caminho e perturbando a felicidade conjugal das famílias por toda a cidade. Isso é suficiente para que o arrastem até o procônsul e atirem-no na prisão.

É aqui que o tom novelístico torna-se decididamente mais picante. Tecla suborna os guardas, entra na cela de Paulo e recebe uma sessão privada de sermões. "Sua fé aumentou no momento em que ela beijou seu... grilhão." As reticências representam uma tentativa de expressar um pouco da carga erótica mal reprimida de uma mulher, à noite, sozinha na cela de um homem – sobretudo de uma mulher que beija grilhões. As expectativas gerais das tragédias gregas ou dos romances modernos, ou de óperas modernas, preparam a platéia para pensar o pior. De fato, não é nenhuma surpresa que um alvoroço público generalizado irrompa na manhã seguinte, quando Tecla é encontrada na cela por sua indignada família, "como se ela estivesse atada a ele em afeição". O "como se" nessa frase é uma expressão diligente e necessária. Ele mostra que nós conhecemos o potencial erótico do cenário, mas o que ele realmente almeja é que nós vejamos tal insinuação como o tipo de erro que só poderia ser cometido por alguém tão equivocado e tão insensato como a indignada família da moça.

Tecla é questionada pelo procônsul, mas nega-se a dar qualquer resposta, e simplesmente permanece de pé, em silêncio, encarando Paulo intensamente. Começa aqui a história do milagre e do martírio. A corte a condena à morte. Contudo, ela é sempre salva pelo milagre divino. A fogueira na qual deve ser queimada é apagada pela chuva e pelo granizo; os leões e os ursos lambem seus pés (e assim em diante). Paulo é exilado; ela escapa e vai atrás dele, como uma amante que perdeu seu homem. Em Antioquia, por haver recusado a se casar, é novamente condenada à morte; dessa vez ela é atirada em um tanque cheio de leões-marinhos, mas é salva por um raio milagroso. Ela segue o apóstolo através da Ásia Menor. Ele parece deliberadamente indiferente a ela, até que, por fim, em uma espécie de anticlímax para a história, permite que ela proclame a Palavra de Deus, o que ela faz até sua morte em um refúgio nas montanhas, aos 91 anos. Tendo em vista a feroz oposição de Paulo a mulheres pregarem sermões, isso pode parecer um evento bastante extraordinário. Mas a história lida com a missão de Tecla como um final razoável e decente para uma narrativa cuja excitação encontra-se em outro lugar – isto é, na história altamente explosiva da rejeição do casamento.

Como a heroína de um romance, Tecla viaja muito, e vai bem longe, para encontrar seu amado, passando por aventuras e desafios no caminho. Como uma heroína, sobrevive a todos eles; mas, no fim, não consegue ganhar a "coroa do martírio", e certamente não ganha seu homem. Na ficção – seja em tragédias gregas ou em Jane Austen –, o casamento entre o herói e a heroína é reservado para a última página. É o que move as tramas, mas é também o que se encontra no cerne da ideologia da sociedade descrita no romance. O lar do mundo grego, como a "família" em Jane Austen, depende do casamento como base. É isso que torna Tecla tão chocante. Ela está dentro de um romance, por assim dizer, mas a narrativa cristã faz com que ela negue os princípios fundamentais nos quais o romance se baseia. Na opinião dos gregos, por recusar o casamento, ela merece ser assassinada, porque ameaça toda a base da sociedade: a família, as crianças, a herança, a propriedade. Para padrões gregos, Tecla é profundamente anti-social – e é isso que a torna uma candidata para a santidade na vida cristã. Nos termos da Carta aos Coríntios de Paulo, ela deseja ser a virgem que cuida de Deus, não a esposa que se preocupa com Tamiris. O erotismo da cena na prisão pode soar como uma nota falsa, mas não deveria diminuir o apelo dessa versão cristã para a história de "mulher encontra homem".

Tecla tornou-se uma santa popular para a adoração cristã, um modelo para as virgens que evitam o casamento. Ela figura como heroína e inspiração em diversas histórias de vida de muitas moças. Mas o que deve fazer uma mulher cristã se ela já é casada quando é iluminada pela castidade? Os Atos de André, escritos aproximadamente no mesmo período que os Atos de Paulo e Tecla, oferecem uma resposta memorável a essa questão. Nenhum desses trabalhos é hoje aceito nos cânones da Sagrada Escritura, mas ambos foram imensamente populares durante séculos. Esses atos são contos que mudaram vidas.

Santo André é convocado pelo procônsul romano Eges porque sua esposa Maximila está doente, e André tem reputação de ser um curandeiro. Eges realmente ama sua mulher. Ele "chora, em pé, do lado da cama, empunhando uma espada, para que, assim que ela morra, ele possa se ferir com a lâmina". Como um bom marido, ele está preparado para morrer por amor. Maximila é devidamente curada por André; mas quando oferecem a ele um pagamento por seus serviços, ele recusa o dinheiro e responde: "Ofereça-se a Deus, se puder." Essa frase inicia a mudança de vida de Maximila. Eges é convocado a Roma para tratar de negócios imperiais, e André torna-se cada vez mais amigo de Maximila e seu irmão Stratocles, que é um pouco filósofo. Consegue converter ambos ao cristianismo e ao celibato.

Aqui a história aproxima-se mais da comédia. Eges chega em casa e escuta Maximila rezando; ouve o próprio nome em seus lábios. Regozija-se porque supõe saber sobre o que trata a oração, e esbanja elogios à sua amada por sua devoção. Na realidade, Maximila estava rezando: "Livre-me por fim do imundo coito com Eges, e mantenha-me pura e casta, estando somente a seu serviço, meu Senhor." O leitor – o fiel leitor – é convidado a divertir-se com a piada à custa do marido. As piadas e a farsa aumentam. Primeiro, Maximila recusa seu beijo, porque "a boca de uma mulher que ora nunca deve tocar a de um homem". Então – e aqui nos encontramos realmente em um mundo tocado pelos estranhos excessos do romance erótico –, ela treina uma escrava devassa para tomar seu lugar, e por oito meses o marido não logra reconhecer com quem está engajado em "imundo coito". A escrava parece suficientemente feliz. Lógico que, no fim, Eges se dá conta e fica devastado pelo fato de que a mulher que ele "sempre reverenciou como deusa" o enganou de tal maneira. "Eu estou apaixonada", ela confessa, "e o objeto do meu amor não é deste mundo... dia e noite ele me incita e me inflama com amor ... deixe-me ter relações sexuais e descansar somente com esse amor." Mais uma vez, o amor a Deus é expresso em uma linguagem altamente sexualizada, enquanto o casamento torna-se um campo de batalha da devoção religiosa. Não é de surpreender o fato de que André é preso pelo procônsul – e que por fim Maximila deixa seu marido para levar uma vida de devoção.

Como com Tecla, o resultado dessa história é a destruição da família. O cristianismo promove o colapso social em nome do que "não é deste mundo". Livrar-se de propriedades mina a segurança econômica do lar, e a pureza sexual impede o propósito da continuidade da família através de gerações. O compromisso normal da família com o futuro é a sua própria continuidade através dos descendentes e da propriedade. O cristianismo requer um compromisso individual "com o mundo por vir" – um senso radicalmente diferente de futuro. A história de Maximila enganando o marido com uma escrava devassa pode parecer engraçada, mas os riscos para a sociedade grega e romana são grandes.

Maximila estava casada há 12 anos quando o desejo pela pureza a fez partir. Ela deixou uma rica e estabelecida casa romana. Não importa o quão miraculosas as histórias de Maximila e Tecla possam parecer, elas ofereciam poderosos modelos para mulheres em situações reais. Essas são histórias inspiradoras, que servem como modelos de vida. Mulheres casadas de fato abandonaram suas casas para se tornarem freiras – algumas vezes com resultados caóticos para a família –, assim como homens casados deixaram seus lares para se tornarem monges. Moças de fato escolhiam a virgindade. Em alguns casos, homens e mulheres concordavam em viver juntos em matrimônios espirituais em que a atividade sexual não seria aceita – uma solução que o marido de Maximila rejeita com determinação. Outros permaneceram casados e se empenharam em atingir a devoção apesar, ou por meio, da procriação. Cada uma dessas rotas em direção à devoção pode ser vista como uma resposta àquela dupla mensagem de Paulo – case-se, mas somente se você não pode ser celibatário. Parece que todos os cristãos precisavam de um lugar nesse mapa de escolhas – mesmo aqueles que queriam seguir como antes, mesmo aqueles que tentavam fechar os olhos para o extremismo e as paixões que os cercavam. Maximila e Tecla são heroínas de histórias. A vida real era, muitas vezes, ao mesmo tempo mais confusa, mais desagradável e mais violenta que essas narrativas de triunfo.

Virgindade, celibato ou casamento?

Para uma mulher cristã, fazer uma dessas escolhas de vida era uma decisão altamente importante. As "virgens de Deus" ou "as noivas de Cristo" estavam formalmente dedicadas a uma vida de eterna virgindade. Enquanto os médicos gregos viam o casamento como a cura para a condição da virgem, os cristãos escreveram um incrível número de tratados exaltando a virgindade como a única fonte de boa saúde – espiritual e física – e atacando a enfermidade do desejo e da sexualidade. Esses tratados podem ser de difícil leitura. O corpo é "carne crua", salgada pela castidade. Salgar a carne é um processo para remoção do sangue – e sangue, na mulher, sempre denota corrupção. Assim como a pureza do corpo da virgem dará prazer ao Senhor e seu nariz absorverá Seu doce perfume, também se pode sentir pelo cheiro das roupas de uma mulher se ela não cumpriu os ideais da virgindade. Um toque, um olhar, um beijo casto de um parente poderiam reverberar através da pessoa, assim como o toque de uma cobra fazia o corpo tremer.

Por isso a reclusão era necessária. O jejum e a oração constantes eram suportes contra a fraqueza. Uma virgem chegou ao ponto de nunca tomar banho sem cobrir todo o corpo em um grande manto negro. No século IV, coros compostos de virgens eram um elemento natural da pompa e circunstância de um bispo. Uma mulher podia demonstrar sua fé e devoção por meio de uma dedicada virgindade na igreja ou no lar, e as virgens traziam glória e fervor religioso para as comunidades cristãs. Na forma da freira, essa tradição continua talvez a ser o estereótipo mais familiar do asceticismo cristão do Ocidente moderno. Uma moça que se dedicasse a Deus dessa maneira optava por se distanciar do ciclo de vida tradicional da sociedade clássica, e era reverenciada pela Igreja por sua escolha.

Macrina era a irmã de Basil, e nasceu por volta de 327. Basil é o fundador da vida monástica no Oriente – isto é, o fundador de todas as comunidades masculinas de ascéticos que viviam de acordo com regras compartilhadas e uma autoridade estabelecida. De língua grega, os irmãos eram de uma das famílias mais ricas da área e, sem dúvida, muito envolvidas na vida cívica do Império. Eram aparentados com todos os mais importantes cristãos da região. Para uma mulher daquela época, Macrina recebeu uma educação excepcional, que incluiu uma boa instrução em literatura clássica, embora nada tão perturbador como a tragédia grega, ou tão duvidoso como os mitos de Homero. Quando tinha 12 anos, ficou noiva de um homem jovem e promissor. Mas enquanto esperavam que a idade legal para o casamento fosse alcançada – 14 anos –, ele morreu. Macrina, contrariando as expectativas contemporâneas para alguém de sua classe e riqueza, decidiu então viver "sozinha". Dedicou-se ao Senhor como uma virgem consagrada, e adotou o status social e legal de "viúva". Esse novo e incomum papel – uma viúva virgem, por assim dizer – levou-a a orar com mais fervor, a executar o tipo de trabalho servil que só escravos normalmente faziam, e finalmente ela se retirou para a propriedade da família em Anesi.

Mas aquilo não era o deserto. Era uma bela casa, em uma majestosa propriedade, em uma bonita zona campestre, no lado asfaltado do rio que corria por um pequeno povoado. A propriedade era confortável, sustentada por heranças assim como pelo dinheiro da família. Foi ali que Macrina começou a juntar outras mulheres para acompanhá-la, assim como a mãe e a irmã, em uma agradável existência de oração e reclusão. A ela se uniu sua amiga Veciana, outra mulher de classe e tradição, que tinha se casado nos mais altos escalões da administração do exército militar, como Maximila. Ela – uma viúva – também se juntou à comunidade como uma "virgem dedicada", embora não uma virgem no sentido físico, logicamente. Viúvas e virgens foram para lá a fim de fazer parte de uma comunidade ascética, tendo Macrina como "guardiã e professora". Os biógrafos de Macrina a pintaram como um ideal da condição feminina, e sua comunidade como um modelo de religião de mulheres.

As "virgens dedicadas", mesmo aquelas que haviam casado, seguem o comando de Paulo de pensar no Senhor e não em seus maridos. Entretanto, muitos outros cristãos continuaram a observar a necessidade do casamento, mesmo nos níveis mais altos da Igreja. Sinésio, que se tornou bispo da importante cidade de Cirena, no norte da África, em 410, foi bastante claro. Ele escreveu uma carta, quando tomou posse do cargo, na qual delineou seus termos:

> Deus, a Lei, e a mão santa de Teófilo me concederam minha esposa. Eu declaro perante todos aqueles que servem como testemunhas que jamais me separarei dela, nem a visitarei em segredo como um adúltero. Um é ímpio, e o outro é totalmente ilegal. Eu desejarei e rezarei para que tenhamos muitos esplêndidos filhos.

Sinésio não poderia ser mais direto. Ele tinha se casado de maneira sagrada: o casamento era espiritualmente correto, e conseqüentemente solicitava Deus como sua testemunha, estava de acordo com as regras da Igreja, e por essa razão ele citava a Lei. A pessoa que os havia casado era Teófilo, um dos mais despóticos bispos, um jogador realmente poderoso da Igreja africana – Sinésio também tinha apoio político para seu casamento. Mas, ao declarar sua decisão de não se divorciar, ele também sugere uma solução que outros poderiam ter tomado. Era possível divorciar-se de sua mulher em termos formais, mas continuar "visitando-a". Isto – o comportamento de um adúltero secreto, ou amante, como em um romance – ele repudia como "ímpio". Em vez disso, fará como todos os homens gregos. Ele ora para que esplêndidos filhos continuem a linhagem de sua família.

Se quisermos enxergar todo o peso simbólico do aberto compromisso de Sinésio com o casamento, podemos talvez compará-lo com o maior pensador e escritor do cristianismo latino do período, santo Agostinho, famoso por rezar pedindo a castidade – mas isso só aconteceu mais tarde. Antes de se converter ao cristianismo ortodoxo, viveu por 30 anos com a amante, uma mulher que ele amava e com quem teve um filho. Quando se associou à Igreja e viu nela uma carreira para si, mandou embora a amante e o filho, a quem nunca veria novamente. Mas ele ainda achou necessário envolver-se com outra amante, tamanhas eram as tentações da carne para ele. Sinésio não pode realmente ser chamado de um feliz homem de família. Seus desejados filhos morreram jovens, e ele escreve comoventemente sobre o próprio desespero. Entretanto, seu compromisso publicamente declarado de manter o lar tradicional contrasta de forma admirável com a vacilação e as dificuldades de santo Agostinho em seu caminho em direção à vida de devoção que só obteve, depois de muitos anos de angústia, tarde em sua carreira.

Agostinho, uma vez tendo se tornado um padre da Igreja católica, impôs um estrito código de celibato para si mesmo e para o clero. Não mais visitou mulher alguma sem um acompanhante, e proibiu até mesmo seus próprios parentes do sexo feminino de entrar no palácio episcopal. Ele escreveu alguns dos mais detalhados e impressionantes raciocínios para incorporar tanto o casamento como a virgindade na estrutura da Igreja – e por meio de sua extraordinária obra *Confissões*, permanece como o mais profundo explorador das fraquezas humanas expostas pelo desejo sexual. Contudo, quando escreve que se um homem casado fosse repentinamente ordenado, Deus haveria de lhe dar a graça necessária para deixar de dormir com sua mulher, fica difícil não pensar em Sinésio, que foi inesperadamente ordenado mas rejeitou o chamado que, em nome da castidade, destruiria seu casamento. Sinésio é também um honrado padre da Igreja.

Esses debates sobre sexo e santidade, virgindade e casamento sempre foram potencialmente explosivos. O avanço das crenças cristãs ameaçava os valores mais estáveis e apreciados da sociedade grega e romana, e não é surpreendente que tantas histórias da evolução do cristianismo sejam narradas como histórias de batalhas militantes, perseguição violenta e martírio. Também foram violentos e apaixonados os debates entre cristãos, particularmente as brigas internas sobre sexualidade e corpo no Império do século IV. O que poderia ser o casamento? Poderia um bom cristão se casar? Seria essa sempre a segunda opção? Era uma vida de virgindade a única escolha adequada? Como deveria viver uma virgem? Seria possível perder a virgindade "até por pensamento" – como declarou são Jerônimo em uma passagem bastante exaltada? Poderia um padre ou bispo ter uma esposa? Deveria um padre ou bispo ser casto, celibatário ou virgem, para ser verdadeiramente santo? Essas questões não eram apenas assuntos teológicos, mas mudavam vidas. Por centenas de anos, elas constituíram as difíceis e preocupadas escolhas de vida dos cristãos.

Essas questões ainda não foram extintas. O celibato dos padres, o papel do sexo no casamento, a intimidade do clero e da congregação, a pureza sexual do verdadeiro cristão são temas presentes. Considerar o divórcio e a possibilidade de um novo casamento um pecado que a sociedade não deve tolerar, exigir que homens e mulheres tenham relações sexuais somente com seus cônjuges e só depois do casamento, e mesmo associar sexo com culpa e sujeira constituem os compromissos de um cristianismo radical agressivamente oposto ao padrão de comportamento romano e a suas expectativas. Quanto menos esses compromissos são respeitados na sociedade ocidental, mais confusa se torna a relação entre a Igreja e o Estado, entre a vida dos cidadãos e os pronunciamentos das autoridades morais. Muitas incertezas da vida sexual moderna provêm dessa confusão, uma vez que o compromisso com os valores tradicionais não avalia sua própria história.

De várias maneiras, o modelo do casamento cristão, assim como as atitudes modernas com relação à privação, à reclusão e à dor, aproximou-se muito mais dos ideais seculares e burgueses. Poucos hoje veriam em Jerônimo ou Tecla a inspiração e a base que eles representaram para tantos cristãos através dos séculos. É devido a essa mudança de compreensão moderna e ao silenciamento sistemático do período inicial do cristianismo na religião contemporânea que é tão fácil *não* escutar a cerimônia anglicana de casamento na integridade e na majestade de sua afirmação de princípio. Ela anuncia o fato de que, o que quer que tenha sido dito e pensado durante os primeiros 1.500 anos da teologia cristã; quaisquer que tenham sido os ideais que motivaram as mães e os pais fundadores do cristianismo; quaisquer que tenham sido os exageros do celibato celebrados pelos santos, mesmo assim nós comparecemos como congregação para testemunhar que o casamento *é* uma condição honrada. E que nossa leitura de são Paulo deve confirmar essa asserção. A cerimônia anglicana de casamento está firmando uma posição com relação ao casamento, e proclamando-a em voz alta. Ela exige que o casamento seja uma instituição moderna, e não o que imaginaram os fundadores do cristianismo.

Isso também é verdadeiro para o restante da primeira frase da cerimônia. A versão de 1662 declara que Deus estabeleceu o casamento "na era da inocência do homem", como se Adão e Eva fossem casados. Mas eles eram? Para os cristãos, a história de Adão e Eva é o conto da horrenda erupção do desejo no mundo, que resulta na desgraça do homem. Antes do advento do desejo, o casamento era necessário? A virgindade e o jejum constituíam precisamente a desesperada tentativa de recuperar a inocência do homem. O casamento era, na melhor das hipóteses, uma tentativa de segunda categoria para controlar a fornicação. A cerimônia moderna normalmente recua diante dessa controversa frase e simplesmente a retira de cena. Afirma também que o casamento significa "a união mística que existe entre Jesus e a Igreja". Para as "noivas de Cristo", a *verdadeira* união mística é entre a virgem e o Senhor – uma combinação realmente celeste, uma noiva virgem de verdade. Na cerimônia de casamento pode-se fazer uma alusão a essa união, mas no fundo ela não deve ser mencionada. O casamento deve se tornar simplesmente um símbolo positivo para a Igreja, sem qualquer sombra daquele sentido de escolha secundária em relação à virgindade que lhe concedem tão fortemente Paulo e Jerônimo.

Existem boas razões pelas quais as palavras da cerimônia de casamento não recebem grande atenção da maioria das pessoas presentes. Poderia ser anti-social ou disruptivo escutar aquilo que se está silenciando, ou sendo forçosamente esquecido, quando colocamos nossas melhores roupas e concordamos educadamente que o casamento é uma condição honrada. Afinal, a noiva de branco deve significar tradição e convencionalidade; e a política radical da família, que é fundamental para o cristianismo, talvez não seja uma história a ser propositadamente levantada nessa ocasião.

Na sociedade moderna, o cristianismo contemporâneo apresenta óbvias ambivalências sexuais e demonstra dificuldades bastante públicas sobre o que a Igreja deve ensinar e praticar com relação ao comportamento sexual. O casamento, com a noiva de branco na igreja, poderia parecer o lugar onde as coisas são mais claras e fáceis. Entretanto, a cerimônia é na verdade testemunha da longa crise sobre a concepção de sexualidade, que baseia as primeiras tentativas do cristianismo de se diferenciar da cultura clássica. Observar a batalha travada pelo cristianismo para emergir do interior da Antigüidade clássica explica a origem dessa crise ainda não resolvida de como se deve viver a vida moderna.

É uma crise ainda amplamente compartilhada, e que se estende bastante além daqueles que se casam nas igrejas cristãs. Todos participam hoje das discussões sobre como deve funcionar o casamento, se ele deve durar para sempre, se as relações sexuais extraconjugais são erradas, como devem ser encaradas as relações sexuais com múltiplos parceiros, o que significa a fidelidade e até mesmo se existe um tipo de relação sexual que deva ser incentivado pela sociedade. Essas não são questões simples, sobretudo para que a sociedade como um todo formule uma resposta. Entretanto, está claro que sem uma compreensão histórica de como esses temas se tornaram as questões que hoje preocupam o Ocidente moderno, qualquer resposta que dermos a essas perguntas será superficial. Se quisermos entender as tensões com as quais o casamento moderno se debate, precisamos compreender que a "tradição" é uma longa história de revolução, conflito e mudança, uma história que *produz* tais tensões.

4 *O que é Atenas para Jerusalém?*

De onde os anjos vêm

As superestrelas da carne podem ter criado sua religião por meio da radical derrubada dos valores clássicos, mas foi muito mais difícil expelir o clássico das mentes e dos corações dos cidadãos do Império Romano do que elas haviam esperado. Os cristãos continuaram a viver dentro da cultura clássica por mais que a combatessem, e absorviam constantemente as idéias e o raciocínio do mundo greco-romano que os rodeava. A arte e a filosofia do cristianismo, que predominam nas galerias e nas mentes européias, devem suas origens, em grande parte, ao Império Romano. O clássico permaneceu a história interna dos cristãos.

Certa noite, Jerônimo teve um pesadelo sobre isso. Ele sonhou que estava sendo levado perante o tribunal do céu, onde a austera figura de Cristo Juiz pediu que ele se identificasse. "Eu sou um cristão", disse ele humildemente. "Você mente", estrondeou o Juiz, "você é um ciceroniano, não um cristão." Por isso, Jerônimo foi chicoteado enquanto as chamas de sua consciência atormentavam-no dolorosamente. Finalmente, ele declarou com os olhos lacrimejantes: "Senhor, se eu alguma vez possuir ou ler livros seculares novamente, eu vos terei renegado."

Jerônimo era um erudito extraordinário, que havia estudado a fundo as tradições clássicas da Grécia e de Roma. Ele estava tão envergonhado – ou assim nos diz – de ter dedicado tanto tempo a esse tipo de leitura que o chicoteamento era a única punição cabível. Ele se esforça para negar o amor pelos grandes escritores latinos – mas cada página escrita por ele mostra quão sinceramente os amava, e a profundidade com a qual os havia absorvido. Não existe um cristianismo simples, puro e original, sobretudo para um Jerônimo.

Essa relação ambígua com a cultura greco-romana permeia todo o início do cristianismo. Seu extremismo tem origem na disposição para virar do avesso as regras daquela sociedade: rejeitar o casamento, o alicerce da sociedade; preferir o corpo emaciado, pálido e castigado ao do atleta musculoso; lutar voluntariamente por um mundo anti-social capaz de transformar em herói um homem que se mantém de pé sobre um pilar por 30 anos. A radical estranheza do cristianismo proporcionou as imagens e as histórias chocantes, inspiradoras e difíceis que alimentaram a religião e permitiram que ela florescesse.

Mas o cristianismo também tinha outra maneira de falar. Particularmente nas cidades, homens e mulheres cristãos precisavam manter um diálogo com os gregos e romanos entre os quais viviam – e os homens e mulheres cristãos mal podiam evitar serem influenciados pela cultura que os circundava, mesmo que tivessem a intenção de rejeitá-la. Eles ainda eram, apesar de tudo, gregos e romanos, cidadãos do Império. O cristianismo forjou elos profundos com aquela sociedade na teoria e na prática. Quando os cidadãos romanos tornavam-se cristãos, não se esqueciam de sua educação, não fechavam os olhos, não perdiam seus costumes. Os cristãos que se apoderaram da administração do Império Romano – ou os administradores romanos que se tornaram cristãos – vestiam-se alegremente com os mesmos uniformes de seus predecessores e seguiam praticamente o mesmo curso de batalhas políticas internas e de ambições seculares, assim como a procura de prazeres mundanos, da mesma maneira que haviam feito as gerações de poderosos burocratas romanos que os antecederam. Eles se sentavam em escrivaninhas, e não ficavam de pé sobre pilares. Nem todos podem tomar parte de um ataque constante à zona de conforto da satisfação pessoal. É com essa tradição do cristianismo que grande parte da religião moderna tem mais facilidade de lidar.

A acomodação do cristianismo ao Império Romano se deu em todos os níveis da atividade cultural. As cidades da Antigüidade eram decoradas com estátuas gloriosas, o que causou a reação consternada dos cristãos. De acordo com a Bíblia hebraica, "não se deve esculpir nenhum ídolo", e em geral a tradição judaica seguiu essa lei ao pé da letra. Na sinagoga de Dura Europos, escavada em 1932 na Síria, foram encontrados pisos com mosaicos que incluíam signos do zodíaco e outras imagens. Isso, entretanto, parece ser uma raridade. Também é o caso de que quando os israelitas foram instruídos a construir a

Arca da Aliança, ela deveria ter "querubins com asas envolvendo a tampa", mas essa é a descrição de uma obra que os antigos israelitas não podiam ver, assim como nós não podemos (e antigos comentaristas judeus achavam essa passagem bastante irritante). Os primeiros cristãos consideravam a arte da Grécia e de Roma profundamente perturbadora. Os primeiros teólogos eram mordazes em suas tentativas de impedir que os cristãos olhassem para aquilo. Ao menos no que concerne a Clemente de Alexandria, ter uma pintura de Afrodite na parede era tão pecaminoso quanto cometer um terrível crime sexual: "Nós proclamamos que a visão de tais coisas deve ser proibida... Seus olhos se prostituíram; sua visão cometeu adultério." Em vários pontos subseqüentes da história do cristianismo, poderosos movimentos puritanos exigiram a destruição de todas as imagens enganadoras e corruptas das igrejas. Seguindo a Bíblia fielmente, a arte deveria ser banida.

Entretanto, ao menos a partir do século IV, e embora se usasse a mesma Bíblia, os cristãos começavam eles mesmos a produzir arte e a pegar emprestadas imagens do chamado mundo pagão e reutilizá-las. Anjos, por exemplo, adquirem sua forma – altas figuras aladas, vestidas pudicamente com togas – não apenas devido àquela passagem no Êxodo em que as asas de querubins são mencionadas. Igualmente influentes são as figuras de Nike, "Vitória" – altas figuras aladas, vestidas pudicamente com togas –, que eram tão comuns nos monumentos das cidades gregas. Como evidencia a figura 27, quando os cristãos pintaram a Anunciação, por exemplo, eles tinham modelos prontos para auxiliá-los. O jovem menino da arte romana – Cupido, o deus-menino do desejo – também foi facilmente abraçado pela representação cristã.

[FIG.27] *Nike – Vitória*

Esse processo de absorção certamente não se deu sem discussão ou mesmo violência – pouco do período inicial do cristianismo seria ileso a isso. Em 382, quando o Império Romano era oficialmente cristão, houve um debate importante sobre o que deveria ser feito com o Altar da Vitória que se erguia no Senado de Roma. O imperador Graciano ordenou que ele fosse removido, mas senadores com mentes tradicionais ficaram indignados e organizaram um protesto, enviando uma delegação a Milão com seus mantos pontificais – a indumentária tradicional do padre-chefe pagão, que era a função do imperador. Foi necessário mais que a conversão de Constantino para mudar o senso romano de tradição.

Mas nos séculos IV e V houve uma surpreendente cumplicidade entre a arte pagã e a cristã. Prudêncio, um poeta latino cristão do século IV, sintetiza o princípio de maneira extraordinária. Ele profere o seguinte discurso para o justo imperador cristão Teodósio:

> Lave o mármore manchado com o pútrido respingo,
> Ó nobres. Deixem as estátuas, obras de grandes artistas
> Erguerem-se imaculadas. Estes devem ser os mais formosos ornamentos
> De nossa Pátria.

A arte pagã pode ser sanitizada para construir monumentos cristãos. Longe de rejeitá-la inteiramente, Teodósio revela aqui uma acomodação mais hospitaleira.

Nem sempre é fácil enxergar o que constitui a arte cristã. A bela caixa de prata da figura 28, projetada como estojo de maquiagem, provém de Roma, do século IV. É um item de luxo da mais cara e excessiva espécie. No topo

[FIG.28] *A caixa de Projecta*

[FIG.29] *A caixa de Projecta*

da caixa, o noivo e a noiva para quem ela foi presenteada são representados juntos. Eles são emoldurados por uma coroa de louros sustentada por um par de cupidos desnudos. Na frente encontra-se Vênus, sentada sobre uma concha, saindo do mar – uma imagem que nos leva diretamente ao *Nascimento de Vênus*, de Botticelli. Ela se mira no espelho, como freqüentemente faz Vênus; está cercada por um coro de nereidas, criaturas marinhas que a louvam, com pequenos cupidos montados em suas costas. Vênus está se arrumando – desde Homero, a deusa do sexo e do desejo é especialmente associada a maquiagem, óleos e banhos embelezadores. A figura 29 mostra o estojo por outro ângulo. No friso de baixo, uma mulher está sentada, bem-vestida, com um elegante penteado e portando jóias – presumivelmente a própria esposa. De seus dois lados, trazem-lhe uma caixa como a que lhe foi dada e um espelho como o de Vênus para que ela possa se embelezar. Existe um paralelo nítido e lisonjeiro entre a bela esposa e a própria deusa do amor, que está sentada logo acima. A inscrição no estojo diz em latim: "Secundus e Projecta, que possam vocês viver com Cristo." Essas palavras são a única coisa que indica que Projecta, a esposa que possuía a caixa, e seu marido Secundus eram cristãos.

Essa certamente não é a relíquia de um ascético. Secundus e Projecta devem ter sido romanos muito ricos, com poucas das preocupações cristãs sobre tais itens luxuosos ou sobre a dedicação de tempo e de dinheiro para embelezar-se com maquiagem. Mesmo assim, é difícil saber exatamente como a imagem de Vênus, a deusa pagã do sexo, deve ser vista. Deve ela ser reduzida a mero ornamento, apesar da evidente conexão de tema e posição entre esposa e deusa? Isso sugeriria uma continuidade das imagens a ser justaposta com o novo fervor religioso, e uma reutilização voluntária, mesmo que não inteiramente consistente, da arte pagã. Ou poderia ser vista – de forma mais criativa – como uma maneira de simbolizar o amor cristão dentro do casamento, como a inscrição parece sugerir? Em qualquer das interpretações, o vigoroso entrelaçamento das imagens pagãs e cristãs é notável: a Vênus despida parece mais confortável em um daqueles terríveis sonhos do monge no deserto que como um símbolo de celebração do casamento cristão.

Usando uma toga, com uma caixa de cosméticos feita de prata, era difícil parecer uma boa cristã; tampouco era fácil para um cristão examinar corretamente as maravilhas da arte clássica. Na ornada cidade clássica, ter a aparência de um cristão requeria cuidado constante.

Filósofos e homens santos

Esse diálogo entre o cristianismo e a cultura greco-romana pode ser observado em todos os aspectos da interação social. Uma das maneiras por meio das quais gregos e romanos tentaram compreender os santos e os oradores do cristianismo foi através do prisma de seus próprios homens santos e de seus heróis culturais. Em se tratando de mártires, por exemplo, existe figura mais extraordinária que Sócrates, o filósofo que sempre procurou intrepidamente a verdade, e que foi assassinado pelos atenienses em função dos problemas que causava? Ofereceram a Sócrates a chance para escapar da prisão e assim continuar vivendo – mas ele a rejeitou, pois estavam em jogo princípios mais poderosos. Além disso, em seu leito de morte, Sócrates conduzira uma discussão altamente emotiva sobre a imortalidade da alma. Quando afirmou que não sentia medo diante da morte, uma vez que a alma do filósofo seria liberta das algemas do corpo e atingiria um lugar mais perfeito para viver sua vida imortal, os cristãos prontamente ouviram um precursor de seus mártires. O mártir Justino, o defensor da fé do século II, resume o apelo dessa imagem: "Aqueles que viveram justamente são cristãos... por exemplo, entre os gregos, Sócrates." De fato, "Cristo era parcialmente conhecido mesmo por Sócrates". Para Justino, que morreria por sua fé, Sócrates é um modelo de tal importância que ele tem de parecer cristão.

O filósofo Diógenes o Cínico viveu em um barril. Ele se desfez de todas as coisas supérfluas e manteve apenas uma tanga e uma tigela – e quando viu um jovem pastor beber água de um rio usando apenas as mãos, jogou fora também a tigela. A palavra "cínico" significa literalmente "como um cachorro", que em certo nível se refere ao modo de vida por eles adotado – nas ruas, revirando lixo em busca de alimentos, sem nenhuma consideração pelas normas sociais. Em outro nível, refere-se ao humor "mordaz". Cínicos eram famosos por suas ásperas críticas e sua desconsideração generalizada pelo status. Muitas das histórias sobre o humor dos mártires cristãos face ao torturador soam extraordinariamente semelhantes a uma história desses cínicos, da mesma forma que os ermitões nas cavernas sem dúvida faziam lembrar aos gregos aqueles cínicos dentro de um barril. Diógenes, apesar de todo o seu asceticismo e antimaterialismo, não era um atleta cristão no que se referia ao sexo. Ele foi visto se masturbando no mercado. Comentou, simplesmente: "Eu gostaria que a fome na minha barriga pudesse ser tão facilmente diminuída."

A conexão entre os cínicos e os cristãos foi explicitamente feita por escritores gregos. Luciano, o satirista do século II, foi posto no Índex de livros banidos pela Igreja católica devido a seus curtos e cortantes comentários. Ele zombava dos cristãos, que teriam sido logrados a acreditar que um cínico de segunda categoria, um charlatão chamado Peregrino, era o seu "profeta, líder do culto, guardião da Igreja" – um "novo Sócrates". Para Luciano, os cristãos pareciam ser mais uma seita esquisita, influenciada pela filosofia.

A figura do próprio Jesus, não importa quão fundamental seja para os cristãos, também foi assimilada aos estereótipos da sociedade grega e romana. Havia muitos homens santos e sábios que ganhavam a vida no Mediterrâneo oriental. Apolônio, que provinha de Tiana, na Ásia Menor, era um dos mais bem-sucedidos. A história da sua vida foi escrita pelo intelectual grego Filóstrato – segundo ele, a pedido de Júlia Domna, esposa do imperador romano, porque ela estava fascinada pelo sábio. Apolônio era um homem com poderes sobrenaturais. Ele fazia milagres, inclusive curando as pessoas. Sua sabedoria era profunda, e freqüentemente expressa em dizeres enigmáticos. Acompanhado de um discípulo, Apolônio viajou à Índia e à Pérsia, onde conheceu os lendários sábios do Oriente, os gimnosofistas e os brâmanes, com quem trocou conhecimentos e aprendeu a profetizar. O povo veio a louvar Apolônio como uma figura maior do que um simples mortal. Os relicários cresceram – e estátuas dele ainda existem.

Esses homens santos forneceram um contexto narrativo dentro do qual foi possível compreender os homens santos do cristianismo. As estranhas histórias que circulavam sobre esses mágicos e profetas foram facilmente incorporadas às histórias dos santos, que se transformariam com tanto gosto e de forma milagrosa ou mágica em textos santos como "Os atos de Paulo e Tecla". As novelas gregas com freqüência incluem uma jovem heroína, como Tecla, cuja pureza sexual é ameaçada por piratas, por lascivos proprietários de terras ou por oficiais. Essas garotas brigam por sua virgindade. Uma delas, frente a um estuprador em potencial, grita: "Exerça suas torturas, traga a roda! Olhe para minhas mãos – que elas sejam estiradas! Traga também seus chicotes: olhe para as minhas costas – que elas sejam açoitadas! Deixe o fogo arder: olhe para meu corpo – que ele se queime! Traga também a espada: olhe para meu pescoço..." e assim em diante. Essas palavras poderiam ter sido ditas por um mártir cristão, mas foram ditas pela personagem de um romance engraçado e erótico, uma figura que não hesitou sequer um momento em pular na cama com o amante (naquela ocasião sua virgindade fora preservada apenas pela interrupção de sua mãe, e não por uma paixão à pureza). Cristãos e não-cristãos poderiam ler esse romance e os contos das mulheres mártires tomando um como referência para os outros. Técnicas narrativas transbordam da cultura clássica para a escrita cristã.

Mas a área realmente mais importante em que o cristianismo absorveu a cultura clássica, e onde teve seu mais difícil e talvez mais produtivo encontro, foi com a filosofia grega. A filosofia, que se iniciou com Platão no século IV a.C., tinha se tornado uma profissão inteiramente institucionalizada dois séculos depois. Havia ramos bem estabelecidos, cada um com seus professores, e uma enorme gama de escritos técnicos. Acima de tudo, a filosofia era um componente totalmente integrado ao sistema educacional. Todo grego e romano de certa classe e de boa família estudava filosofia, e esta ajudava a informar a inteligência de todos os homens propriamente educados. O fato de que Cícero, quando jovem, passou dois anos em Atenas, cidade da filosofia, era típico; lá ele aguçou tanto seu profundo respeito pelo pensamento grego como sua atitude esnobe com relação aos gregos. Mesmo se não estudasse filosofia com seriedade, a pessoa deveria pelo menos ser capaz de participar com pequenos acenos de cabeça se ela se tornasse tema de conversa durante o jantar. Os cristãos educados não podiam deixar de lado a filosofia grega. O cristianismo exigia uma obsessão com a vida interior, e a filosofia havia provido, durante gerações, o guia autorizado para a espiritualidade e a auto-reflexão.

Para o cidadão da Antigüidade, a filosofia era um recurso psicológico tanto quanto intelectual. Filósofos antigos, buscando trabalho, inspiraram-se na atitude de Sócrates quando ele estava em seu leito de morte: filosofia, diziam eles, oferece uma preparação para uma morte sem medo. Era necessário reconhecer quão irracional era temer a morte. E um passo crucial nesse processo era avaliar qual o verdadeiro valor da vida. Uma das imagens tradicionais do filósofo é aquela do homem que pode repudiar as preocupações mundanas como triviais e superficiais. Cínicos, aos risos e cheios de escárnio, zombavam daqueles que se importavam com dinheiro, com status, com finas posses e posições de poder. Os estóicos ensinavam como ser estóicos – como não se comover com prazeres irrelevantes e temporários. Um bom estóico preferiria morrer a aceitar uma vida corrupta – e morreria feliz. Assim, Sêneca, filósofo e tutor de Nero, sentou-se em uma banheira e cortou os pulsos. O historiador Tácito descreve como, estirado na banheira, Sêneca se deu conta de que tinha esquecido de escrever uma carta. Ele então enfaixou os pulsos, saiu da banheira e escreveu a carta; depois voltou calmamente para a banheira, desfez as ataduras e sangrou até a morte. Sêneca, um mestre na arte da representação pessoal, estava inteiramente consciente de que construía uma brilhante imagem de como deve morrer um filósofo, e assegurou-se de que o modo como morreu fosse testemunhado e registrado para a posteridade.

O poder dessa imagem do antigo filósofo é ainda hoje fortemente sentido. Uma avaliação serena, e a rejeição do tumulto da ambição, da cobiça e da avareza são como um negativo fotográfico da imagem da sociedade moderna apresentada pelos jornais, pelos filmes, pela televisão. Era um estilo de vida que foi facilmente incorporado ao desejo cristão por uma existência mais elevada, contrária ao Império deste mundo. Essa é uma razão fundamental pela qual a filosofia era tão atraente e tão preocupante para um cristão. Era extremamente parecida com os ideais cristãos, apesar de ser o apogeu da cultura pagã.

O filósofo pagão, além do mais, promovia a filosofia como uma "terapia de paixões". Ela lhe fornecia as técnicas por meio das quais se podiam controlar a raiva, a cobiça e a avareza que contorcem e corrompem a alma. Provia os argumentos e a força interior para se alcançar a serenidade emocional. A filosofia de Epicuro fez desse estado de calma – *ataraxia* – sua maior meta. Estóicos aprenderam a se erguer ante os maiores golpes da vida. Cínicos riam para zombar das seduções do materialismo. Cada uma dessas escolas filosóficas encorajava o "cuidado de si" – introspecção, reflexão, a busca do autocontrole e a prática da serenidade. A verdadeira felicidade vem não da satisfação das exigências do prazer, mas da falta do desejo.

A filosofia oferece os recursos internos para se lidar com as complexidades e os desapontamentos de um mundo confuso e brutal. As literaturas romana e grega adoravam retratar o encontro do filósofo com o soberano. Este personifica o exercício arbitrário do poder, a luxúria da ambição, a busca do sucesso mundano; aquele representa o controle da calma, o poder da autoridade interna. Assim, Alexandre o Grande visita Diógenes o Cínico em seu barril. "O que você quer?", pergunta o homem que deseja conquistar o mundo inteiro. "Que você se mova. Você está tapando o sol", responde o descontraído filósofo. Com menos graça, mas com a mesma autonomia de espírito, quando o imperador Nero expulsa o filósofo Musônio para uma obscura ilha, este responde com um tratado sobre como o exílio não significa nada para um verdadeiro cidadão do mundo. A magnífica calma de Sêneca na banheira cheia de sangue é sua resposta à sentença de morte declarada por seu antigo aluno Nero. Este não havia aprendido a lição do mestre, de que um filósofo não pode ser humilhado por esse tipo de punição.

O poder da filosofia para explicar a vida interior das emoções e para ensinar o controle, o autocontrole, ainda coloca as *Meditações* de Marco Aurélio nas listas dos mais vendidos. Ao contrário de Nero, esse imperador romano tinha estudado profundamente e absorvido as lições da filosofia grega. Ele exibe uma imagem cuidadosamente cultivada para demonstrar como, tendo incorporado a verdadeira filosofia, mesmo uma posição de poder absoluto não nos corromperá. As *Meditações* de Marco Aurélio representam sua luta para transcender a posição de imperador por meio do fomento e do treinamento de seu "eu" verdadeiramente filosófico.

A filosofia também exercia uma atração imediata sobre a alma religiosa em busca de algo mais. O cristão que buscava força interior, controle das emoções e habilidade para se erguer acima dos perigos e do materialismo das ambições da sociedade teria encontrado muitos dos seus próprios ideais refletidos na filosofia grega. De fato, teria visto suas preocupações abordadas de maneira muito inteligente e produtiva, e existiam escolas e apoio social para esse tipo de estudo. Um cristão podia facilmente travar um diálogo real e significativo com um grego instruído, com base nos interesses compartilhados sobre o treinamento do corpo e da mente e sobre a subjugação das tentações emocionais de um mundo social repleto de tensões. Precisamente por essas razões, o período inicial do cristianismo também via com grandes suspeitas a filosofia: ela oferecia uma intensa vida interior, mas sem a veneração e as restrições do Deus cristão.

Um cristão que exemplifica esse diálogo com a filosofia é Clemente de Alexandria. Ele viveu em Alexandria no século II, e, considerando que havia uma instituição da Igreja ali naquela época, ele era uma autoridade dentro dela. Clemente escrevia em um grego elegante e sofisticado, que ressoa fortemente a Platão e outros filósofos. Tinha um bom conhecimento de Homero e da tragédia. Escrevia não apenas para os convertidos, mas para uma audiência erudita de gregos, alguns dos quais eram indubitavelmente cristãos convictos, outros não – mas todos precisavam integrar o cristianismo ao estilo de vida grego. Por isso, ele citava Platão: "É impossível descrever Deus para todos, uma vez que você o tenha encontrado"; ele concorda com a explicação de Platão de que isso ocorre "porque Deus não pode ser descrito", e aí acrescenta seu próprio comentário: "Bem dito, Platão, você acertou em cheio! Mas não desista..." Ele então continua e explica Platão sob uma ótica totalmente cristã. Filosofia, para um intelectual como Clemente, formava uma ponte entre os cristãos da cidade e seus vizinhos.

Outros cristãos reagiram muito diferentemente à atração da filosofia. Tertuliano era um separatista exaltado, que viveu mais abaixo na costa africana, em Cartago, alguns anos depois de Clemente. Como bispo, acabou sendo excomungado por heresia. É típico de seu extremismo que ele quisesse que todas as mulheres se cobrissem com um véu em função da dupla ameaça de que pudessem parecer eróticas aos homens e por isso corrompê-los, ou de que pudessem olhar para os homens de maneira erótica e assim também corrompê-los. (A *burka* islâmica tem uma história também no cristianismo.) Tertuliano pode ter tido um treinamento romano em retórica, mas não queria ter nada a ver com a cultura intelectual grega e romana. "O que é Atenas para Jerusalém?", ele pergunta bombasticamente. "Abaixo com todos os esforços para fabricar um cristianismo estampado com uma dialética estóica e platônica!" Parece que ele está criticando diretamente alguém como o astucioso intelectual Clemente. "Onde", explode ele, "onde é que existe alguma similitude entre um cristão e um filósofo?!" Infelizmente para Tertuliano – e sua ultrajada retórica sugere que ele mesmo já sabe disso –, as similaridades entre um filósofo e um cristão eram mais que evidentes para a maioria das pessoas, e muito tentadoras. A raiva de Tertuliano, como a astúcia de Clemente, mostra o esforço do cristianismo em lidar com a autoridade da filosofia sobre a vida interior.

Mesmo quando o cristianismo se tornou a religião oficial do Império, podendo ter banido a filosofia e a retórica pagã de suas escolas (como de fato tentou fazer em algumas ocasiões), a filosofia continuou a manter sua autoridade. Ela podia também preparar o terreno para quem se tornaria cristão. Nos últimos anos do século IV, Sinésio, também da África, tornou-se bispo de Cirena. Ele passava anos estudando filosofia, adorava caçar e recusou-se a desistir de sua mulher ou se tornar celibatário. Sua vida, ele anuncia docemente, era feita apenas de "livros e caça". Como filósofo, tinha sérias dúvidas sobre alguns dos princípios básicos do cristianismo. Ele não podia aceitar o fim do mundo, por exemplo, porque um dos princípios filosóficos era que a matéria só pode ser transformada, e não destruída. E achava a ressurreição, no sentido literal, difícil de entender. Entretanto, como bispo, ele nos conta de maneira franca, "em casa, faço filosofia; em público, mitos" – mas acrescenta rapidamente, "não que meus ensinamentos mudarão as suposições de alguém". Que um bispo pudesse ousar chamar seus ensinamentos públicos de mito parece espantoso. Sinésio é um cristão cuja filosofia secular parece determinar a quantidade de dogma cristão que ele pode aceitar!

Esses argumentos sobre quanto os ensinamentos seculares deveriam afetar os princípios e os pensamentos religiosos sempre foram parte da Igreja, desde seu início. Quando nos anos 1980 o bispo de Durham, na Inglaterra, declarou que a ressurreição em seu sentido literal não era uma parte crucial de sua teologia, a imprensa agarrou suas palavras como símbolo de um pensamento moderno, terrivelmente em voga. O fato de que esse debate se origina com um padre da Igreja do século IV não desempenhou nenhum papel no escândalo fabricado.

É nos mais altos escalões da teologia, entretanto, que a filosofia apresentava o maior desafio e exercia maior influência. Todos os grandes mestres da teologia – Orígenes, Jerônimo, Agostinho – estudavam filosofia e envolviam-se profundamente com ela. A *Cidade de Deus* de Agostinho continua a ser uma obra-prima da filosofia que teve influência massiva, muito além dos limites da teologia cristã. Essa extraordinariamente complexa e multifacetada descrição do Universo e do lugar do homem nele constituiu uma resposta cristã à *República* de Platão, o texto fundador da filosofia política idealista. Dessa maneira, Agostinho é absolutamente típico da dinâmica tensão entre o cristianismo e a filosofia secular ou pagã. Em *Confissões*, ele descreve seu caso de amor com a filosofia pagã, especialmente com Cícero, que o iniciou no caminho da séria atividade intelectual. Nesse momento, ainda acreditava que "a Bíblia fosse desmerecida em comparação com a dignidade de Cícero". Agostinho foi levado em direção ao cristianismo ortodoxo pouco a pouco, à medida que tentava outros sistemas de pensamento na busca por satisfação espiritual e intelectual. *Cidade de Deus* almeja substituir *A República* de Platão com uma nova visão – e não pode deixar de continuamente ecoar o engajamento do santo com a tradição do pensamento pagão que ele tenta superar. Agostinho mostra claramente quão desanimador era para homens como Tertuliano lutar a fim de manter o cristianismo livre da filosofia. Enquanto homens e mulheres no Império Romano buscavam um guia oficial para suas confusas vidas interiores, a filosofia e a religião se sobrepunham em sua promessa de satisfação emocional e espiritual.

Agostinho representa um ponto alto do cristianismo intelectual e filosófico. Mas a autoridade da filosofia já está sendo evocada na narrativa aparentemente simples dos Evangelhos. O Evangelho de João começa – na versão do rei Tiago:

"No princípio era o Verbo; e o Verbo estava com Deus e o Verbo era Deus." Essas palavras são hoje tão familiares que fica difícil apreciar quão esquisitas e desconcertantes elas são. O que pode significar dizer "No princípo era o Verbo"? Em grego, a língua em que foram escritos os Evangelhos, a expressão soa muito mais normal. O termo traduzido como "verbo" é *logos*. Em grego, *logos* não significa "verbo" em qualquer sentido usual da palavra. *Logos* tem uma grande gama de significados, incluindo "ordem racional", "argumento", "lógica", "sistema", "razão". Dizer que a "ordem racional" é o primeiro princípio das coisas e que a "razão" é possuída por Deus e O define é consistente teologicamente e compreensível do ponto de vista gramatical. É uma forma de expressão padrão, consagrada por séculos de filosofia grega. João pode estar reescrevendo o Gênesis, que começa com "No começo Deus criou o céu e a terra", mas o faz em termos filosóficos gregos. Essa é uma indicação do público esperado por João. Os Evangelhos podem falar sobre os pobres, os fracos, os ignorantes, mas João, por meio de seu vocabulário impregnado de filosofia, está se dirigindo a um leitor grego e instruído.

Desde o início, *ao mesmo tempo* em que o cristianismo criou uma violenta divisão entre si mesmo e o que chamava de cultura pagã, ele fez todos os tipos de acomodações com relação a ela. Colocou Simeão Estilita em um pilar e se apoderou da administração do Império. Declarou que sua mensagem era uma nova maneira de compreender o mundo, e ao mesmo tempo travou um longo diálogo com a filosofia grega. Para compreender o cristianismo, é essencial perceber esse complexo diálogo operante entre a diferença e a similaridade, o extremismo e a assimilação. O cristianismo se desenvolve na Antigüidade clássica; faz parte do mundo antigo e se desenvolve por meio tanto da rejeição como da negociação com a cultura da Grécia e de Roma.

A cultura ocidental moderna é formada por essa mescla de tradições. O cristianismo continua a encontrar dificuldade em lidar com os clássicos e com o ideal clássico, seja este a nudez e a sexualidade ou a filosofia e a arte. Os tapa-sexos em forma de folhas de figueira adicionados castamente às exuberantes esculturas clássicas captam finamente a constante mistura de desejo e vergonha. Entretanto, existe um momento em nossa história européia em que a paixão pelos clássicos contribuiu para a ruptura que ameaçou colocar o cristianismo em uma guerra incontrolável contra si mesmo. Esse momento é o do estabelecimento do protestantismo, no Renascimento. A Reforma e a Contra-Reforma desenharam o mapa moderno do cristianismo, com todo o rancor que ainda contamina a Irlanda e outros países onde católicos e protestantes entram em confronto. Essa é outra história de como o clássico tem profunda importância para o cristianismo, não no mundo antigo, mas no século XVI.

5 *O grego é heresia!*

A Renascença marca o renascimento da antiga cultura grega e romana no Ocidente. Essa era de conflito artístico, intelectual, religioso e social foi estimulada por uma apaixonada redescoberta do clássico. A história do Renascimento foi contada muitas vezes em muitos registros. O retorno à arte clássica, a excitação da recente redescoberta da ciência e da medicina clássicas, o poder revigorante dos autores clássicos, tudo isso ajudou a mudar a maneira como o mundo era visto, compreendido e representado.

Mas o Renascimento não era somente a luz de um novo amanhecer que triunfantemente varria as sombras da Europa medieval. Ele representou uma árdua batalha sobre os valores mais profundos da cultura. Um dos mais estranhos – porém mais significativos – pontos decisivos da história dessa guerra persiste na tradução daquela primeira linha do Evangelho de João. "No princípio era o Verbo." O nascimento do protestantismo está intricadamente relacionado a quanto da língua grega se conhece, e se a filosofia grega deveria ter um lugar no cristianismo, moderno ou antigo. Nesse momento fundamental, o estudo dos clássicos provou ser central para toda a extensão da história ocidental.

Toda história de batalha requer um herói, e aqui ele é Erasmo, um dos homens mais influentes na história da Europa ocidental, o que torna ainda mais surpreendente o fato de que sua vida e obra não sejam mais integradas ao repertório cultural oficial de hoje. Mais que Shakespeare, Leonardo da Vinci, Michelangelo – para citar três gigantes do Renascimento –, Erasmo mudou vidas, enriqueceu mentes e se tornou um dos mais importantes catalisadores do que poderia ser chamado de a maior mudança no cristianismo desde seu começo: a invenção do protestantismo e sua separação da Igreja católica.

Os simples fatos da carreira de Erasmo mais que justificam essas alegações impressionantes. Ele colaborou na revisão geral do sistema educacional inglês, e escreveu os livros-texto utilizados por alunos durante mais de dois séculos. Compôs paráfrases explanatórias dos Evangelhos, que, por lei, deveriam ser possuídas por todos os clérigos que não tivessem atingido o elevado nível de "doutor da divindade". Também era lei que todas as igrejas paroquiais pusessem uma cópia dessas paráfrases do lado da Bíblia. Erasmo traduziu muitos textos gregos (inclusive Luciano, em parceria com Tomás More) que se tornaram best-sellers imediatos, espalhando o amor renascentista pelo grego por muitos lares. Ele escreveu e publicou centenas de cartas, que inventaram o que nós agora reconhecemos como o estereótipo do estudioso humanista entre os livros: essas cartas permitem ao mundo ávido e curioso espiar as trocas entre as estrelas da Renascença. Elas eram tão bem conhecidas na época que um pretenso intelectual poderia ser desmascarado pela questão: "Você recebeu alguma carta de Erasmo?" Mas, acima de tudo, é a erudição sobre a Bíblia que fez de Erasmo um dos homens mais famosos da Europa.

São Jerônimo, escritor de cartas, estudioso devoto e tradutor da Bíblia, era uma obsessão de Erasmo, que publicou uma edição de suas cartas em 1516. Era um trabalho que havia planejado por anos. "Eu trabalhei até morrer para que Jerônimo pudesse viver", escreveu para o papa Leão X. "Custou menos a Jerônimo escrever seus trabalhos do que a mim restaurá-los e explicá-los." Jerônimo era para Erasmo o epítome do que um santo deveria ser – ao menos para um estudioso humanista. Os sofrimentos malcheirosos, dolorosos e solitários de um Simeão Estilita não são o que Erasmo valoriza. Ele louva Jerônimo para o papa nos seguintes termos: "Que habilidade em línguas, que conhecimento da história e da Antigüidade, que memória capaz, que familiaridade perfeita com a literatura mística e, acima de tudo, que maravilhosa inspiração do sopro divino." Erasmo se encanta com o fato de que Jerônimo levou consigo para o deserto sua biblioteca. Ele teria feito o mesmo.

O que é especialmente extraordinário é como Erasmo reescreve a imagem medieval de Jerônimo que ele havia herdado. Na Idade Média, Jerônimo tinha se tornado um homem tão santo que permaneceria virgem até a morte, com 96 anos. Ele não bebia vinho e não comia peixe ou carne – mal podia *dizer* a palavra "carne". Usava um traje de cilício, dormia no chão e se chicoteava três vezes ao dia até que o sangue jorrasse. Havia até mesmo uma seita chamada hieronimitas, assim chamados em honra de Jerônimo (cujo nome em latim é Hieronymus), composta por ermitões ascéticos, particularmente adeptos da flagelação e do jejum. Em sua mente, Erasmo possuía um modelo diferente. "Quem mais atingiu tamanho nível de familiaridade com a história, a geografia e o período antigo? Quem mais se tornou tão completamente à vontade com todas as literaturas, sejam sagradas ou profanas? Se considerarmos sua memória, nunca existiu um autor, antigo ou moderno, que não estivesse ao seu alcance imediato." Enquanto Erasmo tenta fazer um correto retrato de seu herói, este começa cada vez mais a se assemelhar a ele mesmo. Santos são como senhores estudiosos do Renascimento, porque os senhores estudiosos do Renascimento querem ser como santos. A memória e a destreza com as línguas não fazem parte da vida de Simeão Estilita.

Na figura 30, podemos ver o mais famoso retrato de Erasmo, pintado por Quentin Metsys, um de seus amigos, e enviado a Tomás More, amigo de ambos. Essa imagem do devoto estudioso em seu escritório, um leve sorriso na magra face, escrevendo atentamente, cercado de livros, tornou-se a representação mais conhecida de Erasmo até hoje. Ele está bem-vestido, embora sem qualquer ostentação espalhafatosa. Tem uma bolsa no colo – o que talvez indique o interesse financeiro e a mobilidade de um comerciante, um mundo de negócios bem distante, ao menos para Jerônimo. O livro que está de frente para o observador, iluminado para que o título possa ser visto, é *Hyeronimus* – a edição de Erasmo sobre os escritos do santo. Isso lembra ao observador o famoso livro de Erasmo, naturalmente, mas também fornece um tipo diferente de sugestão visual. Porque o retrato foi construído cuidadosamente para nos fazer lembrar outra imagem – são Jerônimo em seu próprio escritório. No século XV, Van Eyck havia pintado Jerônimo em sua biblioteca, e outros pintores dos Países Baixos parecem

[FIG.30] **Erasmo,** ***por Quentin Metsys***

[FIG.31] São Jerônimo, *por Van Eyck*

ter imitado particularmente a enamorada representação de Van Eyck da materialidade dos livros do santo e de seu bem-estar ao redor deles (figura 31). Como Erasmo, Jerônimo está atento a um livro. Está vestido com os mantos de um vermelho brilhante e com o chapéu de uma autoridade da Igreja católica. O leão domesticado sob a escrivaninha é um símbolo da submissão do bestial no homem. (Existe também uma história que o descreve, assim como Androcles, removendo um espinho da pata de um leão, conquistando assim sua gratidão e seus serviços.) A imagem de Jerônimo como um estudioso na biblioteca, em vez de como um penitente ou um ascético no deserto, era uma invenção particular do Renascimento. A construção da imagem de Erasmo passa uma poderosa mensagem: aqui está o estudioso devoto na mesma pose de seu herói – Erasmo *como* Jerônimo.

Erasmo aprendeu grego, em primeiro lugar, para resgatar Jerônimo. "Prefiro ser louco com Jerônimo a ser sábio com um grupo de teólogos modernos", escreveu ele para um amigo em 1501. Uma vez que os estudiosos cristãos modernos não conheciam o grego nem a Antigüidade, eles haviam misturado todo tipo de informação sobre Jerônimo e os outros fundadores do cristianismo. Erasmo reconhecia que, para uma compreensão correta das autoridades dessa religião e de seu momento fundador, era absolutamente necessário dominar o estudo dos clássicos.

Ironicamente, isso o levou a uma jornada que o fez ser vilipendiado como o agressor herético do próprio Jerônimo. Pois dizia-se que Jerônimo havia escrito a *Vulgata*, a tradução latina do Novo Testamento grego e da Bíblia hebraica. A *Vulgata* era a Bíblia usada por centenas de anos em todas as igrejas da Europa. Era o que as pessoas conheciam, e no que confiavam. Ela era autorizada não apenas pelo uso, mas por todo o peso do selo de aprovação explícito da Igreja. Era bastante claro para qualquer estudioso, mesmo naquela época, que Jerônimo não poderia ter sido o autor, certamente não da obra inteira. Mas ele era o santo que liderava essa tradição. Aquele era o Livro Santo. Foi para ele que Erasmo se voltou em seguida – e foi então que todo o problema começou.

Os estudos de grego de Erasmo, seu trabalho sobre Jerônimo e seus próprios e profundos sentimentos religiosos levaram-no inevitavelmente de volta aos Evangelhos, escritos, naturalmente, em grego. Ele descobriu que o grego não era elegante ou sofisticado, e era debilmente construído em termos de sintaxe e gramática, pelo menos em comparação com os modelos clássicos disponíveis. Descobriu também que existiam diferentes tradições de manuscritos da Sagrada Escritura, o que apresentava problemas complicados na escolha para determinar o que deveria constituir o texto real. Portanto, decidiu produzir uma "edição crítica" do texto grego, com uma tradução justaposta em latim, para que pudesse ter a versão correta dos dois. O resultado foi uma Bíblia em latim que era extraordinariamente diferente da *Vulgata*, e um texto em grego que em certos momentos ameaçava provocar uma crise social. Sua primeira versão foi enviada às pressas para impressão em 1516. Ela era malfeita, com palavras impressas erroneamente e problemas de impressão, e as notas nas quais Erasmo explicava o que estava fazendo eram um tanto superficiais. Em 1519, ele foi para Basiléia a fim de acompanhar pessoalmente a impressão da segunda edição. Ele não amenizou suas críticas. Essa edição estava repleta de sugestões novas e radicais, defendidas com uma erudição agressiva e cortante. Era um livro que parecia designado a mudar o mundo.

É difícil exagerar o quanto estava em jogo para o mundo renascentista. O catolicismo, centrado em Roma, representava a religião e o poder social dominante na Europa – e o único foco institucional da religião. Durante a Idade Média, todas as discussões teológicas, das quais derivaram a lei e a prática, foram conduzidas em latim e eram baseadas no texto latino da *Vulgata*. Todos os serviços religiosos eram conduzidos em latim. A Bíblia, para todos os propósitos, era um texto latino. A ordem social e a autoridade da Igreja no mundo medieval dependiam do status da *Vulgata*. Era pessoalmente essa obra de Jerônimo que Erasmo estava modificando. Se o texto no qual aquilo era baseado podia ser modificado, qual seria o preço para a autoridade da Igreja? Se o Livro Santo podia ser alterado, o que tinha acontecido com a Palavra de Deus? A afronta social e moral que Erasmo desatrelou não era apenas uma questão de tradução ou de palavras. A ordem da própria sociedade estava em jogo. Os oponentes de Erasmo temiam que, com a mudança da *Vulgata*, a instituição da Igreja propriamente dita fosse ameaçada – embora o próprio Erasmo permanecesse um católico devoto por toda a vida. Mesmo sob a perspectiva histórica do século XVII, pareceria que os oponentes de Erasmo estavam realmente certos. No espaço de cem anos, a Inglaterra se tornou um país protestante, com uma Igreja que rejeitava Roma. A Alemanha seguiu Martinho Lutero em sua versão do protestantismo. A Suíça e a maioria dos Países Baixos também tornaram-se inteiramente protestantes. A Igreja foi de fato violentamente desmembrada por esse novo movimento intelectual.

Uma história simples exemplifica o poder chocante da erudição de Erasmo. Quando ele descobriu que nenhum dos antigos manuscritos das cartas de são João incluía uma frase específica que era encontrada em edições modernas, raciocinou que ela deveria ter sido adicionada posteriormente por outra pessoa, um desconhecido, em algum ponto muito após a carta ter sido escrita.

Portanto, ele não a incluiu em sua versão. A frase aparece na carta I João e diz: "Existem três no céu, o Pai, a Palavra e o Espírito Santo, e estes três são um." Essa é uma sentença que declara como a Trindade – sempre uma noção difícil – deve ser compreendida. Esse foi um momento em que a confiável erudição de Erasmo causou uma devastação. Uma sentença que por anos serviu de base para a construção de argumentos religiosos de repente não era mais a Palavra de Deus.

Em junho de 1569, 50 anos após a publicação do Novo Testamento de Erasmo, um anabatista chamado Hermann van Flekwyk foi morto na fogueira. O inquisidor, um frei franciscano chamado Cornelius Adrian, declara: "Você mamou nos peitos venenosos de Erasmo... mas são João diz: 'Existem três no céu, o Pai, a Palavra e o Espírito Santo, e estes três são um.'" Van Flekwyk responde: "Eu ouvi dizer que Erasmo, em suas *Adnotationes* sobre essa frase, mostra que o texto não está no original grego." A erudição de Erasmo é aqui literalmente uma questão de vida ou morte – o credo de um mártir enquanto ele é queimado vivo. Na Reforma e na Contra-Reforma, por suas interpretações da Palavra de Deus, centenas foram questionados, torturados e mortos na fogueira. Morrer pela Palavra se tornou mais uma vez o credo do mártir, enquanto a Europa se convulsionava em uma guerra civil.

A frase isolada que se tornou o estoque de toda raiva e toda hostilidade foi a tradução de Erasmo da primeira sentença do Evangelho de João. Por séculos, o Evangelho tinha começado "*In principio erat verbum*" ("No princípio era o Verbo"). Erasmo publicou, em vez disso, "*In principio erat sermo*" ("No princípio havia a conversa, o discurso"). Era a mais combativa e impressionante abertura, feita para que, por meio do choque, o leitor prestasse atenção. E ela chocou. Na época, muitas páginas foram escritas sobre ela, sendo muitas de críticas mordazes.

Em termos acadêmicos, Erasmo tinha um bom caso nas mãos. Agostinho e outros pastores da Igreja estavam cientes dessa tradução como *sermo*, e alguns a preferiam, segundo autoridades antigas. Como uma tradução de *logos* no sentido mais casual ou filosófico, *sermo* é mais eficiente que *verbum*, embora nenhum dos dois capte a amplitude do termo plenamente. *Ratio*, "razão", "ordem", poderia ter sido ainda melhor, sugeriu Erasmo em uma nota. *In principio erat verbum* teria soado muito estranho para um leitor de latim inteligente e não-cristão do século I, apesar do fato de que as duas palavras, *logos* e *verbum*, apresentavam certa sobreposição de sentido, sobretudo no plural. A própria estranheza da expressão, entretanto, desempenhou um papel no efeito atrativo, místico e opaco, da abertura dessa nova interpretação sobre a ordem das coisas. Mas não foi a erudição em si que assombrou as pessoas. Foi o mero fato da mudança. São Jerônimo, ao escrever o prefácio para sua própria edição da Bíblia, teve a preocupação de que todos iriam "debulhar-se em lágrimas e chamar-me de herético e sacrílego porque ouso acrescentar, mudar e corrigir algo no velho texto". Ironicamente, foi Erasmo que sofreu exatamente aquilo que seu mestre predissera.

As linhas de batalha estavam agora delimitadas. Erasmo era um grande intelectual ligado aos mais importantes estudiosos da Europa. Ele tinha ajudado a fomentar o estudo sobre a Grécia por 20 anos. Agora escrevia carta atrás de carta tentando arrematar todo o apoio possível, do papa para baixo. Publicou livro após livro defendendo seu conhecimento. Pelo menos por um critério pode-se dizer que Erasmo foi triunfante: o grego se tornou de fato um alicerce do aprendizado e da cultura, e essa é uma conquista da Renascença.

Mas em termos religiosos, apesar de todo o furor, ele foi posto de lado nos 25 anos seguintes. Em 1546, o Concílio de Trento, uma das maiores congregações de cardeais jamais reunidas para debate, fez a desconcertante mas comprometedora declaração de que a *Vulgata* era "autêntica". Não a melhor tradução, nem o texto autorizado para uso na Igreja – mas autêntico. Que uma tradução pudesse ser considerada a verdadeira e original Palavra de Deus aumenta consideravelmente o que está em jogo. Os cardeais exigiram também que "ninguém ouse ou se atreva a rejeitar a *Vulgata* sob qualquer pretexto" – embora eles mesmos reconhecessem que ela continha alguns erros de tradução. Até o final do século XX, a *Vulgata* era o único texto permitido na Igreja católica e em seus rituais. A religião protestante acabou se voltando para o vernáculo – a linguagem das pessoas comuns – e a versão inglesa do latim feita por Tyndale tornou-se a norma para a vida interna da grande maioria dos ingleses. As discussões inflamadas sobre a versão de Erasmo foram esquecidas.

A resistência contra Erasmo foi extraordinariamente forte. Uma faculdade de Cambridge expediu uma resolução formal de que nenhuma cópia dos livros de Erasmo poderia entrar nos terrenos da faculdade, fosse "a cavalo, por barco, carroça ou portador". Erasmo não sabia se deveria "rir ou chorar" quando lhe contaram isso. Mas ele ficou mais irritado com John Standish, que discursou publicamente em Londres contra ele. "Não deixem suas crianças se aproximarem do grego. É aí que nascem as heresias", era o tema de seu discurso. Standish não foi o único clérigo importante a discursar contra ele. Através da Europa, autoridades religiosas se levantaram para persuadir suas congregações a não estabelecerem ligações com Erasmo. Um ataque especialmente doloroso foi escrito por Edward Lee, o futuro arcebispo de York. Ele produziu uma detalhada e erudita refutação dos métodos e objetivos do trabalho de Erasmo – baseada amplamente na primeira edição de 1516, que de fato continha muitos erros. Erasmo incluiu muitas das correções de Lee sua edição seguinte, e escreveu um feroz repúdio a Lee, que também publicou.

Essa briga em particular produziu algumas estranhas respostas. Um livro de poemas foi publicado pelos defensores de Erasmo, e cada poema zombava de Lee e seu nome. Porém a reação mais estranha de todas aconteceu em uma biblioteca. Uma cópia do livro de Lee foi exposta na sala de leitura pública. Alguns dias depois, os leitores começaram a se queixar de um cheiro terrível na biblioteca. O odor foi identificado como vindo do livro de Lee. Descobriu-se que alguém o tinha lambuzado com fezes humanas. Os humanistas amavam essa história, e um punhado de poemas louvando esse episódio foi logo escrito. Tomás More, alguns anos depois, em um de seus escritos nada santos, disse sobre Martinho Lutero: "Lutero não tem nada em sua boca exceto latrinas, sujeira e bosta... monge louco e cafajeste de mente imunda, com seus delírios e desvarios, com sua sujeira e sua bosta, cagando e sendo cagado." Esse tipo de linguagem ofensiva, com referências escatológicas, indica a força dos sentimentos de ambos os lados, mas um dos defensores de Erasmo parece ter feito dessa força um gesto concreto e grosseiro de nojo teológico.

Erasmo encontrou maiores dificuldades com um colega chamado John Meier, professor de teologia em Ingelstadt. Meier era educado, culto e bastante crítico. Ele mostra como a Igreja se preocupava mais com a manutenção da autoridade que com as sutilezas de definir exatamente a palavra certa. "Escute, caro Erasmo", escreveu, "você realmente acredita que algum cristão suportará pacientemente que lhe digam que os evangelistas cometeram erros nos Evangelhos? Se nesse momento a autoridade da Sagrada Escritura é incerta, pode qualquer outra passagem estar livre da suspeita de erro?" Meier coloca o problema de forma tão clara quanto possível. Se ficar comprovado que o grego está errado em algum ponto, então a suspeita poderia cair sobre qualquer *outro* ponto, e os alicerces de tudo o que importa poderiam ser abalados. Como poderiam os evangelistas ter cometido erros? Meier apela para a história dos apóstolos em transe falando em diferentes idiomas para conceder autoridade divina a suas próprias opiniões. "Não foi com os gregos, mas com o Espírito Santo que eles aprenderam o grego." Poderia Erasmo realmente corrigir o grego de Deus?

Erasmo levou esse argumento muito a sério. Enfrentou-o com todas as suas armas de sarcasmo e de empenhada autojustificativa. "Se acreditamos que o grego dos apóstolos é um dom dos céus", escreve, "de onde vêm todos os problemas de linguagem, para não mencionar os barbarismos, que não podemos tentar esconder?" Por que Deus ensinaria um *mau* grego? Como escreveu com uma estudada casualidade em sua própria defesa, "é sabido que os apóstolos podiam escrever em grego, mas não muito corretamente..." E ele lembrava a quem quer que ouvisse que o próprio Jerônimo não "tinha medo de acusar Paulo de ter um conhecimento imperfeito do grego". As autoridades da Igreja haviam elas mesmas questionado quanto do grego cada uma sabia, e haviam confessado falhas em seu conhecimento. O argumento de Erasmo era fundamentalmente histórico: "Toda a filosofia e toda a teologia daquela época pertencia aos gregos." As bases da Igreja não podiam ser contestadas por meio do aprendizado do grego, porque os alicerces da Igreja *são* gregos. Os apelos de Erasmo à verdade e à erudição, e os apelos de Meier ao valor da tradição e da autoridade, ensaiam o conflito arquetípico entre reformadores e conservadores.

Oponentes de Erasmo menos sofisticados que John Meier encarregaram-se eles mesmos do assunto. Existiu um clube extraordinário em Oxford chamado "Os Troianos". Quem mais adequado para lutar contra os gregos? Aqui segue uma descrição da época:

> Este importante sábio batizou-se a si mesmo de Príamo, outros se nomearam Heitor, Páris, e assim em diante. A idéia, seja ela uma piada ou um fragmento da polêmica antigrega, é de colocar no ridículo aqueles que se dedicam ao estudo do grego. E eu escuto dizer que as coisas tomaram tal porte que ninguém pode admitir em público que aprecia o grego sem ser submetido ao escárnio daqueles ridículos "Troianos" que pensam que o grego é uma piada simplesmente porque não sabem o que é a boa literatura...

Isso é um fascinante instantâneo sobre um contratempo local em uma comunidade universitária audaciosa. Não seria nada além disso, não fosse o fato de ter sido escrito por Tomás More, o político mais influente da corte de Henrique VIII. Ele a publicou como uma carta pública dirigida a acadêmicos de Oxford. Queixava-se de que esses Troianos chamavam os estudiosos do grego de "heréticos" e tentavam abolir o aprendizado dos clássicos. E ameaçava-os com todo o peso do poder real. More escrevia sob o aval do rei, e apresenta sem o menor disfarce a ameaça de que não se poderia contar com o patrocínio real se "essas estúpidas facções" não fossem desmontadas. Henrique VIII tinha dissolvido os monastérios, confiscado a terra e, com isso, destruído instituições centenárias. O mesmo poderia acontecer com as universidades. A discussão sobre o grego envolveu os mais elevados poderes na Inglaterra. Aqui More utiliza o poder para apoiar a causa de seu bom amigo Erasmo. O grego era um interesse nacional.

Mas isso tomou proporções que Erasmo jamais poderia haver antecipado, e que ele teria achado desalentadoras. Em 1559, a Inglaterra tornou-se oficialmente um país protestante com o acordo religioso sob o reinado de Elizabeth I. Ela e Eduardo VI foram educados por John Cheke e Roger Ascham, acadêmicos de Cambridge que haviam sido profundamente influenciados por Erasmo e pela causa humanista, ambos reformistas ávidos. Ascham era obcecado pelo aprendizado do grego, e tanto o jovem rei como a jovem rainha foram submetidos a uma rigorosa educação em grego – e em reforma. (As traduções de Eduardo VI para o grego ainda se encontram entre seus papéis.) Esses tutores reais foram cruciais na formação das opiniões e atitudes desses primeiros monarcas protestantes. As negociações políticas que levaram ao acordo religioso envolveram quase exclusivamente homens educados em Cambridge – um pequeno grupo de políticos interligados. Eles eram unidos pela paixão comum por estudos do grego e pela doutrina protestante. Era uma roda de homens com pensamentos semelhantes, educados nos estudos clássicos em uma vertente nova e em voga, pela qual se entusiasmavam e que levou a Inglaterra ao protestantismo.

Tomás More tinha sido morto muito antes do acordo religioso. Como Erasmo, ele teria resistido a uma separação da Igreja católica. Ele fomentara ativamente uma campanha para impedir qualquer tentativa de traduzir a Bíblia para o inglês. Isso não era um conservadorismo impensado, mas uma precisa e intensa preocupação com a tradução, e quão enganosa uma versão inglesa teria de ser. Se, por exemplo, a palavra latina *caritas* é traduzida como "amor", como na versão de Tyndale, em vez de "caridade", essa escolha de termos tem implicações substanciais. Ela implicaria que a "fé", em vez de "boas ações", era o mais importante. Ela dava mais valor à fé ("amor") que ao ritual ("caridade") – e *isso* é uma idéia protestante. É uma ironia bem desagradável o fato de que homens tenham sido assassinados e livros tenham sido queimados na disputa entre "amor" e "caridade" como a melhor palavra a ser escolhida. A Bíblia inglesa é freqüentemente celebrada como um retorno da Sagrada Escritura para o povo, saindo da obscuridade nebulosa de uma língua estrangeira. Entretanto, o uso do inglês começou, na realidade, como um gesto radical e agressivo de apoio à Reforma.

O nascimento do protestantismo foi um negócio sangrento, com o decorrer das paixões da Reforma e da Contra-Reforma. Esses violentos desacordos ainda eclodem no Ocidente moderno. O tema da Antigüidade clássica foi central para o progresso da Reforma e da Contra-Reforma. O cristianismo proveio da Antigüidade – mas quanto do grego deve um cristão conhecer? O que aconteceria – o que *aconteceu* – com a autoridade da Igreja se a linguagem da Bíblia, com seu grego e seu latim, fosse examinada criticamente? A maneira pela qual a tradição é valorizada é uma questão absolutamente central nas diferenças entre as Igrejas católicas e protestantes. Explorar esse senso de tradição significa retroceder em direção aos Evangelhos e seu grego e aos padres e seu latim. Pelo menos em parte, é isso que quis dizer T.S. Eliot quando afirmou que o estudo do grego e do latim é necessário para aqueles "que desejam ver a sobrevivência de uma civilização cristã". Ele sabia a importância dos clássicos para a compreensão da tradição ocidental.

6 *Sabendo a resposta*

Sara, a filha de 16 anos de um amigo meu, estava sendo preparada pela escola para um exame sobre Estudos Religiosos. Como lição de casa, fizeram-lhe a seguinte pergunta: "Por que Jesus conta parábolas?" Ela foi incentivada por seu pai, um homem agradavelmente questionador, a ler o Evangelho de Marcos, sobretudo o capítulo 4, versículos 12-14, em que Jesus explica sua técnica de ensino. Ela obedientemente assim o fez, e citou Marcos em sua resposta: "Eu conto parábolas para que os estranhos não me entendam." O professor de Sara a corrigiu e disse: "Não, Jesus conta parábolas para poder fazer com que sua mensagem alcance a todos. As parábolas são uma boa maneira de alcançar as pessoas simples, as pessoas comuns que Jesus amava." Sara replicou que o Evangelho dizia exatamente o oposto. Parábolas servem para excluir e confundir as pessoas. Seu professor enfatizou que "A *resposta* é 'para que todos possam entender a mensagem'". O que é um Evangelho se comparado a uma resposta predefinida de uma prova?

Uma parábola deveria ser um conto ficcional, e normalmente não engraçado. Mas essa história, apesar de ser verdadeira e engraçada, se parece muito com uma parábola. A primeira mensagem é para não acreditar sempre nos pais, principalmente naqueles que são questionadores. Afinal, um bom pastor teria dirigido seus fiéis também a Mateus 13, que faz um trabalho notável ao reescrever Marcos. A versão de Marcos, o primeiro Evangelho, é suficientemente direta. Os discípulos perguntaram a Jesus por que ele usa parábolas, e com certa exasperação ele responde: "Para vocês foi dado o segredo do Reino dos Céus, mas para aqueles de fora, tudo é em parábolas *para que* eles possam ver e não perceber, para que eles possam ouvir, mas não entender, para que eles não possam se voltar de novo e ser perdoados." Essa afirmação foi chamada de "repulsiva" por Albert Schweitzer, e é fácil ver por quê. Não apenas Jesus conta parábolas para excluir os estranhos do segredo do céu, como ele assim o faz porque não quer que as pessoas se arrependam e sejam perdoadas. Essa severa doutrina simplesmente não está em harmonia com os ideais do cristianismo e de Jesus nos quais a maioria das pessoas acredita.

Mateus é menos desanimador. Ele conta a história de maneira semelhante, mas com diferenças significativas. Mais uma vez pergunta-se a Jesus por que ele usa parábolas, e ele explica que é porque aos discípulos, mas não ao povo, foram dados os segredos do Reino dos Céus. Mas continua ele: "Eu me dirijo a eles em parábolas porque vejo que eles não vêem e escuto que eles não escutam nem compreendem." Isso é mais próximo à resposta que queria o professor de Sara. Já que o povo não pode entender os segredos, eles precisam de parábolas. Eles não entendem, mas pelo menos aqui têm uma chance. Mateus então explica que a utilização de parábolas também cumpre uma profecia em Isaías, e leva os discípulos para dentro a fim de, em particular, instruí-los um pouco mais sobre os segredos – como leitores, somos encorajados a nos ver como herdeiros em potencial dessa instrução. Em Mateus, diferentemente de Marcos, a impressão de que os condenados são condenados é menor.

Diante dessas diferentes versões, estudiosos bíblicos tiveram de fazer difíceis escolhas. Freqüentemente, com um suspiro de alívio, a versão de Mateus é considerada a verdadeira, porque é menos repulsiva – apesar do fato de o texto de Marcos ter aparecido antes. Supõe-se que, de alguma maneira, Marcos não compreendeu, ou cometeu erros. Mas isso é um passo drástico – como demonstrou Erasmo – se tornar necessário debater sobre as falhas nos Evangelhos. Qual é o preço da Palavra de Deus? Poderia ser igualmente argumentado que a inflexível mensagem de Marcos foi atenuada por Mateus para suas próprias e persuasivas intenções. Defender Marcos, como defender Mateus, incorre nas mesmas perturbadoras conseqüências. Séculos de erudição e a busca por uma terceira linha de conciliação falharam em acomodar as histórias em uma embalagem bem-feita.

Entretanto, minha parábola sobre Sara, seu professor e seu pai está direcionada ao grau de enfraquecimento e de esvaziamento da versão do cristianismo com a qual o sistema de educação e a sociedade moderna são capazes de lidar. Analisar o cristianismo sem suas raízes e suas guerras clássicas é observar a religião como um turista – e sua seriedade, sua radical provocação e sua *paixão* terão se perdido. Por que deveria a história cultural, para não mencionar a história religiosa, satisfazer-se com tal trivialidade e superficialidade? Por que deveria o cristianismo querer esquecer de onde se origina – e como foi difícil seu nascimento e desenvolvimento?

O cristianismo apareceu na Antigüidade. Ele é formulado nas línguas autorizadas pelo Império Romano – grego e latim. Os Evangelhos estão escritos em grego e foram depois traduzidos para o latim. Os pais fundadores da Igreja escreviam e pensavam em latim. A primeira língua de Jesus pode ter sido o aramaico, como pelo menos era o caso de alguns escritores do Evangelho. Mas é através do grego e do latim que o cristianismo se fez a religião do Império. O cristianismo foi formulado na Antigüidade e caminhou constantemente entre uma radical e hostil rejeição da cultura grega e romana e uma acomodação e negociação mais clandestina de seus valores. O seu início é ao mesmo tempo desconcertante em sua extrema e voluntária violência e reconhecido por suas histórias de família. O cristianismo tem de encontrar suas raízes em seus momentos fundadores e fundamentais, mas estes podem parecer extraordinariamente alienantes. Para avaliar a história do cristianismo – onde se origina a cultura ocidental – requeremos a integridade da *dificuldade* desse retrato. Sem a cultura da Antigüidade, simplesmente não podemos entender como o cristianismo se tornou o que é. E sem fazer essa viagem de compreensão, não podemos apreciar a origem dos valores mais básicos que todos nós, na sociedade ocidental, seguimos e com os quais entramos em conflito.

Parte III

O QUE VOCÊ ACHA QUE DEVE ACONTECER?

1 *A política precisa da história?*

Todo mundo sabe que a democracia começou na Grécia antiga. O aniversário de 2.500 anos da invenção da democracia foi celebrado durante a década de 1990. Ele permitiu que políticos e editores proferissem os esperados chavões sobre a história e sobre nossos valores, e a Grécia organizou algumas festividades consideravelmente mais nacionalistas que o restante da Europa (e, mais uma vez, pediu que os Mármores de Elgin fossem devolvidos). Os Estados Unidos iniciaram a década, assim como o fariam no milênio seguinte, declarando guerra em nome da democracia.

A justaposição das festivas celebrações e da bruta violência da Guerra do Golfo coloca, de maneira tão direta quanto possível, as perguntas deste capítulo. A democracia começou na Grécia, mas tem alguma importância – exceto na retórica mais interesseira – o fato de que a democracia foi inventada naquele lugar e naquela época? Em um tempo de corporações multinacionais, sistemas de mídia globalizados e de armas de destruição em massa, quão relevante pode ser a política de uma pequena comunidade de tanto tempo atrás? Se uma semana é muito tempo em termos políticos, qual é o preço de 2.500 anos?

A política pode ser um negócio sujo e perigoso, e fica muito claro que a busca de poder e de domínio sobre outros não precisa de Aristóteles. O político que procura ganhar e manter o poder poderia, suponho eu, aprender alguns truques com Maquiavel (ou com a vida de Stálin). Mas a luta por interesses pessoais não requer mais motivação que a ganância, a ambição pessoal e o desejo de dominar. Seria tolo subestimar a força de tal motivação em todos os níveis da atividade política. O poder adora se esconder – mas a busca nua e crua por ele nunca está muito abaixo da superfície da política em ação. Pode parecer que o fosso entre Platão e o negócio sujo das forças econômicas, militares e legais é simplesmente muito grande para ser superado. Poderia mesmo parecer cínico ou insultante para as vítimas dos últimos cem anos de violência política que voltássemos nossos olhos em direção a um passado tão distante.

Entretanto, creio ser um erro fundamental separar a política da história e isolar as políticas democráticas da história da democracia. A política é maior que o exercício do poder, e as motivações que levam homens e mulheres a lutar por mudança social, ou a se esforçar para manter os valores comunitários, vão muito além das ambições pessoais. É neste ponto que a história e a teoria – o poder das idéias – desempenham um papel formativo na política. Como profetizou Nietzsche, os conflitos mais violentos e destrutivos do mundo moderno são "as guerras entre idéias". É o poder da idéia de democracia que domina este capítulo.

Há 250 anos, as palavras "democracia" ou "democrata" eram usadas principalmente como insulto. Não era fácil assumir-se como democrata sem uma desculpa ou uma explicação cuidadosa, ou sem fazer certa autocrítica. Quando o poeta Wordsworth escreveu, em uma carta particular a um amigo, em 1794, "sou daquela classe odiosa de homens chamados de 'democratas'", estava agindo como um jovem e revolucionário rapaz inspirado pela Revolução Francesa; ainda assim, a palavra "democrata" é, para ele, uma palavra difícil. Mesmo os intelectuais da França antes da Revolução raramente usavam o termo "democracia" de maneira positiva.

A inspiração – e o medo – causada pelas revoluções francesa e norte-americana iniciaram um debate que mudou fundamentalmente a linguagem política. Quaisquer que tenham sido os ideais republicanos dos responsáveis pela Constituição norte-americana ou dos líderes da Revolução Francesa, "democracia" tornou-se um termo inquestionável do discurso político popular. Todas as sociedades abastadas do Ocidente gostam de se autodenominar democracias. Existe quase uma unanimidade sobre os benefícios desse sistema. Rejeitá-lo ou insultá-lo simplesmente não é uma opção para qualquer político ou analista político ocidental contemporâneo. O Partido Comunista da China, os ditadores de países árabes e as juntas militares na América do Sul são todos descritos como líderes corruptos de outros mundos que não possuem a democracia, e desesperadamente necessitam dela.

Essa onipresente e freqüentemente impensada ostentação da palavra "democracia" torna ainda mais necessária a reflexão crítica sobre o que ela pode e deve significar. Isso é hoje especialmente urgente, já que "lutar pela democracia" tornou-se um grito de guerra tão comum. Ao mesmo tempo, um olhar autocrítico sobre os princípios políticos da democracia sempre foi o distintivo dos maiores pensadores e políticos democráticos.

"A democracia é a pior forma de governo", declarou Winston Churchill, "tirando todas as outras." Isso pode soar voluntariamente paradoxal, mas não é superficial. Churchill conhecia os procedimentos democráticos intimamente, e sob a pressão mais intensa. Como chefe do governo da Unidade Nacional durante a Segunda Guerra Mundial, quando a democracia combateu o fascismo, ele administrou, em território britânico, o processo que suspendeu muitas das práticas normais da democracia. Não se realizaram eleições gerais. Se um membro do Parlamento viesse a falecer, a política tradicional de oposição seria posta de lado. Quando um membro do Partido Conservador faleceu, o Partido Trabalhista não contestou a eleição subseqüente; de maneira semelhante, o Partido Conservador não apresentou candidato em um distrito eleitoral dominado pelo Partido Trabalhista. Liberdade de expressão, liberdade de movimento e muitos outros direitos fundamentais do cidadão foram suspensos. Para vencer a guerra, a democracia reduziu-se drasticamente, por vontade própria. Para lutar pela democracia, ao que parece, os próprios princípios da democracia deviam ser suspensos. Depois da guerra, Churchill, o líder vitorioso, foi deposto sem cerimônia. Ele tinha todos os motivos para compreender as qualidades e as fraquezas do sistema democrático – sabia pelo que valia a pena lutar e quais eram as limitações.

Entretanto, o comentário de Churchill não significa apenas um oblíquo retrospecto de sua própria experiência. Em vez disso, ele capta sucintamente um aspecto essencial da democracia, e a razão pela qual a história tem importância. Churchill, diferentemente de tantos políticos menos conscientes, não cai facilmente em um idealismo ou uma utopia barata: ele não dizia "a democracia é perfeita", "a democracia está moralmente correta", ou mesmo "a democracia é a melhor forma de governo". Ele defende sua opinião, à sua maneira, por duas razões.

Em primeiro lugar, é impossível pensar na democracia como uma forma de governo a não ser em termos de conflito. O conflito é parte integral da democracia. Ela depende de que as pessoas tenham idéias distintas e opostas, dentro da sociedade e a respeito desta. Ela requer argumentação, discórdia, concessões. Pressupõe que existam pelo menos dois lados para qualquer questão, o que requer discussão e votação – e entende que algo está seriamente errado se não houver debate ou decisão coletiva. No fim das contas, se houvesse apenas um caminho certo e verdadeiro – como defendem algumas religiões e alguns Estados totalitários –, quem precisaria da democracia? Defender esse sistema requer o reconhecimento de que haverá outras opiniões, opiniões opostas. Essa é uma das razões por que Churchill se expressa da maneira que o faz. Ele sabe que está em uma discussão.

Em segundo lugar, desde seus primórdios na Atenas clássica, não existe democracia sem uma crítica da democracia. Ela se vê como necessariamente oposta a outros sistemas – seja Esparta, o inimigo tradicional de Atenas, ou o comunismo da União Soviética no contexto da sociedade norte-americana na época da Guerra Fria, ou o fascismo contra o qual Churchill lutou. Mas a democracia também sempre permitiu – e provocou – a crítica de si mesma. Ela se orgulha de preservar a liberdade de criticar ("Aqui pelo menos você pode dizer que discorda..."). E a democracia freqüentemente enxerga essa liberdade como uma recompensa para a frustração e o aborrecimento que necessariamente acompanham um sistema no qual qualquer votação provavelmente fará de alguns cidadãos perdedores inconformados. A crítica constante da democracia – mesmo por democratas engajados – significa que foi sempre difícil promovê-la como um sistema utópico. Como bem sabia Churchill, a democracia se vende com mais sucesso como uma forma de governo que apresenta conseqüências menos desastrosas que outros sistemas. "Um brinde à democracia" – porém não mais de um – era como celebrava E.M. Forster o sistema inglês que se opunha à Alemanha nazista. Churchill compreendeu que um bom democrata tem de reconhecer os problemas da democracia mesmo quando ele a elege. Ele está *sendo* democrático tanto quanto está descrevendo a democracia.

O poder das idéias motiva a atividade política, e a discordância crítica é básica à democracia, na teoria e na prática. Como resultado, qualquer discussão sobre esse sistema se voltará a questões de história e de teoria. Os democratas precisam questionar que forma deve tomar seu governo, e como ele se compara com outras formas de autoridade, hoje e no passado. A democracia precisa juntar seus cidadãos, ou seus representantes, para debater programas políticos, leis e práticas institucionais – que tipo de sociedade os cidadãos desejam construir para si mesmos. Esse senso do potencial – que poderia ser chamado de questão do "e se" – é onde a história e a teoria invadem a política. Perguntar "como deveriam ser as coisas", "as coisas precisam ser assim?", é iniciar uma discussão histórica e teórica. Nesse debate, os clássicos têm função importante.

A democracia é uma viagem inacabada, que começou na Atenas antiga; uma experiência que ainda está sendo redefinida e testada. Nossos questionamentos e a história da democracia começam em Atenas. O poder duradouro dessas questões fornece uma lente para enxergar com excepcional clareza a política moderna – uma clareza que é extremamente necessária. A democracia antiga ainda fornece o contexto para o "e se" do pensamento político moderno.

2 *A democracia ateniense – mudando o mapa*

Por volta de 508 a.C., Cleistenes convenceu seus compatriotas atenienses a adotarem um novo sistema político, que iniciou o longo desenvolvimento da democracia ocidental. O aparecimento e o estabelecimento da democracia constituem um momento fundamental na história da sociedade, ainda mais extraordinário devido ao contexto em que ocorreu.

Atenas era uma estranha cidade-Estado. Tinha um centro agitado e crescia ao redor da Acrópole (onde o Partenon acabaria por ser erguido). Entretanto, seu porto, Pireu, estava algumas milhas distante. Toda a Ática, uma rede de vilas e pequenas comunidades, algumas distantes mais de 40 quilômetros da cidade, era também "Atenas". Essa conglomeração incluía as mais remotas e afastadas fazendas e importantes centros religiosos, como Eleusis, para onde toda a Grécia se dirigia a fim de celebrar o culto dos Mistérios (figura 32). Atenas era uma comunidade agrícola, e muitos moradores da cidade também possuíam propriedades rurais, que eles cultivavam. Os atenienses acreditavam que esse estranho e expansivo agrupamento havia sido consolidado e unificado na cidade-Estado de Atenas por Teseu, o primeiro rei da cidade. Teseu havia combatido as amazonas, como mostrava o Partenon, e matado o Minotauro, cujo pai era Poseidon, o deus do mar. Os atenienses recontavam, alegremente, essa história sobre a fundação política de sua cidade.

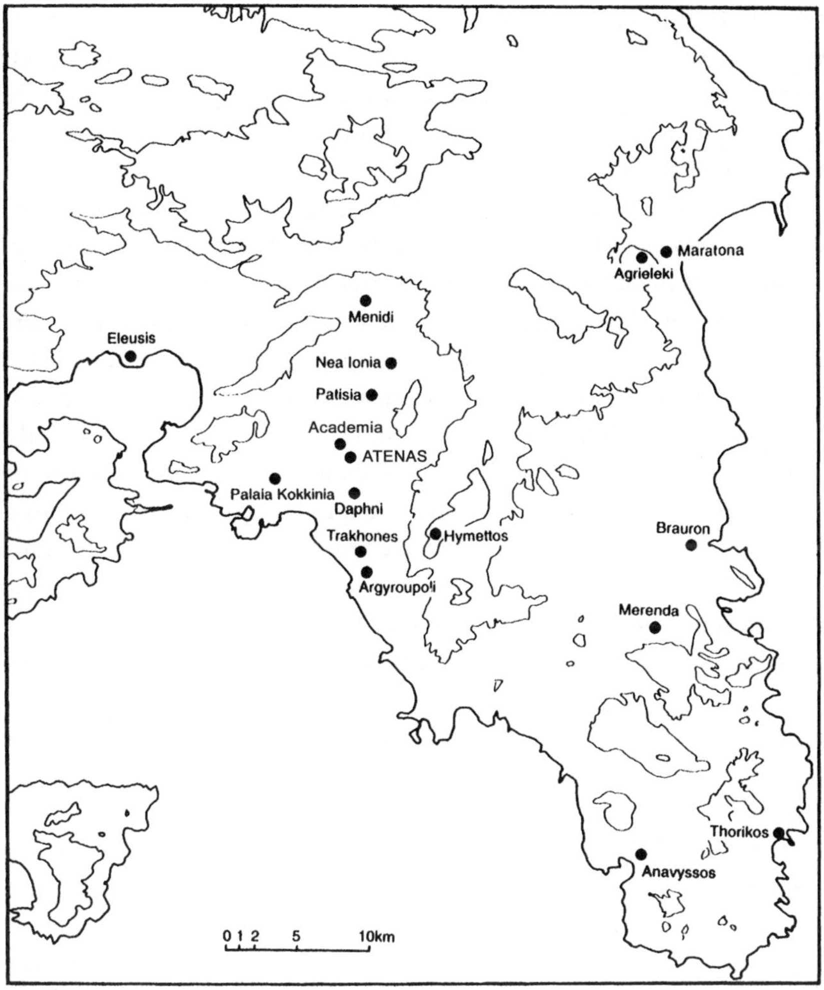

[FIG.32] *Mapa da Ática*

Cleistenes viveu no fim de um século de rápida mudança econômica e social. O século VI a.C. foi um período de repetidas crises para Atenas, pois a desigualdade econômica e política causava grandes distúrbios sociais e recorrente violência civil. Dois homens excepcionais dominam a história do século, e cada um é fundamental para a ideologia democrática posterior, um como ícone e outro como anátema. O primeiro é Sólon, da década de 590. Ele se tornou líder de uma Atenas dividida pela competição entre famílias da elite e pela falta de regulamentação central. Nos poemas que escreveu sobre sua própria atividade política, descreve-se como um negociador que defendia o fortalecimento do senso comunitário por meio do controle do abuso de poder de manda-chuvas locais, da organização da comunidade em "classes" relacionadas à posse de propriedades e do estabelecimento de um sistema legal mais forte e mais centralizado.

Escritores políticos da Antigüidade enxergaram Sólon sob uma ótica parecida. A *Constituição de Atenas*, um texto da escola de Aristóteles, destaca as três mais importantes medidas tomadas por ele, traçando o caminho para a democracia de Cleistenes. Em primeiro lugar, ele tornou ilegal a obtenção de empréstimos dando como garantia o próprio corpo. Isso significou que os pobres não podiam se tornar escravos dos ricos. Em segundo lugar, permitiu que uma terceira parte iniciasse um processo legal em nome de uma vítima, o que distanciou as ações legais das rixas familiares e da inevitável opressão dos fracos pelos poderosos. Em terceiro lugar, concedeu a todos os cidadãos o direito de apelar a uma corte, o que implica o estabelecimento de um júri, um conjunto de cidadãos. Isso contrabalançou o domínio supremo dos magistrados, posições que já estavam nas mãos das famílias mais poderosas. Sólon lutou para estabilizar Atenas. Se ele de fato mudou as dinâmicas do poder significativamente é mais difícil de julgar. Mas nos dias violentos da democracia do século IV, ele era tido como um dos fundadores desse sistema, porque suas leis eram vistas como tendo favorecido o povo muito acima da opressão da elite.

Pisístrato, a segunda figura a dominar a Atenas do século VI a.C., é diferente de Sólon em quase todos os aspectos. Por volta de 560 ele se tornou o déspota da cidade, ou seja, seu único governante ou ditador, e foi sucedido por seus filhos, Hiparco e Hípias. Evidentemente Sólon não acabou com a competição por poder e status entre as famílias da elite, nem teve sucesso em criar uma constituição estável para Atenas. De acordo com fontes da Antigüidade, havia três grupos principais em Atenas: os homens da planície, os da costa e os das colinas, estes últimos liderados por Pisístrato. A tirania era o trunfo desse terceiro grupo – embora seja difícil saber se esses agrupamentos eram meramente territoriais e familiais ou ligados por uma maior preocupação política. No poder, Pisístrato construiu templos majestosos, iniciou grandes projetos de construção, criou novos festivais (inclusive, provavelmente, a Grande Dionisíaca, em que eram produzidas as tragédias e as comédias) e expandiu o maior festival de Atenas, o Panathenaia, transformando-o em um evento pan-helênico que rivalizava com os Jogos Olímpicos. Entretanto, para democratas posteriores, o tirano era simplesmente o desprezado e temido anátema da democracia.

Em Atenas, os tiranos foram expulsos em um ato assassino que se tornou a imagem paradigmática do heroísmo democrático. Existia até mesmo uma seita ritualística de tiranicidas com estátuas reverenciadas dos dois homens que supostamente haviam assassinado Hiparco (figura 33). Muitas das canções favoritas de Atenas, cantadas durante as festas em que se bebia vinho, celebravam os assassinos: "Eu carregarei minha espada em um borrifo de mirto", diz uma, "como Aristogíton e Harmódio, quando mataram o tirano e trouxeram igualdade perante a lei para Atenas." Como a Marselhesa ou a bandeira dos Estados Unidos, o que conta não é tanto a sonoridade da letra, mas a força emocional da canção – uma força emocional que resume um ideal político.

[FIG.33] *Os tiranicidas*

A agenda política de Cleistenes reagiu às crises personificadas pelas carreiras de Sólon e Pisístrato. Depois da queda dos tiranos, poderia-se esperar que as famílias da elite brigassem para preencher o vácuo político. Mas o que torna significativa, assim como surpreendente, a ação de Cleistenes é o fato de que – segundo as fontes – primeiro ele conquistou o "povo". Embora tenha vindo de uma família aristocrática de Atenas, assim como viria a maioria dos políticos democratas nos 200 anos seguintes, ele se firmou como o líder de um grupo de camponeses – os pequenos proprietários e trabalhadores da cidade. O que é ainda mais extraordinário é que ele utilizou esse apoio popular não apenas para estabelecer sua própria base de poder, mas para estabelecer uma série de instituições e sistemas de decisão que fundamentalmente mudaram Atenas – e as possibilidades da política ocidental – para sempre. Essa mudança foi realizada fazendo o "povo" governar-se a si mesmo.

A primeira das medidas radicais de Cleistenes foi a completa reorganização da política referente ao espaço de Atenas, e com isso o senso de pertencimento, de cidadania. Ele requeria que todo cidadão – cidadãos emancipados do sexo masculino, maiores de 18 anos – se registrasse em uma *deme*. As 139 *demes* não eram simples comunas ou distritos onde por acaso se morava. Elas eram comunidades cujos membros se identificavam como "homens da *deme*", porque, por razões de história familiar, era ali que eles se sentiam em casa. Não se podia mudar de *deme* (como se pode mudar de comuna ou de distrito), e se estava associado a ela como um fato consumado. Desde o tempo de Cleistenes, um ateniense se identificava por seu nome, o nome de seu pai e o de sua *deme*. Esta se tornou o símbolo de uma fundamental identidade política e social. As *demes* tinham seus próprios centros de veneração religiosa, suas próprias finanças, suas próprias associações, como teatros e sociedades funerárias, e nomeavam um *demarco*, um líder. Era por intermédio da *deme* que uma grande parte da burocracia civil operava. O importante impacto político dessas bases se dava no estabelecimento de estruturas de autodeterminação em cada uma das comunidades, concedendo a elas um senso de responsabilidade por tudo o que acontecia ali. Isso era uma política verdadeiramente local.

O segundo nível de estrutura era a tribo. Toda Atenas estava agora dividida em dez tribos. Cada uma tinha um herói em homenagem a quem era nomeada, com seus próprios cultos. Entretanto, e acima de tudo, as tribos formavam a estrutura para as eleições de todas as principais instituições políticas, dos inúmeros conselhos de magistrados e outros oficiais. O exército estava organizado em dez regimentos, um para cada tribo. Soldados mortos em batalha eram levados para a cova em carroças, uma para cada tribo. As competições nos principais festivais eram freqüentemente organizadas por tribo. O festival de Panathenaia incluía corridas de barco e competições de beleza (só para homens) entre tribos. Estas eram compostas de grupos de *demes*. Eram organizadas de modo a ser aproximadamente similares em termos de número de cidadãos e equilibradas em suas afiliações políticas e regionais. Portanto, as tribos eram feitas de *trittyes*, "terços". Cada *trittys* era composto por *demes* oriundas da cidade, do interior e das regiões costeiras (por isso "terços"). Dessa maneira, as tribos conseguiam reduzir os velhos partidarismos com novas afiliações coletivas. Cento e trinta e nove *demes*, das três regiões, eram estruturadas em dez tribos para formar uma cidade, Atenas.

Essa nova organização de espaço constituía uma impressionante – e bem-sucedida – revolução política para produzir comunidades interligadas de obrigações e laços locais e nacionais. Cidadania e afiliação local permanecem como os blocos básicos da democracia moderna.

Essa organização do espaço foi equiparada por novas instituições do Estado. Uma espécie de assembléia já havia existido, mas a nova Assembléia (*ekklêsia*) era a coletividade soberana do povo, regulamentada pelo princípio de um voto por cada homem. É difícil recapturar a radical estranheza disso. Um rei, um imperador, um padre, uma pequena assembléia – essas estruturas de autoridade do mundo antigo são quase universais, como seriam na Europa nos séculos subseqüentes. O fato de que o poder de cada homem deveria ser considerado igual para decidir questões sobre política do Estado ou distribuição de recursos é uma inovação fundamental e chocante. Suas implicações ainda estão sendo exploradas.

O Conselho de 500 foi estabelecido para preparar o terreno para a Assembléia, executar suas decisões e cuidar da administração cotidiana. O Conselho era composto de dez grupos de 50 homens, todos com mais de 30 anos, selecionados por sorteio em cada uma das dez tribos. Eles eram escolhidos na *deme* e pela *deme*, para que cada uma delas tivesse um elo direto com a administração central. Cada membro do Conselho era nomeado por um ano, e ninguém podia exercer o cargo por dois anos sucessivos ou mais de duas vezes na vida. Isso significava que, em algum ponto da vida, todo cidadão que atingisse a idade de 35 tinha uma chance muito boa de ocupar uma posição no órgão administrativo central do governo. Para os negócios do dia-a-dia, o calendário anual estava dividido em dez períodos, em cada um deles o controle ficava a cargo do conselheiro de uma tribo diferente. Um presidente era nomeado a cada dia. Nesse tipo de organização, o grau de compromisso político é extraordinariamente alto. O Conselho se tornou a escola política dos cidadãos.

As cortes populares, fundadas por Sólon e ampliadas por Cleistenes, tornaram-se emblemáticas do governo democrático. Cleistenes estabeleceu novas cortes, que depois dele continuaram a expandir em quantidade e volume de negócios. Existiam grandes bancas de jurados formadas por cidadãos, eram compostas de até 501 homens escolhidos por sorteio de uma lista de seis mil cidadãos disponíveis, maiores de 30 anos. Os jurados recebiam pagamento para comparecer à corte, para que mesmo o cidadão desprovido de posses pudesse cumprir seu dever cívico. Diferentemente das cortes modernas, não havia juízes ou advogados profissionais (embora existissem oficiais para manter o trabalho em dia, ou para ler documentos oficiais em voz alta). Cada reivindicador tinha de falar por si próprio, e era julgado pelos colegas. Ao contrário da justiça executada por um rei ou um padre, esse era um processo em aberto, debatido e anotado publicamente, regulamentado pelo estatuto da lei publicada. A seleção aleatória dos jurados evitava o suborno e decisões políticas tendenciosas, assim como a ausência de uma casta de advogados profissionais mantinha o conhecimento técnico e de elite fora do jogo de resolução de conflitos. Isso levou também à formação de treinadores de retórica profissionais, e o crescimento de um grupo de especialistas em escrever discursos: nossos primeiros profissionais da mídia e assessores de imprensa. As cortes dramatizavam o conflito social, mas o estabeleciam dentro dos parâmetros da autoridade política do povo.

Certas áreas dos negócios do Estado estavam sob a jurisdição dos magistrados, ou *archons*. Cabia a eles, por exemplo, escolher quais seriam os dramaturgos patrocinados para apresentar peças nas competições de tragédia e comédia; era função de um *archon* administrar festivais religiosos. Sob as reformas de Cleistenes, os magistrados eleitos vinham das famílias mais aristocráticas. Depois de servir como um *archon*, progredia-se automaticamente para uma cadeira no Areópago, a mais alta corte do território, que lidava, por exemplo, com julgamentos de assassinatos de primeiro grau. Essa era a corte de maior prestígio, e os *archons* exerciam inegável influência em seus respectivos domínios. Nesse ponto, a elite permaneceu ativa em suas áreas tradicionais de autoridade.

Os *archons*, entretanto, permaneceram estritamente sob a autoridade da Assembléia, e não podiam dirigir ou instruir a Assembléia ou o Conselho. O que é mais importante é que, além da posição de general, cada magistratura só podia ser ocupada por um ano, o que limitava o potencial para acumular poder em qualquer esfera em particular. Mesmo essa habilidade das famílias de elite para obter poder por meio de cargos oficiais foi drasticamente alterada em

486 – aproximadamente 20 anos após as primeiras reformas de Cleistenes –, quando os atenienses decidiram que no futuro os *archons* também seriam escolhidos, por sorteio, de uma lista final, em vez de serem eleitos. Agora a única posição por meio da qual um aristocrata poderia tentar ativamente obter poder no Estado era a de general – repleta de riscos políticos e militares.

Essa tendência de limitação da autoridade aristocrática continuou por todo o século V. Em 462, o político reformador Efialtes passou uma medida visando à limitação do papel da corte do Areópago. Sob o slogan "De volta ao básico", Efialtes tirou do Areópago todo o trabalho com exceção do julgamento de alguns casos limitados de sacrilégio, e do assassinato em primeiro grau. Embora os *archons* houvessem sido sorteados por mais de 20 anos, isso foi visto como uma proposta "democratizadora", principalmente porque os outros encargos do Areópago reverteram para as cortes populares. Efialtes foi assassinado pouco depois. Democracia significa "governo do povo", e o medo da tirania ou de golpes antidemocráticos causou a restrição meticulosa dos poderes de qualquer indivíduo e, particularmente, da elite aristocrática. Mais uma vez, a restrição do poder de uma elite hereditária em nome de cidadãos responsáveis que projetam e administram as instituições do Estado constitui um alicerce de todos os sistemas democráticos posteriores.

O mecanismo mais original e especificamente democrático para restringir o poder individual era o "ostracismo". A Assembléia tinha o poder de decidir que qualquer homem fosse forçado a abandonar o território da Ática por dez anos. O quórum necessário para realizar essa votação era de seis mil cidadãos – um número realmente alto. Diferentemente da maioria das votações, essa era secreta. Cada cidadão tinha de escrever o nome daquele que desejava ver condenado ao ostracismo em um pedaço de vaso quebrado (*ostrakon*, em grego, por isso o nome). A história mais famosa é a de Aristides o Justo. Um agricultor analfabeto, sem o reconhecer, pediu-lhe que escrevesse o próprio nome no pedaço de vaso. Aristides assim o fez, mas perguntou ao agricultor por que queria ele condenar aquele homem ao ostracismo. "Porque estou cansado de ouvir as pessoas chamando-o de 'justo'", respondeu o agricultor. Arqueólogos encontraram 191 *ostraka* escondidos em um antigo poço, com o mesmo nome, Temístocles, escrito em todos; havia 14 caligrafias diferentes, o que sugere alguma espécie de votação organizada. O ostracismo não foi realmente utilizado até 487-6 (o que faz com que alguns historiadores questionem se ele era realmente uma possibilidade nas reformas de Cleistenes), e não foi usado novamente depois de 417; entretanto, na turbulência política e na paranóia que envolveram as Guerras Persas, ele foi usado com considerável freqüência.

O *ostrakon* ilustrado na figura 34 tem as palavras "Kallias Kratio(u)" ("Kalias, filho de Kratios") claramente esculpidas em uma de suas laterais. No verso há o desenho de um arqueiro persa. Parece que Kallia está sendo posto na posição de inimigo do povo e amigo da Pérsia. Aqui o medo do povo não se refere somente ao poder de um homem, mas de um homem que está contribuindo para que Atenas se torne escrava de um rei estrangeiro.

A única posição importante no novo Estado cujo mandato não era limitado pelo tempo e cujo ocupante não era nomeado por meio de sorteio era a de general. Dez generais eram nomeados a cada ano, e na década de 470 eles passaram a incluir os comandantes das forças militares. Péricles foi nomeado general por muitos anos consecutivos, e tinha tanta autoridade que o historiador Tucídides, sempre muito cínico, descreve seu mandato como um "governo de um homem, *de facto*, mesmo sendo chamado de democracia". Entretanto, mesmo os generais estavam diretamente submetidos à autoridade da Assembléia. Depois da batalha de Arginusos, em 406, quando os atenienses derrotados não foram capazes de recuperar os corpos de seus mortos, os generais foram sentenciados à morte pela Assembléia. Não é por acaso, porém, que o próprio Péricles é de uma das mais aristocráticas famílias de Atenas. A posição de general permaneceu o único cargo político por meio do qual a elite podia alcançar o cobiçado pináculo de prestígio e autoridade dentro do novo sistema democrático.

[FIG.34] *Um* **ostrakon**

Às instituições, os festivais e os rituais dessa nova constituição continuaram a se desenvolver ao longo dos séculos seguintes, mas a estrutura fundamental foi delineada por Cleistenes. Foi um extraordinário e incomparável empreendimento de raciocínio estrutural e um ato espantoso de determinação e imaginação política. Pela primeira vez, o povo de um Estado estava comprometido com a autodeterminação, com a autonomia e a responsabilidade para tomar decisões – a tarefa de governar. Cleistenes estabeleceu os princípios estruturais por meio dos quais a democracia ainda funciona: cidadania baseada em afiliações locais e nacionais, instituições administradas por e para os cidadãos, estruturas de poder combinadas e responsáveis, num sistema de controle mútuo das repartições governamentais. Mesmo em um ambiente político moderno, corrupto e cínico, isso permanece uma idéia, e um ideal, com poder para inspirar e maravilhar.

3 *O bom cidadão*

Essa organização institucional fornecia uma estrutura para o governo, mas os princípios e as atitudes necessárias para fazê-la funcionar também tinham de ser desenvolvidos. Os atenienses precisavam se imaginar como cidadãos democráticos. A experiência de viver em uma democracia significava a fabricação e a manutenção de laços para unir diversas pessoas, e seus diferentes interesses, em uma comunidade. Para cidadãos modernos, a descoberta da política ateniense produz uma instigante percepção das diferenças, assim como das semelhanças, entre as motivações políticas da Antigüidade e o potente espírito que rege a democracia moderna.

O primeiro e mais básico conceito que unia os atenienses era a própria idéia de cidadania. Em uma democracia, um homem não é súdito de um rei ou um lorde, mas é um cidadão do Estado. A cidadania trouxe muitos benefícios – os festivais comemorativos, o status de pertencer a uma cidade que rapidamente se tornou líder do Mediterrâneo, os frutos financeiros das políticas imperiais de Atenas. A lei definia quem estava autorizado a ser um cidadão, e os atenienses preocupavam-se freqüentemente com essas definições. Disputados julgamentos sobre casos de cidadania contestada revelam o conflito e a ansiedade atenienses sobre quem tinha o direito a esse título (sobretudo com o desenvolvimento e o crescimento de Atenas). Entretanto, é o senso de si mesmo projetado pela idéia de cidadania que fornece o contraste mais evidente com as democracias modernas. "Participação" era o lema. O cidadão ateniense deveria freqüentar a Assembléia, trabalhar no Conselho em algum momento, trabalhar como jurado ocasionalmente, votar, trabalhar na *deme*, participar de festivais e lutar no Exército ou na Marinha do Estado. As democracias modernas discursam obsessivamente sobre direitos. A democracia da Antigüidade concebia a cidadania mais como uma questão de tarefas e atividades.

No célebre relato que Tucídides faz do discurso de Péricles aos cidadãos reunidos, o líder da cidade declara: "Não dizemos que um homem que não se interessa por política preocupa-se apenas com os próprios negócios; dizemos que ele não tem absolutamente nenhum negócio a fazer aqui." Na democracia, não ser engajado significa ser "inútil". A palavra mais comum para descrever um cidadão particular é *idiôtes*, da qual se origina a palavra inglesa *idiot*, um idiota que vive em seu próprio mundo. Sem dúvida, o cidadão menos favorecido, que tinha menos tempo de lazer ou que vivia em um povoado distante, podia participar com menor freqüência dos encontros na cidade que os homens que viviam no centro urbano – a Assembléia se reunia 40 vezes ao ano. E certamente existiam cidadãos que, conscientemente, optavam por um engajamento mínimo com os aspectos mais confusos e que consumiam mais tempo no processo político. Mesmo assim, é surpreendente o fato de que entre um quinto e um décimo de todos os cidadãos serviria no Conselho em cada década. Nas muitas cortes, eram freqüentes os processos que requeriam extensas bancas de jurados. Atenas tinha mais festivais que qualquer outro Estado grego. A oportunidade de que os homens que poderiam ser convocados para batalha discutissem os assuntos de guerra podia dominar os trabalhos da Assembléia. Todo cidadão poderia estar direta e individualmente envolvido no processo de aprovação de leis, determinação de orçamentos, tomada de decisões políticas estatais e declaração de guerra.

Este último elemento é particularmente importante. Durante todo o século V a.C., os atenienses estavam em guerra. As Guerras Persas culminaram nas grandes batalhas de Maratona, Salamina e Platéia, na qual os invasores persas foram derrotados. Na campanha que continuou pelos 30 anos seguintes, Atenas estava engajada em expedições tão distantes quanto o Egito; e eles também permaneceram, por mais de 25 anos, em um contínuo combate contra os habitantes de Esparta na Guerra do Peloponeso. Durante todo esse período, Atenas não possuía quase nenhuma força mercenária; ela tinha mobilizado uma tropa de cidadãos e uma Marinha (embora às vezes fossem contratados remadores para a frota). De fato, ser um cidadão significava lutar pelo Estado, e estar preparado para morrer por ele. "Lutar pela democracia" era um compromisso pessoal de todos os cidadãos. Não havia uma tropa composta majoritariamente por membros da classe mais baixa ou por soldados profissionais; não havia uma convocação de jovens rapazes descontentes, enviados por um Conselho superior para lutar no estrangeiro. Como sintetiza mais uma vez o Péricles de Tucídides: "Cada um de nós está disposto a lutar e a morrer."

Quando os atenienses votavam pela guerra na Assembléia, votavam por sua própria participação, e pela participação de seus próprios filhos. Portanto, é extremamente revelador que os atenienses votassem que a cidade entrasse em guerra em quase todos os anos do século V (não existiram dois anos consecutivos sem batalhas). A guerra era a norma para os cidadãos de Atenas. Era uma maneira crucial por meio da qual os cidadãos participavam e eram avaliados como cidadãos. Quando Platão enfatiza quão nobre e corajoso era Sócrates como soldado, está respondendo a esse ideal militar. As modernas obsessões políticas – a convocação, o serviço nacional, se as pessoas querem ou não a guerra – são irrelevantes para a democracia ateniense: a guerra é uma atividade compartilhada e necessária para todos os cidadãos, e, portanto, é matéria votada por eles.

Em Atenas, a democracia direta requer participação e uma relação direta entre o processo de decisão e a ação. Isso não poderia ser mais distante da estrutura da democracia representativa atual na Europa e nos Estados Unidos. Mesmo na esfera local – a *deme*, por assim dizer – um eleitorado moderno elege um governo para tomar decisões em seu nome, e para muitos cidadãos – a maioria – é este o limite do engajamento político. As decisões são freqüentemente tomadas sem referência àqueles que mais são afetados. Por causa das políticas partidárias – algo totalmente ausente da democracia antiga –, as eleições são geralmente travadas com base em listas de plataformas políticas, com referência a assuntos de âmbito nacional e internacional. É muito difícil para um eleitor usar o voto para indicar apoio a um aspecto do programa do partido enquanto rejeita outro. Propostas ou leis individuais podem, ainda que raramente, ser votadas por referendo – mas mesmo nesse caso existem poucos foros para estimular o debate público, embora haja oportunidades para que as opiniões circulem. De fato, poderia-se dizer que nada assusta mais as modernas democracias do que a possibilidade da participação popular.

Essa notável diferença entre o que os atenienses clássicos e o Ocidente moderno entendem por democracia pode ser explicada de várias maneiras – do tamanho das populações atuais à história do desenvolvimento das democracias modernas. Para a sociedade moderna, é impossível retornar às instituições do estilo de Atenas. Mas a diferença também depende de uma fundamental disjunção sobre como é compreendido o "sujeito democrático". "Sujeito democrático" significa uma pessoa que compreende o sistema democrático, ou o conceito de pessoa que é pressuposto por esse sistema. Péricles, na famosa descrição do idealismo da democracia feita por Tucídides, declara: "Nós atenienses, em nossas próprias pessoas, tomamos nossas decisões." Aristóteles define o conceito básico de cidadão como a pessoa "que tem o direito de participar nos processos de decisão e de autoridade". Essas definições têm implicações abrangentes. Para a democracia ateniense, isso significa que qualquer decisão é mais bem atingida por meio do voto coletivo, e que a soma de todos os indivíduos resultará em uma decisão não somente obrigatória, mas que é a melhor solução possível. Os membros da Assembléia decidirão diretamente sobre assuntos de política externa ou econômicos, assim como os jurados farão uma avaliação das reivindicações concorrentes de acusação e defesa na corte.

Em uma democracia representativa moderna, os cidadãos devem geralmente escolher entre aqueles que deverão tomar decisões por eles. Um governante (senador, membro do Parlamento, membro do Congresso, membro da Assembléia Nacional, e assim por diante) é eleito, e avalia os fatos para então tomar uma decisão. Enquanto a democracia clássica se origina na suposição da igualdade da cidadania, a democracia moderna se baseia na hipótese de que alguns indivíduos devem ser melhores do que a maioria em termos de raciocínio político, e que o processo político deve separar esses tomadores de decisão da grande massa e investi-los de autoridade. O cidadão responsável da democracia moderna *não* deveria se envolver nem nos processos de decisão nem na elaboração de programas políticos. O compromisso entre o povo e o "funcionário do povo" é estruturalmente limitado. Isso diz algo extremamente importante sobre o que a sociedade moderna pensa acerca do papel do cidadão no governo.

Os atenienses levavam a um grau extremo seu compromisso com a igualdade dos cidadãos, de uma maneira que pode parecer bastante desconcertante para a sociedade moderna. O princípio de nomear oficiais por sorte – ou seja, por uma seleção aleatória – tornou-se a norma para todas as principais posições, com exceção da de general, no século IV a.C. O pressuposto é que todo e qualquer cidadão é capaz de cumprir as obrigações da autoridade democrática – de julgar com habilidade. A seleção aleatória constituiu o procedimento mais justo precisamente porque todos os cidadãos são capazes. Para algumas posições, uma lista de candidatos elegíveis era preparada (o que proporcionava alguma regulamentação: por exemplo, para a nomeação de arcontes, depois do ano 486, listas de 500 homens eram previamente eleitas pelas *demes*), e para posições como membro do Conselho, uma restrição de idade controlava ainda mais o processo de seleção. A eleição de generais, a mais importante posição política e militar, também demonstra que para algumas tarefas, como liderar o Exército na guerra, acreditava-se que era necessário investir de autoridade alguns poucos homens, muito bem escolhidos. De qualquer modo, a confiança na sorte como método de seleção para posições administrativas de autoridade aterrorizaria qualquer organização moderna.

Esse procedimento era utilizado com orgulho em todas as esferas da vida. Ele pode ser observado em toda a sua excentricidade gloriosa em uma das mais celebradas instituições da democracia, a competição teatral, um lugar onde o mundo moderno menos esperaria encontrá-lo. Havia grande quantidade de capital simbólico investida nesse evento. O homem que financiava cada produção investia não apenas dinheiro, mas status. Os dramaturgos e os atores também competiam – e ganhar era importante. Toda a competição, como qualquer disputa, podia também causar considerável exaltação entre os espectadores. Tudo isso põe uma ênfase considerável na tarefa de julgar.

Antes do festival, o Conselho formulava listas de cidadãos selecionados de cada uma das dez tribos. Não sabemos de nenhuma qualificação especial. Essas listas eram lacradas em dez urnas e mantidas na tesouraria da Acrópole, o lugar mais seguro da cidade. No começo da competição, as urnas eram abertas, e o arconte escolhia um nome de cada uma delas, aleatoriamente, para formar uma junta de dez juízes. No fim da competição, cada juiz escrevia sua ordem de preferência em uma tabuleta. Cada tabuleta era então colocada em outra urna, e o arconte escolhia cinco delas aleatoriamente. Elas determinavam o campeão. Em cada estágio, onde poderíamos esperar que o julgamento crítico, o discernimento artístico e intelectual ou a experiência teatral fossem critérios relevantes para os juízes e suas decisões, o sistema funciona para tornar o resultado aleatório. Ele declara, à maneira de Péricles, que cada ateniense é capaz de produzir um julgamento.

O *pinakion* ilustrado na figura 35 é o cartão que um possível jurado utilizaria quando ingressasse no processo de seleção para comparecer à corte. Nes-

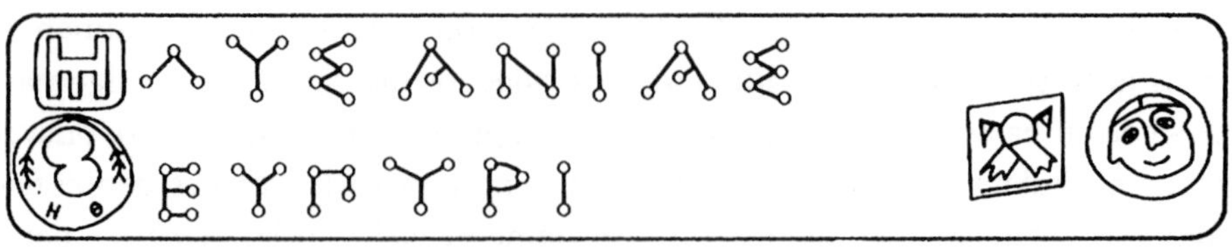

[FIG.35] *Um* **pinakion**

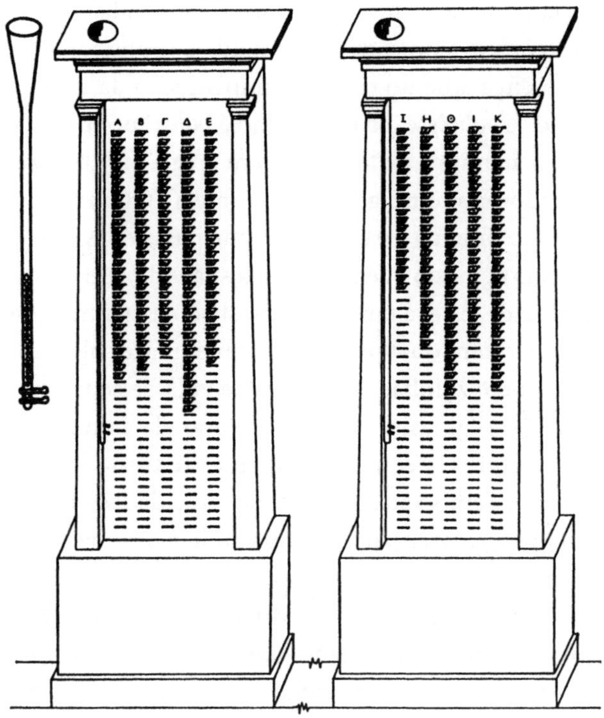

[FIG.36] *Um* kleroterion*, máquina de seleção aleatória*

se cartão encontra-se o nome de um homem, Lisânias, e se especifica sua *deme*, Eupuri. Os quatro símbolos provavelmente indicam sua elegibilidade para as quatro possíveis posições, incluindo a de jurado. Essa pequena tabuleta (tem 11 por dois centímetros) seria colocada na máquina de seleção aleatória (*kleroterion*), um par de pilares com dez aberturas verticais que, por meio de um complexo sistema de bolas pretas e brancas, possibilitava a seleção aleatória de algumas das pequenas tabuletas e a rejeição de outras. A figura 36 mostra a representação do que foi a mais alta tecnologia de votação democrática, baseada no princípio de que cada cidadão pode e deve ser jurado nas cortes. A máquina escolhia aleatoriamente os cidadãos e as cortes às quais eles compareceriam.

Na democracia clássica, o sujeito democrático recebia um extraordinário grau de responsabilidade e de exigência de participação. A única coisa que valia a pena ser em uma democracia era cidadão, e a vida de um cidadão era definida e avaliada por sua participação na administração da cidade. Não havia aspecto da vida de um cidadão que não tivesse alguma relação com os interesses da cidade, e esta fazia parte de todos os aspectos de sua vida. Conseqüentemente, a "política" não significava uma área delimitada e profissional de atividade do Estado, mas sim o engajamento com a administração da vida de uma cidade: em grego, "cidadão" é *politês*, e cidade-Estado é *polis*; "política" é o que o *politês* faz na *polis*. Não faz nenhum sentido dizer em grego "minha vida privada cabe só a mim e o Estado não tem nada a ver com ela". Quando o cidadão estava exposto ao escrutínio público – e especialmente nas arenas da corte, na Assembléia, no mercado, no ginásio –, então toda a sua vida, toda a sua participação nos negócios da cidade, estava também exposta ao escrutínio. Os homens que debatem na corte não têm qualquer escrúpulo em fazer alegações sexuais uns contra os outros, ou em zombar dos estilos de vida de seus parentes. Se a pessoa freqüenta ou não o ginásio, a maneira como ela caminha, como se veste ou corta o cabelo, o que ela come e bebe, tudo se torna um sinal do tipo de ateniense que ela é. A democracia faz de todos os cidadãos figuras públicas.

Conseqüentemente, fazer parte de uma audiência – na corte, no teatro, na Assembléia, no ginásio – não é ser um espectador passivo, mas desempenhar o papel de um cidadão que julga e avalia. Modestas remunerações diárias, pagas pelo Estado, possibilitavam até mesmo que o cidadão mais humilde pudesse desempenhar as obrigações de um cidadão: o ideal é que ninguém deva ser impedido de participar por problemas financeiros. Tão forte era esse senso da importância do julgamento que o grande orador Demóstenes podia zombar de seu oponente Ésquines com uma esplêndida seqüência de insultos, cada um enfatizando quão Demóstenes era um bom cidadão e quanto Ésquines não o era: "Você conduziu a iniciação, mas eu fui o iniciado; você era o escrivão, mas eu fiz o discurso na Assembléia; você era o terceiro ator, mas eu era a audiência." Em cada caso, Ésquines é descrito como subordinado, e não como indivíduo que se comporta como um verdadeiro homem – um escrivão, um assistente em um rito religioso e um ator. Para Demóstenes, não é atuando em um palco, mas estando na platéia do teatro que o cidadão desempenha seu papel.

Aristóteles, um filósofo que com freqüência toma uma idéia cuidadosamente articulada e amplamente difundida como seu ponto inicial, capta esse senso de como a cidade, como vida política extremamente abrangente, define o cidadão. Em *Política*, seu imensamente influente estudo teórico sobre sistemas políticos, ele oferece como princípio básico uma afirmação que pode de início parecer completamente contra-intuitiva: "Por natureza, a cidade vem antes dos lares e de cada um de nós individualmente." Aristóteles sabe bem que qualquer relato histórico usual do desenvolvimento da cidade começaria com indivíduos em seus lares, e se deslocaria em direção a uma coletividade de lares que acaba por tornar-se uma cidade reconhecível. Mas Aristóteles tem como objetivo uma espécie diferente de explicação. Para ele, tudo tem um potencial que, quando atingido, preenche a finalidade daquela coisa. É somente quando um potencial é atingido que um objeto alcança seu *telos*, ou sua forma final aperfeiçoada. Por isso uma bolota tem o potencial para se tornar um carvalho. O carvalho é a forma final, aperfeiçoada, da bolota. É para o que uma bolota é feita. Uma bolota enquanto é ainda uma bolota, ou se permanece assim, não alcança seu potencial. A forma final, aperfeiçoada, é o que dá sentido ao objeto em transição, e é sempre logicamente anterior a ele. Você precisa do carvalho para entender o que é a bolota e qual é seu potencial. Para Aristóteles, portanto, a galinha vem logicamente antes do ovo.

Da mesma maneira, a cidade concede significado aos lares e aos indivíduos. É somente quando os homens vivem juntos como cidadãos, em uma cidade, que eles atingem sua forma aperfeiçoada e realizada. Aristóteles sintetiza seu ideal na famosa máxima "o homem é um animal político". Ele quer dizer que o homem é inerentemente, e propriamente, uma criatura que vive em uma *polis* – uma cidade-Estado – e é conseqüentemente *político*. Para Aristóteles, um dos maiores teóricos da democracia, o homem não se realiza sem uma vida política.

O contraste com a vida política contemporânea nas democracias ocidentais é mais do que evidente. Apesar do mantra "governo do povo, para o povo, pelo povo", ou da tradição britânica de serviço ao rei e à nação, o compromisso ideológico moderno com a santidade da vida privada produz uma tensão freqüentemente agressiva entre a autoridade do governo e o cidadão: "O lar do inglês é o seu castelo." Essa perspectiva tomou seu mais extremo e insano formato quando Timothy McVeigh explodiu os prédios do governo em Oklahoma para protestar contra o controle invasivo da vida privada do indivíduo. Essa tesão é equiparada à falta de participação dos cidadãos no governo – inclusive em termos de votação. Muitos norte-americanos não estão registrados para votar ou não votam, e a baixa participação sobretudo em eleições locais na Grã-Bretanha significa que quase nenhuma administração local e poucos governos nacionais possuem o apoio de pelo menos 50% do eleitorado. A ação política coletiva é posta em evidência principalmente na forma de grupos de pressão, como os sindicatos, os fazendeiros, os estudantes – salvo nos surpreendentes e inesperados movimentos revolucionários do tipo que derrubou o Muro de Berlim, em que os manifestantes na rua podiam cantar "*Nós* somos o povo". Entre a democracia clássica e a moderna, a noção do que constitui o cidadão responsável parece radicalmente diferente.

Apesar dessa diferença, existem princípios básicos que unem os cidadãos responsáveis da democracia moderna e da clássica em algo que mais se parece com um projeto compartilhado. O primeiro deles é a liberdade de expressão. Aqui existem duas idéias relacionadas, que ficam mais claras em grego. Uma delas é *parrhêsia*, que significa "liberdade de expressão" ou "francamente falando", uma noção que resume abertura, espírito de troca e falta de restrição violenta. Qualquer cidadão pode se dirigir a outro. A segunda é *isêgoria*, que significa "igualdade de expressão pública". Todo cidadão tem o mesmo direito de ser escutado nos fóruns democráticos de debate. Qualquer cidadão pode falar em qualquer evento político. A Assembléia sempre começou com a proclamação profundamente simbólica do mensageiro: "Quem deseja falar?" Não existe uma ordem preestabelecida ou uma hierarquia na Assembléia: em princípio, qualquer cidadão pode oferecer seu parecer (mesmo se na prática isso tenha se tornado mais restrito). *Isêgoria* é um valor político minuciosamente definido, ao passo que *parrhêsia* abrange qualquer forma de troca social.

Na imaginação democrática, o oposto dessas garantias de livre expressão é o mundo do tirano, onde o subordinado é forçado a bajular e onde a paranóia, em vez da abertura, perverte as trocas em segredo e intriga. Na peça de Eurípides *As fenícias*, o filho de Édipo, Polinice, identifica a pior dificuldade de ser um exilado como "a falta de livre expressão" (*parrhêsia*). Sua mãe concorda imediatamente: "Isso", ela declara, "é a marca do escravo." Um cidadão é definido pela livre expressão, e, sem ela, ele poderia ser de fato um escravo. A livre expressão (*isêgoria*), explica Heródoto, torna os soldados da democracia mais fortes que os soldados do sistema despótico, o que explica por que os gregos derrotaram os persas e permaneceram homens livres, não escravos.

"Igualdade perante a lei" (*isonomia*) é o segundo princípio indestrutível da democracia. As leis precisam ser públicas e publicadas. Cada cidadão é considerado igual perante a lei – e tem direito a um julgamento justo. Uma pessoa precisa ser julgada pela lei e de acordo com ela. Esse é o princípio sobre o qual se gabava a canção ateniense a respeito dos tiranicidas: eles eram heróis porque "trouxeram igualdade perante a lei a Atenas". O perigo do tirano é que ele governa de acordo com seus próprios caprichos.

Esse amor pela lei é observado por toda Atenas. Em sua comédia *As vespas*, Aristófanes zomba dos cidadãos atenienses que adoravam ser jurados para ferir seus compatriotas na corte. Como os norte-americanos, os atenienses podiam zombar de si mesmos, alegremente, por estarem sempre entrando e saindo de julgamentos. Entretanto, talvez a mais comovente declaração desse poder da lei venha de um não-ateniense, Heródoto, escrevendo sobre não-atenienses. Xerxes, rei da Pérsia, invadiu a Grécia – e está prestes a encontrar os espartanos em Termópilas. Ele não pode acreditar que tão poucos homens de Esparta decidam enfrentar um exército tão numeroso. Ele questiona Demarato, um espartano que o acompanha na viagem. Se houvesse um rei supremo que os forçasse a obedecer, faria sentido que eles agissem daquela maneira suicida, mas por que homens livres – como os cidadãos de Esparta vangloriam-se de ser – agiriam assim? Isso é incompreensível. Demarato é cauteloso em sua resposta. Ele pergunta cuidadosamente se pode dizer a verdade, mesmo se ela for desagradável, sem ter de sofrer a ira do rei. Esse é o inevitável nervosismo que surge frente ao poder absoluto, ao invés da livre expressão existente no sistema legal. A tensão age como uma introdução significativa à resposta. Eis o clímax:

> Os cidadãos de Esparta que combatem em grupo são os melhores soldados do mundo. Eles são livres, verdade, mas não inteiramente livres. Porque têm um senhor, e esse senhor é a Lei, a quem eles temem muito mais que seus súditos temem a você. O que quer que seja que esse senhor comande, eles o fazem. E seu comando nunca varia.

Os espartanos eram famosos na Grécia pelo rigor de seu sistema social e pela absoluta submissão a suas leis imutáveis. Os atenienses eram – constrangidamente – mais voláteis e dispostos a propor novas leis na busca constante da melhor resposta para a questão do "se". Mas Heródoto sabe que o respeito à lei é parte essencial da natureza e da cidadania gregas – uma bandeira sob a qual seus leitores marcham. Essa submissão à lei explica exatamente por que Sócrates, na prisão e esperando a morte, declara sua recusa em escapar: "As leis são a mãe e o pai do cidadão", ele diz, e mesmo quando condenado por elas, seria totalmente errado contrariá-las. Heródoto, em um lance brilhante, faz com que o rei persa responda com uma alegre risada ao elogio do compromisso grego com a lei feito por Demarato – antes de marchar com seus homens em direção a desastrosas perdas contra os corajosos cidadãos de Esparta. A risada inconseqüente de Xerxes é um grande símbolo da incompreensão do bárbaro rei, sua negação de tudo o que significa um compromisso com a lei.

Depois que Xerxes foi derrotado em Salamina, ele retornou a Susa, capital do império persa. Ésquilo descreveu esse amargo retorno em sua tragédia *Os persas*, uma peça que celebra tanto o triunfo dos valores democráticos atenienses sobre os valores do Oriente bárbaro quanto a vitória militar. A mãe de Xerxes, a rainha Atossa, antecipa a chegada do filho de maneira fascinante:

> Se meu filho triunfar, será objeto de admiração.
> Mas se ele for derrotado, não tem de se explicar perante a cidade.
> Supondo que ele sobreviva, governará a nação de qualquer maneira.

Essas linhas demonstram claramente como a derrota de Xerxes – encenada no palco em Atenas – tem de ser vista no contexto ideológico da democracia. Pede-se à platéia que reflita sobre como o rei não tem de se explicar perante a cidade.

Responsabilidade é o terceiro grande princípio da autoridade democrática. Todo homem e todo oficial devem se responsabilizar pela cidade – pela coletividade de cidadãos. Isso significa que cada homem é responsável por seu voto e por suas ações, e que ele pode ser responsabilizado. Entretanto, mais distintamente, a responsabilidade significa que cada pessoa em uma posição de autoridade é responsável pelo povo, e é por ele responsabilizada. Diferentemente do Grande Rei, responsável por ninguém, em Atenas se exigia que todo oficial, no fim do mandato, prestasse contas (*euthunai*) – um histórico de seu desempenho, aberto ao escrutínio. Para o democrata ateniense, a responsabilidade era o controle essencial da autoridade.

O bom cidadão da democracia ateniense é um homem responsável, que deve explicações, fala livremente e obedece às leis. O privilégio da cidadania dependia também de rigorosas exclusões. Mulheres e escravos (assim como crianças) não eram somente proibidos de votar, mas também não podiam freqüentar a Assembléia, o Conselho ou, ainda mais surpreendentemente, a corte de justiça. Uma mulher, mesmo quando estava sendo processada, não podia aparecer pessoalmente na corte, e um escravo só podia fornecer provas aceitáveis depois de ser fisicamente torturado. Presumia-se que um escravo seguiria o comando de seu senhor ou que, de qualquer maneira, não seria confiável, a menos que a intensa dor da tortura tivesse testado sua capacidade de dizer a verdade. Aristóteles não tinha nenhum escrúpulo ao declarar que algumas raças eram naturalmente servis, e em afirmar que uma mulher era um homem deformado. Uma mulher não podia ser cidadã em Atenas. Se os homens se orgulhavam de ser chamados de "cidadãos de Atenas", as mulheres eram geralmente chamadas de "mulheres da Ática": elas nem mesmo mereciam o nome "ateniense". Não somente os estrangeiros eram excluídos da cidadania, mas a maioria da população adulta. É muito mais fácil promover a igualdade da cidadania quando esta é restrita a um grupo relativamente homogêneo e seleto.

As democracias modernas ocidentais se orgulham – corretamente – de suas conquistas em conceder direitos políticos a grande parte da sociedade, e de ter abolido a escravatura. O movimento em direção ao "voto universal" foi, certamente, uma longa e contestada progressão. A Lei de Reforma de 1867 na Grã-Bretanha permitiu aos chefes de família do sexo masculino votar pela primeira vez – um enorme incremento do eleitorado e uma mudança radical em sua natureza. A lei foi vista por muitos como um terrível passo em direção à barbárie incontrolável da cultura norte-americana, em uma linguagem que hoje parece chocante. "Para a Inglaterra", escreveu a condessa de Derby, "tomar um passo em direção à democracia parece para mim a mais estranha e maluca proposição jamais mencionada pelo homem." Robert Lowe, o ministro da Educação, lutou fervorosamente contra a proposta, encerrando assim um famoso discurso no Parlamento:

> Certamente o trabalho heróico de tantos séculos, as realizações incomparáveis de tantas cabeças sábias e de tantas poderosas mãos merecem uma consumação mais nobre que o sacrifício no santuário da paixão revolucionária ou no entusiasmo sentimentalista da humanidade... A história poderá falar sobre outros atos tão desastrosos, mas nenhum tão libertino, nenhum tão desgraçado.

A luta contra a democracia foi conduzida como uma tarefa heróica e nobre – e condenada à derrota, como se veria. A democracia se tornou um termo incontestável da linguagem política moderna.

Mas mesmo Robert Lowe e a condessa de Derby não poderiam imaginar que as mulheres algum dia seriam incluídas no privilégio. Apesar dos famosos protestos das sufragistas, como a sra. Pankhurst, na Inglaterra o voto não foi concedido às mulheres até 1922, mais de 50 anos após ter sido concedido aos homens comuns. Se, como argumentou Hegel, uma mulher não era capaz de exercer julgamento moral, ou se, como sugeriram analistas menos filosóficos, ela sempre votaria de acordo com as ordens de seu marido, por que deveria ser-lhe concedido o direito a voto? O argumento de que era ridículo preferir a opinião de um homem bêbado e condenável ao julgamento de uma mulher inteligente e bem informada não convencia muito. A facilidade com que analistas políticos modernos sugerem que o "voto feminino" mudou a eleição em favor de Bill Clinton, por exemplo, devido à sua atratividade física ou o seu charme, constitui um eco não muito distante dos argumentos misóginos que impediam a mulher de votar. Descartar o voto feminino como não totalmente responsável politicamente demonstra um desdém que o sufrágio da mulher não foi capaz de impedir.

Entretanto, na sociedade contemporânea a identidade nacional ou cultural domina a discussão da cidadania. O que significa ser britânico (norte-americano, francês...)? Assim, quando a cidadania aparece como assunto em discussões contemporâneas, ela geralmente introduz, de um lado, um debate sobre o "conhecimento", e do outro, sobre a "lealdade". O que você precisa saber para ser um cidadão britânico? Você tem de falar inglês? Tem de conhecer a história inglesa ou britânica? Existem valores sociais e morais necessários sem os quais você não pode ser verdadeiramente inglês? É possível conceber uma lista de questões que testasse o grau de "britanismo" para a cidadania? Ou, se você é um cidadão britânico que é também oriundo de outra cultura, isso de alguma maneira ameaça a cidadania, ou o senso de "pertencimento"? "Para quem você torce em uma competição esportiva internacional?", foi como um importante político britânico notoriamente expôs a questão. Encontrar um cidadão norte-americano lutando ao lado de forças islâmicas no Afeganistão demonstrou essa dificuldade ainda mais claramente.

A falta de um argumento claro ou de um debate público sobre identidade nacional e cultural ressalta uma lacuna na compreensão política contemporânea que parece destinada a permanecer uma fonte de intensa desconfiança e tensão na democracia ocidental. É também uma área de máxima disjunção entre as idéias modernas sobre a cidadania e aquelas da Atenas clássica. Para um ateniense clássico, a idéia de que uma mulher que não falasse a língua do Estado, não venerasse os deuses do Estado e possuísse alianças políticas com outro Estado devesse ser automaticamente uma cidadã do Estado com direito a voto seria a mais louca fantasia cômica ou trágica.

No Ocidente moderno, a democracia como forma de governo é claramente distinta do modelo clássico. O panorama histórico revela não meras diferenças superficiais, ou diferenças que provenham do tamanho ou dos avanços tecnológicos dos Estados modernos: revela como a concepção de cidadão é fundamentalmente distinta. O Estado moderno está certo em se sentir orgulhoso de ter abolido a escravatura, de sua determinação em atingir o voto universal e de seu nível de tolerância cultural (mesmo se o debate atual sobre identidade nacional demonstra que uma discussão muito mais séria sobre as categorias centrais do senso de "pertencimento" será necessária em uma era de crescente multiculturalismo e globalização). Esse orgulho encontra suas raízes em um sentido de ser humano que não é compartilhado pela política clássica – onde, paradigmaticamente, Aristóteles está muito à vontade em considerar escravos e mulheres como natural e inerentemente incapazes de desempenhar o papel democrático de cidadão.

Contudo, apesar da aparente continuidade dos princípios da livre expressão, da igualdade perante a lei e da responsabilidade das autoridades do governo, não se espera nem se requer do cidadão moderno que ele se envolva inteiramente com o processo político, e ele é radicalmente afastado dos processos de decisão governamentais. A autonomia de julgamento celebrada por Péricles foi substituída por um processo eleitoral que escolhe os tomadores de decisão. Para um ateniense, "o governo do povo, para o povo, pelo povo" soaria como a mais vazia retórica quando comparada com a prática da democracia norte-americana. Uma Casa de Lordes hereditária e sem obrigação de prestar contas, como na Inglaterra, para não mencionar um monarca com poder de veto, seria ainda mais difícil de aceitar, seja em teoria ou na prática.

De onde vem esse esvaziamento do poder do povo? Como deveria ele ser entendido? Essas questões só podem ser respondidas se nos dirigirmos aos críticos da democracia. Até agora este capítulo discutiu principalmente como a democracia descreve a si mesma, e assim, inevitavelmente, passamos por cima de algumas das contradições, dos paradoxos, e das dificuldades tanto de sua teoria como de sua prática. Democratas, como a maioria dos políticos, acham fácil ver seus próprios lados bons. Desde os primórdios, entretanto, existiram críticos mais que dispostos a expor esses problemas. A forma da democracia moderna é mais bem explicada como a paradoxal absorção, na prática, das mais selvagens críticas à democracia, por seus oponentes. É dessa estranha mistura histórica que se origina grande parte da atual insatisfação com a política contemporânea ocidental.

4 *Os críticos da democracia – especialistas e educação*

Platão é o mais influente crítico da democracia na história do Ocidente. Ele viveu em Atenas durante o florescer desse sistema, no século IX a.C. Quando jovem, presenciou um sangrento e rápido golpe de Estado, no qual seu tio foi um dos principais membros do grupo de usurpadores logo chamados de Os Trinta Tiranos. Ele viu seu professor e ídolo Sócrates ser sentenciado à morte por uma corte democrática, e grande parte de seus escritos pode ser vista como uma resposta à profunda raiva, e ao profundo desespero, que esse acontecimento despertou nele. *A República* de Platão é o resumo de sua filosofia política, um enorme diálogo em que os personagens de Sócrates e seus amigos delineiam um projeto para a sociedade perfeita. As críticas que Platão colocou na boca de Sócrates, nesse e em outros diálogos, têm dominado o pensamento ocidental desde então. Conseqüentemente, as opiniões de Platão influenciaram o formato da democracia moderna. Mas elas foram também úteis na formação do Estado fascista de Hitler e do comunismo da União Soviética. Platão tem muito a explicar.

A primeira e mais duradoura crítica que Platão faz é enganosamente simples, e seu efeito sobre a democracia moderna é devastador. O argumento é posto de maneira muito sedutora em uma série de diálogos entre Sócrates e os cidadãos que ele encontra. "Se você quer conselhos sobre como fazer sapatos", Sócrates pergunta, "quem você procuraria para lhe aconselhar?" "Um sapateiro", é a resposta. Os riscos aumentam gradualmente. "Se você quer conselhos sobre quem toca bem música", continua Sócrates, "você perguntaria a alguém que é especialista em tocar instrumentos musicais?" "Claro", concorda o interlocutor. "Se você quer saber quem é bom em matemática, você perguntaria a um matemático?" "Certamente." E assim por diante, até a questão-chave. "Se você quer um conselho sobre política, você o pediria a um sapateiro ou a um músico, ou a um especialista em política?" Acuado, de uma maneira ou de outra, com hesitações, exemplos contrários e persuasão contínua, concorda-se que em cada esfera de habilidade existe um especialista que é melhor em sua área. Quem, então, é o especialista em política? Certamente não os sapateiros, ou os outros que compõem o povo.

As implicações desse argumento para a democracia são implacavelmente exploradas na *República*. Em um Estado ideal, a classe governante será de filósofos-reis, homens selecionados e treinados especialmente e preparados de maneira exemplar para a tarefa de governar. Um programa educativo exaustivamente detalhado produzirá os homens mais indicados para governar, e é a eles que se deve confiar o governo. As mulheres – pelo menos teoricamente – poderiam ser incluídas nessa classe de elite. A classe militar será composta dos homens mais adequados e bem treinados para defender o Estado. Os outros – os trabalhadores, os produtores, os homens e as mulheres do povo – viverão felizes na perfeita e estável cidade, iludidos pela Nobre Mentira, os mitos conscientemente espalhados pelos filósofos-reis para explicar por que o Estado é como é.

A primeira crítica de Platão, portanto, é a asserção de que os especialistas devem atuar em suas áreas de especialidade. O povo não foi educado para governar, e não se pode esperar que ele faça julgamentos apropriados ou que avalie argumentos complexos. Quando a democracia coloca a autoridade para tomar decisões nas mãos do povo, é o mesmo que pedir conselhos sobre música a um sapateiro, ou a um músico sobre como montar a cavalo.

Durante o debate democrático do século XIX, esse argumento foi explorado de maneira chocante. Robert Lowe forneceu o slogan para a oposição à Lei de Reforma de 1867. "Será absolutamente necessário", declarou ele, "compelir nossos futuros líderes a se alfabetizarem." A perspicácia desse slogan, citado várias vezes desde então, está em suas complexas camadas de insultos. O ministro da Educação, educado em Oxford, fala como se estivesse meramente discutindo uma questão de política da educação, mas a política é dirigida àqueles a quem ele sarcástica e acidamente chama de "nossos futuros líderes". O homem comum, uma vez que lhe foi concedido o direito de votar, torna-se o líder daqueles instruídos homens de governo. Compeli-los, ele sugere, será necessário porque, é claro, sem coação o processo educativo não se realizará. O homem comum encontra-se tão abaixo do nível até então requerido para "liderar" que terá até mesmo de se "alfabetizar" – adquirir instrução básica. O direito de voto está sendo proposto para os analfabetos, que se tornarão os líderes, completamente ineptos, da elite. O elegante e sarcástico paradoxo de Lowe resume a insanidade que ele acredita que a democracia acarreta.

Lowe foi muito claro sobre o que pensava a respeito dos homens comuns. Ele os repudiava como pessoas "impulsivas, irrefletidas e violentas", cheias de "ignorância", "embriaguez" e "uma facilidade para a intimidação". Não era uma visão que o tornava benquisto junto ao eleitorado. Entretanto, o mesmo argumento, exposto de maneira mais suave, tornou-se um lugar-comum da democracia moderna. Economia, relações internacionais, políticas de educação e de transporte e assim por diante, constituem áreas complexas e complicadas, administradas por profissionais preparados. A esses especialistas se devem confiar as decisões adequadas, em função de sua preparação. Ou, mais comumente, solicita-se a esses peritos que orientem os políticos para que eles possam tomar as decisões. Na democracia moderna, o povo é excluído do processo de decisão governamental, em parte – assim alega o argumento – porque não é competente para tomar as decisões relevantes. A crítica de Platão sobre a democracia tornou-se parte da estrutura da democracia moderna.

Platão não teria dificuldade em indicar a lógica inconsistente da aparente aceitação de suas críticas. Enquanto a preparação técnica é difícil de ser obtida e absolutamente necessária, ela própria precisa ser avaliada por aqueles que governam. São os políticos que decidem quais os especialistas a serem escutados, e são eles também que decidem sobre os programas a serem implementados. Mas que técnicas, que treinamento um político tem? O que ele deve saber? Como o eleitorado compreende e avalia tal habilidade, e como pode exigir que os políticos prestem contas por ela? O sarcástico Platão ou o zombeteiro Aristófanes adorariam dissecar a "preparação" de um político contemporâneo, sobretudo no que diz respeito à ética de governar.

Numa imagem caracteristicamente memorável da *República*, Platão articula uma crítica geral e teórica sobre como os políticos democráticos de fato recebem treinamento para se tornar tomadores de decisões. Ser um político, declara Sócrates, é como ser encarregado de um animal feroz e irracional. O homem lhe oferece comida, observa os ânimos da fera e aprende como acalmá-la ou irritá-la. Ele não sabe diferenciar quais desejos do animal fazem bem ou mal ao próprio bicho, e não pode produzir um relato racional do que está fazendo, embora sua experiência o leve a desenvolver certa familiaridade com a fera. "Aquele homem", conclui Sócrates, balançando a cabeça, "seria um tipo de educador bastante estranho."

A imagem de Platão sugere nitidamente que, em uma democracia, um político não pode estar comprometido simplesmente com a verdade ou com a justiça, mas tem de seguir as vontades de um povo caprichoso e voluntarioso, ou tentar enganá-lo. A "opinião pública", e não o julgamento sensato, torna-se a regra. A habilidade para fazer o que é correto é constantemente acomodada à necessidade de agradar o povo – a fera indomada. A segunda arrasadora crítica de Platão é que na democracia os políticos não lideram, mas seguem os (mal-informados) prazeres do povo.

A política moderna, em especial nas democracias dos Estados Unidos e da Grã-Bretanha, ficou obcecada com questões de apresentação. Embora seja freqüentemente lamentado como o triste colapso da política moderna em relação a um passado mais honesto e mais justo, essa questão já era, como Platão demonstra claramente, um problema muito discutido na cidade clássica. Ela era debatida tanto em um nível filosófico elevado como na dimensão prática da trama política. Existia um treinamento técnico em estratégias de "manipulação de informação" e de "auto-apresentação", que estava à venda por especialistas muito bem remunerados, conhecidos como "sofistas" ou "professores de retórica".

A democracia depende da apresentação de argumentos opostos e de versões concorrentes dos acontecimentos. Todo orador tem como função tentar persuadir uma platéia. A persuasão possui estratégias que podem ser ensinadas e avaliadas. Aqueles que perdem um voto político, ou um caso na corte, provavelmente se considerarão vítimas das habilidades de persuasão do outro. A manipulação da informação é endêmica à democracia: esta é inconcebível sem o reconhecimento do potencial de persuasão, em que o brilhante argumento de um homem pode sempre ser a enganosa interpretação equivocada de outro. Longe de ser um problema moderno, a manipulação da informação é uma preocupação da democracia desde o princípio.

Platão se desesperava com a preocupação dos políticos democráticos com a apresentação, em vez de com a verdade pura. Contudo, o que para Platão era uma crítica sarcástica e mordaz da política democrática tornou-se uma indústria na sociedade moderna, um necessário e formalizado componente do processo político. Todo partido tem seu departamento de relações públicas, sua campanha publicitária, seus manipuladores da mídia – todos avaliados segundo o critério singular da "opinião pública". Mais uma vez, as críticas de Platão foram institucionalizadas no sistema moderno.

Em *A República*, Platão disseca o "sujeito democrático" com um humor mordaz. Ele reconhece que a liberdade e o liberalismo da democracia são atraentes, "como coisas alegres e coloridas são para mulheres e crianças". Mas o democrata, ele argumenta, não vê que existem prazeres benéficos e nocivos: "Ele sacode a cabeça e diz que todos os prazeres são iguais e devem ter o mesmo espaço." Então, um dia é o vinho, mulheres e canções; no dia seguinte, uma dieta da moda. Um dia são os estudos, no outro, os esportes. "Não há ordem nem restrição em sua vida, e ele calcula que sua maneira de viver é agradável, livre e feliz." A liberdade da democracia significa uma falta de controle social e psicológico. Quando "tudo vale", a ordem adequada não pode ser mantida.

É difícil regular os prazeres do cidadão na democracia – na teoria e na prática. Entretanto, a paixão correspondente de Platão pela "ordem e restrição" domina sua teorização política. Para Platão, era Esparta, entre todos os Estados gregos de sua época, que revelava as possibilidades benéficas da ordem social. Ele louvava Esparta repetidamente, e a influência de seu sistema social é evidente por toda a *República*. Para Platão, e muitos outros aristocratas conservadores, Esparta era uma imagem a ser contrastada com o que eles consideravam o caótico liberalismo, que beirava a anarquia, da Atenas democrática.

Esparta era um Estado militar altamente centralizado. Tinha dois reis e um conselho de superiores que os aconselhava e dirigia. Sua classe de elite, os esparciatas, era produzida por meio do mais rigoroso treinamento físico e mental. As crianças que, ao nascer, fossem consideradas de alguma forma inadequadas eram identificadas e, sob o comando do Estado, abandonadas à morte. Depois de uma juventude de exercício contínuo e controle comunitário, os adolescentes de Esparta eram mandados para territórios selvagens, onde deveriam sobreviver por seus próprios meios. Quando se tornavam adultos, ingressavam em uma "brigada", onde comiam, viviam e treinavam juntos. A propriedade e a casa privadas eram estritamente controladas. Os habitantes de Esparta mantinham sob controle uma enorme população de hilotas – um povo vizinho conquistado e escravizado – por meio de violenta repressão. Esse sistema, os espartanos alegavam, tinha sido estabelecido por Licurgo, seu "fazedor de leis", e nele nada deveria ser mudado. Nesse sistema, os espartanos se tornaram a mais famosa e temida unidade de batalha do Mediterrâneo, derrotando Atenas na Guerra do Peloponeso. Não havia a intensidade de criação da nova arte, da literatura e da música que distinguia Atenas, e que Platão queria banir de sua *República*. A sociedade de Esparta não era apenas conservadora. Ela objetivava, em cada estágio, a subordinação do indivíduo ao bem coletivo. A vida de cada cidadão era organizada em benefício do Estado (e, conseqüentemente, de todos) e resistia às adulações do luxo pessoal, da facilidade, do conforto e da mudança, tudo em nome do Estado.

A exaltação que Platão faz de Esparta como a personificação da ordem que ele deseja estabelecer em sua *República* produziu seu mais longo, e mais perturbador, legado crítico para o mundo político moderno. Através do século XVIII, e especialmente no XIX, a batalha entre a democracia ateniense e a ordem de Esparta foi novamente travada por intelectuais europeus, envolvidos como estavam na agitação política do período. O filósofo e político John Stuart Mill demonstra como uma imagem da Grécia tornou-se uma maneira de debater o presente: ele bruscamente declarou que “a batalha de Maratona, como evento na história inglesa, é mais importante que a batalha de Hastings”. Para Mill, existe uma continuidade entre presente e passado que justifica brigar pelo passado em nome da política de hoje. Em um período de revolução, Esparta poderia ser tida como um modelo de estabilidade. Mesmo para Rousseau, ela podia ser celebrada por não ter sofrido a agitação política, o partidarismo e o abrupto distúrbio da vida política ateniense – e, por extensão, da vida política moderna da Europa.

Mas a mania por Esparta alcança seu auge na Alemanha do século XX, onde o pior do potencial de tal compromisso com a ordem se concretizou. Os espartanos eram os dóricos supremos, que haviam vindo do norte. Nos mitos nacionalistas germânicos, os alemães gostavam de se ver como os novos dóricos, e isso fez de Esparta, que parecia personificar o ideal ariano, imediatamente atraente. Nos anos 1930 e 1940, os historiadores germânicos voltaram-se continuamente para o exemplo de Esparta. Os espartanos eram exclusivos, tanto intelectual quanto politicamente – ou seja, estavam livres das influências corruptas do Oriente. Sua constituição dependia da aristocracia militar. Eles estavam ligados à terra e, assistidos por intenso treinamento físico, viviam de acordo com os valores da verdade, da honestidade e da franqueza. O extermínio das crianças inadequadas era uma espécie de eugenia iluminada, baseada em um potente ideal de pureza racial. Os espartanos não permitiam o veneno corruptor da literatura ou da música modernas. Esparta era um modelo para a nova Alemanha.

O próprio Hitler glorificou Esparta repetidamente. O fato de que uma pequena população de elite pudesse controlar tantos milhares de hilotas e outras raças mediterrâneas inferiores testemunhava a extraordinária força daquela sociedade baseada na pureza racial e na ordem militar. O espírito que eles mostraram em Termópilas foi o mesmo dos alemães durante a Primeira Guerra

Mundial, e depois em Estalingrado. Esparta foi o primeiro Estado *volkisch* – um Estado onde a pureza do povo, *Volk*, fortalecida pela obediência e pelo treinamento militar, levou à perfeição da ordem social. De maneira bastante estranha, Hitler sugeriu que a sopa dos camponeses de Schleswig-Holstein era exatamente como o caldo que os resistentes espartanos, em seu horror ao luxo, comiam regularmente. Da comida à eugenia, uma imagem de Esparta alimentava o pensamento nazista com autoridade clássica.

Os oponentes intelectuais do nazismo lutaram no mesmo terreno do pensamento político de Platão. Como argumentou um educador norte-americano: a *República* é "a patente filosófica original do fascismo, (e) um dos mais perigosos itens na educação do mundo ocidental". Richard Crossman, que se tornaria um político importante no governo britânico do pós-guerra, escreveu em 1937 seu popular volume *Platão hoje*, no qual imagina Platão visitando a Alemanha nazista (assim como a Rússia soviética e outros sistemas políticos). Embora Platão encontre muito a admirar no Terceiro Reich, ele é forçado a atacar um surpreso acadêmico alemão que compreendeu mal seu platonismo e utilizou erroneamente suas idéias.

O mais influente de todos esses projetos intelectuais foi, entretanto, *A sociedade aberta e seus inimigos*, de Karl Popper, cujo primeiro volume consiste no mais inspirador ataque ao pensamento totalitário de Platão. Popper começou seu grande livro em 1938 e o terminou em 1943, no exílio de sua Áustria nativa, na Nova Zelândia. Cada palavra é imbuída de um apaixonado, e preocupado, senso da "escuridão da situação mundial presente". O livro começa com uma eloqüente justaposição de duas citações. A primeira é de Péricles: "Embora poucos possam criar um programa político, todos somos capazes de julgá-lo." A segunda é de Platão. Ela começa assim: "O maior princípio de todos é que ninguém, homem ou mulher, deve ficar sem um líder. Tampouco deve a mente de uma pessoa se habituar a deixá-la fazer qualquer coisa por sua própria iniciativa, nem por fervor nem de brincadeira." A passagem conclui: "Em uma palavra, a pessoa deve ensinar a sua alma, por meio de hábitos duradouros, a nunca sonhar em agir independentemente, e de se tornar totalmente incapaz de fazê-lo." Os políticos que empunham o slogan "lei e ordem" são raramente tão explícitos quanto Platão sobre quão necessárias são a lei e a ordem. Ou sobre o que acontece quando "a lei e a ordem" se opõem à liberdade individual que a democracia demanda. Depois de Platão, isso permanece uma questão central para a democracia e a teoria política.

As críticas de Platão sobre a democracia foram totalmente absorvidas no desenvolvimento do que é hoje a estranha e contraditória forma da democracia. Sua oposição à democracia em nome da lei e da ordem continua a prover uma autoridade intelectual fundamental para governos totalitários (e para democracias nervosas). As questões de Platão continuam a ser as nossas. Seus argumentos continuam a estruturar o debate contemporâneo e a explicar os sistemas modernos de maneira profunda. Brigar com Platão, sobre Platão e por intermédio de Platão anima a própria idéia da democracia – e de sua oposição política.

5 *Uma questão de traição*

Se Platão é o mais sagaz crítico da democracia, Sócrates, o professor de Platão, é o seu cidadão mais importuno.

O intelectual que faz muitas perguntas difíceis não se encaixa facilmente na galeria tradicional dos heróis e dos vilões da democracia. Ele não é como o tirano ou o criminoso, a ameaça exemplar à democracia, que tem de ser removida. Ele não é simplesmente o cidadão responsável, que faz com que o sistema funcione. A preocupação é que ele possa ser o inimigo, em vez de o guardião da sociedade: suas idéias poderiam distorcer ou destruir os valores mais caros à democracia. Para Atenas, Sócrates personificou inteiramente essa preocupação.

Sócrates foi executado pela Atenas democrática, devido àquilo em que acreditava. O que ele ensinava, e como o fazia, parecia muito perigoso para ser tolerado pela sociedade. Contudo, na maioria das vezes, Sócrates passou para a posteridade como um herói da liberdade do pensamento democrático, que interroga muito brilhantemente o precário equilíbrio entre a liberdade de expressão e as exigências da ordem social. Hoje, Sócrates carrega o peso simbólico de dois mil anos de argumentação política.

É impossível voltar, por meio das imagens de Sócrates, ao homem verdadeiro que caminhava pelas ruas de Atenas no século V a.C., debatendo com as pessoas que encontrava. Sócrates nada escreveu. Nós sabemos sobre ele por meio dos textos de Platão, dos escritos do historiador e crítico Xenofonte e das peças cômicas de Aristófanes (e também de uma série de fontes fragmentadas e indiretas). A imagem de Sócrates em Platão – mestre extremamente irônico, complexo e filosoficamente astuto – não é a mesma franca e "útil" figura que descreve Xenofonte – e tampouco corresponde ao sofista charlatão de quem zomba Aristófanes. Ao mesmo tempo, quase tudo que escrevem Platão ou Xenofonte tem pelo menos alguma intenção de defender Sócrates, postumamente, contra seus oponentes. Sócrates aparece envolto nos véus de uma prosa apologética.

A relação entre Platão e Sócrates, o aluno que escreve e o mestre que não deixa nenhum traço, é especialmente difícil de ser sondada. Sócrates pode ser o principal personagem de *A República*, mas é impossível imaginar que o que Sócrates diz ali representa as opiniões do Sócrates histórico, ou mesmo a visão de Platão sobre as opiniões do Sócrates histórico. *A República* é um diálogo dramático, dominado por Sócrates, no qual diferentes personagens expressam suas opiniões e em que nenhum deles é Platão ou fala simples ou consistentemente por Platão. Como resultado, sempre haverá um debate a respeito do que constitui exatamente a própria doutrina de Platão sobre qualquer questão política. Os leitores de Platão sempre foram seduzidos, fascinados e frustrados pelo formato do diálogo, sobretudo quando o personagem principal é Sócrates como professor – logo ele, que ironicamente sempre negou saber qualquer coisa. É simplesmente impossível dizer quanto de Platão ou quanto de Sócrates – e quanto de ironia – há quando Platão faz com que Sócrates formule uma de suas pungentes perguntas.

As acusações legais que foram colocadas contra Sócrates eram suficientemente explícitas. Ele foi processado por "corromper os jovens" (o que não acarreta apenas conotações sexuais) e "introduzir novos deuses". Mas a partir do julgamento ficou logo claro que o caso era político em um sentido mais amplo. Sócrates estava sendo perseguido principalmente porque se acreditava ser ele um inimigo do Estado. Entretanto, como muitos dos assim rotulados, Sócrates em pouco tempo se tornou um ícone do indivíduo solitário que se posiciona a favor dos verdadeiros valores de uma sociedade justa e correta.

Para inúmeros escritores antigos e modernos, Sócrates é um herói e um mártir. Seu heroísmo se manifesta no imbatível compromisso de fazer perguntas incômodas. Ele é o dissidente exemplar que, em nome da verdade, forçava as autoridades – assim como os presunçosos, os seguros de si, os que não pensam – a reconhecer, a contragosto, que não sabiam realmente sobre o que estavam falando. Sócrates insistia que uma vida não esmiuçada não vale a pena ser vivida. Conseqüentemente, exigiu saber o que constituía a verdade, a justiça, a virtude e a bondade – e permaneceu insatisfeito com as respostas, sobretudo com as respostas preparadas, presunçosas ou presumidas. Sócrates, o herói, é um supremo campeão moral dos valores intelectuais da investigação e do raciocínio profundo. Ele foi, na tradução de Platão feita por Matthew Arnold, "o único verdadeiro político dos homens que hoje vive", porque auxiliou todos aqueles a quem encontrou a se direcionarem para um novo e verdadeiro sentido de vida e de obrigação cívica.

A execução de Sócrates é vista como um martírio, porque quando sentenciado à morte ele permaneceu na prisão, por princípio, para enfrentar a execução. Ele não apenas morreu por suas convicções, mas elas também o levaram a encarar a morte com equanimidade. Um dos maiores trunfos de Platão na sua defesa de Sócrates é a imagem que ele cria do filósofo em seu leito de morte, calmamente discutindo a imortalidade da alma e encorajando seus desesperados companheiros. Essa imagem inspirou grandes obras de arte religiosas e políticas. Não é por acaso que a mais famosa pintura da cena (figura 37) é do artista que está no centro da paixão da Revolução Francesa pelos modelos clássicos, Jacques-Louis David. O contraste entre os companheiros desesperados e o sereno Sócrates é eloqüente. Sócrates *põe em prática* os benefícios da filosofia por meio de sua destemida abordagem com relação à própria morte.

Esse Sócrates, o herói e o mártir, tem sido o queridinho dos pensadores políticos que respeitam a liberdade de pensamento e que resistem à tirania da maioria. É uma imagem que possui um apelo especial na era do espírito romântico, o indivíduo heróico posicionado contra a massa da humanidade, o solitário profeta da verdade questionando as insípidas convenções de uma sociedade inconsciente. Para essa tradição liberal, a dissidência é vista como necessária para a política e para o progresso social. Esse Sócrates é freqüentemente oposto a seu aluno Platão. "Nós precisamos de Sócrates, não de Platão", escreveu Richard Crossman em reação à situação política dos anos 1930. Como George Grote, um dos maiores historiadores políticos do século XIX, conclui num tom provocador: "Mentes que raciocinam livremente e que adotam suas próprias idéias se tornam inconvenientes e perigosas." Sócrates "seria proibido de existir na República de Platão". Para Grote e tantos outros em uma distinta lista de historiadores, políticos e filósofos, Platão traiu seu professor. E é a vergonha eterna da democracia que ele tenha executado Sócrates.

Entretanto, existe outra, e igualmente longa, tradição que é mais hostil a Sócrates e suas indagações. Ésquines, o orador, falando na mesma corte uns

[FIG.37] **A morte de Sócrates,** ***por Jacques-Louis David***

50 anos depois de esta ter condenado Sócrates, não tinha dúvida: "Senhores de Atenas, vocês executaram o sofista Sócrates porque era ele nitidamente responsável pela educação de Crícias, um dos Trinta, que destruíram a democracia" – ou seja, os tiranos cujo sangrento golpe de Estado, apoiado por Esparta, derrubou a Constituição. Acima de tudo, Alcibíades, cuja traição tinha levado Atenas à beira do desastre na Guerra do Peloponeso, também era amigo íntimo e aluno de Sócrates. Um professor é avaliado por seus alunos. A dissidência de Sócrates parecia a Ésquines – e a outros desde então – ter criado uma oligarquia violenta e preocupada com seus próprios interesses. O líder do indivíduo contra o Estado produziu indivíduos que derrubaram o Estado.

O romano Cato, um conservador extremo, mostrou a mesma aversão por Sócrates com base em razões mais gerais. "Sócrates era um falastrão", disse ele torcendo o nariz, "que tentou, da melhor maneira que podia, ser o tirano de seu país por meio da abolição dos costumes e da tentativa de instigar seus compatriotas a adotarem opiniões opostas à lei." Cato, como sempre, aparece nessa história como irônica e agressivamente oposto à cultura grega. Mas seu escárnio com relação ao fato de Sócrates se posicionar contra a sabedoria tradicional não é simplesmente um conservadorismo exagerado. De fato, Sócrates questionava as visões tradicionais, e isso colocava pai contra filho, cidadão contra cidadão. Essa perturbação – Sócrates era visto como pessoa irritante – provinha de sua postura evasiva, marginal, pessoal e discordante. Não é uma postura que todos podem assumir. Por isso Sócrates não pode servir de modelo para todos nós. Ele não era um estímulo para a coesão social. Quando a democracia matou Sócrates, ela estava se defendendo moral e politicamente de uma força perigosa e destrutiva.

Essas duas diferentes tradições de definir Sócrates originaram-se nos primeiros inflamados debates que cercaram seu julgamento, e nunca mais cessaram. Ele se tornou uma das mais poderosas figuras seculares que nós temos. Sua imagem foi apropriada, celebrada, manipulada e rejeitada por muitos séculos, uma vez que seu questionamento dos valores coletivos e tradicionais nos quais se baseiam qualquer sociedade estável ainda provoca os guardiões do pensamento político e inspiram seus revolucionários. A maioria dos escritores modernos vê em Sócrates a fábula heróica do intelectual provocador executado apesar de, e por causa de, defender a causa da verdade e da justiça. É uma história inspiradora, que teve uma imensa e comovente importância para os dissidentes da União Soviética, da Tchecoslováquia, da África do Sul e de muitos outros lugares.

Entretanto, o problema mais urgente levantado por Sócrates, o professor, e Platão, o aluno, é mais perturbador, e será sempre difícil de ser adequadamente respondido. Quanta dissidência pode suportar uma sociedade democrática, e quanto deve ela apreciar? Julgar Sócrates – continuamente – é uma maneira de questionarmos a impossível fronteira entre a liberdade do indivíduo e a regulamentação da comunidade.

O destino de Sócrates e as críticas de Platão não podem ser separados. Sócrates, o professor, e Platão, o aluno, demonstram que a dinâmica tensão entre a liberdade individual e a regulamentação da comunidade é inevitável no sistema democrático. As democracias modernas continuam a se debater, repetidamente e de maneira inconclusiva, com essas questões clássicas. A Comissão McCarthy de investigação sobre atividades antiamericanas constitui um exemplo extremo da tentativa de controle estatal de dissidência, que levou finalmente à revolta contra esse sistema. Entretanto, a queima de cartões de convocação militar como ato de resistência individual encontrou suporte teórico em um dos maiores filósofos políticos norte-americanos da democracia, John Rawls, que argumentou que a desobediência era uma obrigação cívica quando as leis punham em perigo a essência da democracia. Mesmo Sócrates, porém, permaneceu obedientemente sentado dentro de uma cela, esperando a punição pela lei. A supervisão dos cidadãos pelo Estado, e os direitos do cidadão dentro do Estado, é hoje mais do que nunca uma negociação diária. A forma como a democracia policia a liberdade, e como controla os que a ela se opõem de maneira democrática, constitui a arena onde a sociedade se define e se encontra.

Será sempre difícil lidar com Sócrates ou responder a Platão. Por essa razão, a democracia tem de ser confusa. Ela tem de continuar se perguntando "e se?". Para os democratas, entretanto, esse negócio arriscado é melhor do que as alternativas. É porque a democracia não pode fingir ser uma utopia que ela pode ter esperança de evitar o controle e a repressão violenta que se originam na fantasia da perfeição. Esse é o risco que sempre fará da responsabilidade pessoal um fato central na política da democracia.

6 *A vontade do povo*

Jamais foi tão necessário pensar com seriedade no que queremos dizer exatamente com "democracia" e no que esperamos de um sistema democrático. A democracia grega clássica, o sistema do qual a democracia moderna alega ter, de alguma forma, se originado, fornece um contraste maravilhosamente completo e revelador com as formas de organização e os compromissos ideológicos modernos. Ela é básica para nossa análise crítica de nós mesmos.

Existem significativas continuidades entre os princípios democráticos antigos e contemporâneos, sobretudo a responsabilidade dos oficiais públicos, a igualdade perante a lei e a liberdade de expressão (quaisquer que sejam as diferenças na articulação prática desses princípios básicos). Esses princípios – nenhum dos quais, por exemplo, vigora sob os ditadores dos países árabes no Oriente Médio – constituem os alicerces fundamentais das formas sociais que o Ocidente valoriza na celebração da democracia.

As diferenças entre os sistemas antigo e moderno, entretanto, são igualmente fundamentais e criam questões perturbadoras. Um dos problemas mais insolúveis para a democracia em qualquer período é a noção de "o que o povo quer". A democracia supostamente representa a vontade do povo. Mas é extremamente difícil determinar qual é ela, ou como ela deve ser representada.

Os decretos da Assembléia ateniense eram inscritos em pilares de pedra, públicos e imóveis. A fórmula com a qual eles costumam se iniciar é: "Parece correto para o povo de Atenas que..." Na democracia direta, essa inscrição é pelo menos um registro do voto majoritário da Assembléia soberana – o povo reunido – depois de uma discussão coletiva. Mas esse registro não revela se a decisão refletia um grupo particular da comunidade ganhando uma votação benéfica àquele grupo, se era uma escolha mais elevada de toda a comunidade sobre o que era bom para a comunidade como um todo ou se o voto era de fato uma tentativa de seguir uma outra agenda não especificada, que era o que realmente desejava o povo. Ou alguma combinação de todas essas motivações (além de outras). Já é difícil saber o que uma pessoa realmente quer. Pretender determinar com facilidade o que deseja uma coletividade de indivíduos pode parecer, na melhor das hipóteses, uma fantasia; na pior delas, um gesto retórico e egoísta.

Na democracia direta, uma votação pode ser realizada e registrada. Na democracia representativa, com exceção de alguns poucos casos de votação por referendo relacionada a um assunto específico, existem barreiras institucionais insuperáveis para descobrir a vontade do povo. Não é possível registrar o que "parece correto para o povo". A eleição de um representante constitui a escolha de um tomador de decisões que não pode ser comandado pelo eleitorado. Na maioria dos casos, um representante representa também um partido político. O partido político exigirá lealdade dele. Os programas coletivos do partido também são votados e decretados, mas podem ser modificados sem que se recorra ao eleitorado, e sem que contas sejam prestadas (com exceção da possibilidade de uma futura eleição). Os governos podem tomar decisões altamente impopulares, que vão contra os desejos explícitos do povo.

Uma suposição que justifica o sistema moderno parece ser a visão platônica de que o eleitorado não possui a habilidade ou a experiência para votar diretamente sobre temas complexos. A ameaça da ignorância, do interesse próprio e da volatilidade às boas decisões é real, e é fácil duvidar da habilidade de qualquer grupo numeroso de pessoas para ver claramente quais são seus melhores interesses a longo prazo, e como alcançá-los. Entretanto, é muito pouco óbvio quais são as qualidades, ou as habilidades, que um eleitorado contemporâneo procura em um político, mesmo com relação a áreas absolutamente centrais dos programas econômicos, militares, legais e sociais. Também não é evidente como os eleitores devem avaliar ou discutir essas qualidades e competências. A lacuna institucional entre "o povo" e "os funcionários" / "os representantes do povo" parece insuperável.

Nesse tipo de sistema, "o governo" ou "o partido" podem ser facilmente entendidos como uma autoridade restritiva ou pouco bem-vinda, mesmo quando a reivindicação ideológica é "governo do povo, para o povo, pelo povo". A combinação de uma forte valorização da vida privada com a desautorização do cidadão leva inevitavelmente a uma tensão entre a regulamentação governamental e a liberdade ou a dissidência individual. Essa é uma tensão que requer contínua negociação, e é nela que a democracia moderna é mais insistentemente articulada.

Com muita freqüência usa-se hoje a palavra "democracia" como um emblema de aprovação ocidental. É impossível, porém, entender a trajetória desse sistema como uma idéia e uma forma de governo sem fazer referência à história e à teoria da democracia: a questão do "e se?". Aqui, a democracia ateniense fornece não apenas uma origem histórica ou retórica, mas também um modelo revelador e privilegiado. A história da democracia como idéia não pode ser abordada de forma inteligente sem levar em conta o paradigma da Grécia e sua massiva influência nas revoluções que formaram o mundo moderno. Atenas ainda fornece o espelho no qual nossas idéias políticas e nossas instituições são mais claramente vistas e dissecadas. Precisamos de Sócrates, e de Platão, para raciocinar sobre a democracia.

Parte IV

O QUE VOCÊ QUER FAZER?

1 *Isto é entretenimento!*

Em 1990, uma produção de *Electra*, de Sófocles, estrelando Fiona Shaw, estreou em Derby, na Irlanda do Norte, em uma semana na qual oito pessoas haviam sido assassinadas em conflitos sectários. A peça foi brilhantemente representada e dirigida, mas quando a apresentação terminou, algo totalmente fora do comum aconteceu. A platéia se recusou a deixar o teatro sem uma discussão sobre aquilo a que tinha assistido. A obra é uma exposição brutal dos deturpados traumas psicológicos criados pela paixão por vingança. A chocante dissecação de uma angústia auto-induzida teve tal impacto em uma platéia irlandesa que sair sem a catarse de um debate seria muito perturbador. Sófocles causou uma dor que poucos dramas modernos poderiam igualar.

As tragédias da Grécia clássica ainda falam intensamente ao público moderno. Em Londres, Berlim, Paris, São Francisco e outros lugares, uma extraordinária efervescência de tragédias gregas vem acontecendo nos palcos contemporâneos, sobretudo desde os anos 1960. As narrativas e riquezas dramáticas da tragédia ressoam através de gerações de uma forma que leva o drama grego para além de um classicismo estéril, em direção ao verdadeiro teatro. Embora os personagens e as histórias possam parecer inicialmente distantes, essa mesma distância é de fato integral ao seu poder de comover as platéias profundamente. A tragédia tem uma estranha habilidade para transcender o específico e alcançar assim um profundo nível de engajamento emocional com o público. Quando Hamlet pergunta "O que significa Hécuba para ele, e o que ele significa para Hécuba que o faz chorar?", está se admirando com o transcendente impacto da tragédia sobre os sentimentos da platéia.

Em busca de uma origem, o drama contemporâneo se volta inevitavelmente para a Grécia, e a inspiração da tragédia clássica se estende, desde seus primórdios, por todas as camadas da tradição cultural do Ocidente. No século II a.C., um judeu chamado Ezequiel escreveu uma tragédia, em grego, baseada na história de Moisés; muito tempo depois, um cristão anônimo transformou *As Bacantes* em uma peça sobre Jesus. A primeira de todas as óperas do século XVI foi uma montagem italiana de *Édipo Rei*; Monteverdi transformou a ópera em uma forma de arte erudita no século XVII esforçando-se para recriar a combinação de música e teatro da tragédia clássica. O festival de Bayreuth, de Wagner, o ápice da ópera, foi criado para ser o equivalente ao festival de teatro clássico para uma nova Alemanha. Para Corneille, Molière e Racine, o estudo do paradigma do teatro antigo constituía um aspecto integral da produção do "drama clássico" que domina a cultura literária do século XVII na França. Eugene O'Neill e T.S. Elliot, dois mestres do teatro norte-americano do século XX, exploraram o mundo moderno através de versões reescritas de peças gregas. A encenação da tragédia clássica, com seus coros, suas máscaras, sua poesia sublime e sua platéia de cidadãos extremamente emocionados faz parte da própria arquitetura da imaginação teatral.

Como o Partenon, a tragédia sempre representou um ícone da cultura grega antiga, como um símbolo inspirador do "milagre grego". Desde o começo, o teatro trágico foi parte integral de como os atenienses concebiam sua própria cidade. Ele permanece um elemento-chave da maneira como o valor do passado grego tem sido visto por gerações subseqüentes. Isso não é surpresa: compreender as formas de entretenimento de uma sociedade vai ao âmago de como aquela sociedade se compreende, e como nós podemos compreendê-la. Platão insiste em banir o teatro e os poetas de sua cidade ideal precisamente por causa do impacto intelectual, e psicológico, que a tragédia e outras formas de entretenimento têm sobre os cidadãos. Para ele, a formação de um cidadão responsável não deveria incluir a experiência do teatro. O entretenimento é uma atividade fundamental na definição de si mesmo – para os indivíduos, para os grupos e para a própria cultura.

O entretenimento está tão conectado com a idéia que a sociedade tem de si mesma que tem se mostrado um assunto sério para políticos, filósofos e reformadores sociais. Através dos séculos, a "polícia" cultural tem sido duramente provocada por seus prazeres perigosos, que ameaçam a retidão e a probidade da ordem social. Conseqüentemente, o entretenimento torna-se o campo de batalha da regulamentação. O teatro tem sido, de Platão em diante, freqüentemente o alvo de um controle zeloso. Os puritanos tiveram tanto sucesso em banir o teatro e outros prazeres pecaminosos que Samuel Pepys não pôde experimentar os inebriantes prazeres da dança até completar 28 anos, quando Charles II foi restituído. As tentativas stalinistas de controlar o teatro, a música, a arte e a literatura são notórias por sua brutalidade. Os estados islâmicos modernos praticam programas de censura igualmente agressivos, ao mesmo tempo em que importam tecnologia do Ocidente, o que faz essa censura ainda mais necessária e mais difícil de ser policiada. O reconhecimento de que, aos olhos do Estado ou das autoridades religiosas, o entretenimento é profundamente perigoso produziu resultados repugnantes por toda a história moderna.

As democracias modernas são menos assassinas que esses regimes totalitários, mas elas também se preocupam constantemente com a imagem pública. Somente no século XX a censura estatal de peças na Inglaterra foi finalmente derrubada pelo caso-teste de *Édipo Rei*. A tentativa de banir um clássico grego lido por gerações de alunos sob a justificativa de ser "sobre incesto" fez com que o gabinete de lorde Chamberlain parecesse ridículo, e se provou impossível. Mas as leis contemporâneas sobre pornografia ainda refletem um pensamento profundamente desnorteado com relação ao regulamento estatal das imagens. A garantia de "liberdade de expressão" da Constituição norte-americana é repetidamente testada nas cortes. Expressões constantes de preocupação com o rock 'n' roll, as letras de rap, a banalização da televisão, do sexo e da violência em Hollywood, e assim por diante, comprovam a preocupação e a confusão sobre o papel do entretenimento na sociedade moderna ocidental.

A frase irritantemente maliciosa "mero entretenimento", ou "é apenas diversão", constitui um sinal desse pensamento confuso. É uma afirmação que quer evitar qualquer reflexão séria sobre os conflitos da vida cultural. Quando, por exemplo, um programa de televisão especialmente trivial ou ofensivo é posto no ar, e então criticado, a defesa será "é apenas diversão". Essa é uma resposta utilizada muitas vezes, formatada para negar ou neutralizar as implicações sociais do espetáculo. Mas sempre existem implicações sociais para qualquer forma de entretenimento, o que explica precisamente por que a sociedade se incomoda tanto com diferentes tipos de "diversão". Portanto, defender qualquer coisa como "simples entretenimento" é certamente ingênuo, e não atende aos interesses da sociedade. A frase possui certa eficácia retórica apenas porque ninguém gosta de ter seus prazeres, seu descanso e sua paz escrutinados criticamente.

Quando um homem dá em cima de uma mulher, é rejeitado, e responde "Eu estava só brincando", o que ele quer dizer é: "Se eu tivesse sido levado inteiramente a sério na minha cantada, agora eu estaria me sentindo rejeitado e até mesmo humilhado, mas se nós concordamos que eu não estava falando sério, então a situação pode se voltar para o reconhecimento compartilhado dos arriscados e potencialmente ridículos jogos da sedução. Estou ciente de que uma farsa de inocência será requerida para que eu não fique sem graça nessa situação, mas aquela cumplicidade é preferível a explorar o desconforto psicológico e social da rejeição. Portanto, aceite, por favor, a minha declaração de falta de seriedade." Ou algo parecido. "Entretenimento" apresenta uma dinâmica similar. Embora todos saibam que sérias forças sociais estejam em jogo, existe sempre a desculpa de se poder dizer que não se está falando sério. Portanto, assim como com a frase "eu só estava brincando", "é apenas entretenimento" constitui uma pobre tentativa de disfarçar a tensão social. Não gostamos de ver de muito perto o que o entretenimento diz sobre nós mesmos. Ele está muito relacionado com aquilo que acreditamos que somos.

Os próximos capítulos discutem as duas mais celebradas fontes de entretenimento do mundo clássico, as tragédias da Grécia antiga e os jogos de gladiadores da Roma clássica. Em ambos os casos, esses emblemáticos eventos incorporam importantes conhecimentos sobre as sociedades nas quais eles se passavam, e, tanto na imaginação contemporânea popular como na tradição da cultura erudita, ambos merecem suas posições como imagens emblemáticas da Grécia e de Roma. Entretanto, mais importante e mais surpreendente é o fato de que ambas as formas de atividade também refletem a realidade de hoje. Essas antigas formas de entretenimento podem nos auxiliar a sermos mais conscientes sobre nossos próprios prazeres e sobre o que eles dizem a respeito da sociedade moderna. Olhar no espelho do passado nos auxiliará a nos enxergarmos mais claramente.

2 *A questão da tragédia*

As extraordinárias peças que hoje sobrevivem como "tragédia grega" e que tiveram grande influência na cultura ocidental foram todas produzidas em uma cidade grega, Atenas, durante um breve período, os últimos 70 anos do século V a.C. Esse contexto é crucial para que compreendamos a tragédia como um evento dramático: ela é parte integrante da revolução democrática, uma instituição formada na explosão da inovação cultural que fez do quinto século uma era bastante espantosa.

As peças de Ésquilo, Sófocles e Eurípides foram exaustivamente celebradas, e já no século IV eram consideradas clássicas. Elas foram reencenadas em Atenas, e em outras cidades da Grécia, por companhias de repertório. Tornaram-se parte do currículo escolar. Eram sabidas de cor. Foram lidas e estudadas por críticos e filósofos, como Aristóteles em *Poética*. Mas cada peça foi originalmente escrita e produzida para uma só encenação em uma competição dramática que dominava a Grande Dionisíaca, um importante festival religioso que acontecia anualmente em Atenas para louvar o deus Dioniso. É como se o *Rei Lear* ou *Macbeth* tivessem sido escritos para ser encenados uma só vez. Também não existiam outros teatros comparáveis que um cidadão ateniense pudesse freqüentar. Para os atenienses, ir ao teatro significava ir ao festival, uma vez por ano. Assistir a uma tragédia na Atenas antiga era uma experiência surpreendentemente diferente de qualquer visita contemporânea ao teatro.

A cada ano, o arconte, um importante burocrata do governo nomeado por sorteio, escolhia três dramaturgos para participarem da competição. Não é claro quais teriam sido os critérios, mas o fato de que Ésquilo, Sófocles e Eurípides foram selecionados tão freqüentemente – cada um foi escolhido pelo menos 20 vezes – indica que a reputação provavelmente ajudava. Cada dramaturgo tinha de compor três tragédias e uma peça satírica, que eram encenadas em um mesmo dia – compondo os três dias centrais do festival. A sátira cômica era sempre a última da seqüência. Ela apresentava um coro de sátiros, aquelas figuras bêbadas, devassas, metade bode, metade homem, que veneravam Dioniso. O vaso ilustrado na figura 38, homenageando um músico de teatro chamado Pronomos, mostra os atores e o coro de uma sátira em diferentes figurinos – mostrando a transformação de um homem em uma fera por meio do poder de Dioniso. O universo desse deus abrangia o vinho e a liberação assim como teatro, e não é por acaso que o poder contagiante da tragédia culminava sempre na liberação dionisíaca dessas selvagens e transgressoras criaturas.

Durante a Guerra do Peloponeso, cada peça trágica da competição era seguida por uma comédia, uma quinta peça encenada no mesmo dia que as outras quatro. Em anos normais, entretanto, eram produzidas cinco comédias em vez de três, e todas eram encenadas seqüencialmente no quarto dia do festival, depois que a competição de tragédias havia terminado. As comédias atenienses, como podemos ver nas peças de Aristófanes, eram indecentes, obscenas e altamente políticas. A linguagem era tão rude quanto possível, e os

[FIG.38] *O vaso de Pronomos – atores vestindo-se para uma sátira*

[FIG.39] *O vaso da "Peça de Gansos" – atores cômicos*

personagens no palco com freqüência insultavam nominalmente os membros da platéia, tudo em um contexto de enredos que eram em geral fantasias políticas bastante satirizadas. Os atores possuíam falos enormes, traços distorcidos e roupas extravagantes. A figura 39 demonstra vividamente como a comédia inverte os atributos físicos do corpo perfeito que conhecemos da arte grega. Trata-se de um vaso do sul da Itália, de cerca de 400 a.C., que exibe uma chocante cena cômica (incluindo um diálogo que sai da boca dos personagens). Participam da cena um velho grotesco, desnudo, que está aparentemente sendo enforcado, uma velha gesticulando em sua direção – ou para o jovem rapaz a seu lado – e um grande ganso morto. Peças como essas também eram inteiramente financiadas pelo Estado como parte do festival.

Diferentemente do patrocínio moderno, o financiamento das peças era controlado e dirigido pelo Estado. Cada produção era totalmente paga por um indivíduo abastado, eleito pelo Estado, em uma forma de taxação conhecida como "liturgia". O patrocinador era chamado de *chorêgos*, literalmente, "o diretor do coro". Ele tinha de prover o dinheiro necessário para os atores, o coro, o figurino e todas as outras despesas de produção. A Grande Dionisíaca era uma competição tanto entre os patrocinadores como entre os dramaturgos e os atores – uma competição por status e por sucesso perante os cidadãos. O festival do Estado constituía uma arena na qual os cidadãos atuavam como competidores e como platéia nas atividades compartilhadas e participativas da democracia.

O festival, que se passava no final de fevereiro ou no começo de março, durava quatro dias. Cada dia começava logo ao amanhecer. A platéia era a maior reunião de cidadãos do calendário. Na época em que os antigos assentos de madeira do teatro foram substituídos pelos de pedra, entre 14 e 16 mil pessoas assistiam ao festival regularmente. A maioria desses espectadores era de cidadãos: homens adultos com direito a voto, chefes de família. Enquanto a Assembléia, o mais importante órgão político da democracia, tinha aproximadamente apenas seis mil pessoas em audiência, e as cortes menos ainda, a escala da Grande Dionisíaca estava mais próxima da dos Jogos Olímpicos. A única outra ocasião na qual tantos cidadãos se reuniam no mesmo lugar era em uma batalha importante. O festival de teatro era uma verdadeira ocasião de Estado.

Para entrar no teatro se pagavam dois *obols*, cerca de um dia de trabalho para um trabalhador braçal, e cada cidadão recebia uma entrada provavelmente por meio de sua *deme*. Havia, entretanto, um fundo chamado de Fundo Teórico que concedia dois *obols* a qualquer cidadão que os desejasse. Não está claro exatamente quando esse fundo foi inicialmente estabelecido, mas ele provém do mesmo compromisso ideológico que pagava aos cidadãos para comparecer à banca de jurados e para remar na Marinha, ambas funções do cidadão na democracia. De fato, o Fundo Teórico estava completamente protegido: era ilegal até mesmo propor uma mudança na lei que o havia instituído. Mesmo quando estava muito difícil obter fundos para o Exército, durante a guerra contra Felipe da Macedônia – que Atenas perdeu, junto com sua liberdade –, o Estado manteve a subvenção ao teatro. Em Atenas, diferentemente de qualquer evento moderno desse gênero, ir ao teatro era uma atividade significativa para os cidadãos como cidadãos.

Entrar em um teatro era como entrar em um mapa da cidade. O espaço era dividido em conjuntos de assentos (*kerkides*), e cada seção parecia ter sido reservada para diferentes grupos. É possível que cada tribo (a principal divisão sociopolítica do país) se sentasse em seu próprio *kerkis*. Uma seção central de 500 assentos era reservada para o Conselho, o órgão executivo do governo. A primeira fila era destinada a embaixadores visitantes, padres e outros oficiais. Uma outra seção estava especificada para "efebos" – jovens a ponto de se associarem às Forças Armadas. Outra área estava reservada para *metecos* (residentes estrangeiros). Os assentos do teatro designavam os cidadãos de acordo com posição sociopolítica, idade e status. No teatro, a cidade se representava para si mesma.

Antes que as peças fossem encenadas para esse grande ajuntamento de pessoas, eram celebrados quatro rituais que transformavam o teatro em um vibrante espetáculo político. Cada um deles pode hoje parecer estranho – não existe nada parecido no teatro moderno –, mas todos eram demonstrações teatrais de poder do Estado democrático. O espaço da apresentação teatral era politizado por esses rituais, e esse contexto ritualístico modificou a forma como as peças se comunicavam com o público.

Como na maioria dos festivais gregos, havia um sacrifício e uma libação inaugurais. Leitões eram mortos e seu sangue aspergido sobre o palco. Jarras de vinho eram despejadas para os deuses. Quem executava esse ritual, entretanto, era o mais surpreendente: ao palco eram trazidos os dez generais, ou seja, os dez mais importantes líderes militares e políticos do Estado. Eles se juntavam muito raramente para tais rituais do calendário ateniense, e em geral por uma razão mais obviamente relacionada a seu trabalho, como um sacrifício pela "paz" ou "a boa sorte do Estado". Esses eram eventos irregulares que só aconteciam sob circunstâncias especiais. Mas, todos os anos, os generais abriam o festival de teatro. Essa cerimônia coloca todo o festival, firmemente, sob a autoridade do Estado, personificado por seus líderes eleitos.

Em segundo lugar, eram anunciados os nomes dos benfeitores cívicos que naquele ano haviam servido ao Estado tão excepcionalmente a ponto de serem honrados com uma coroa honorária. Atenas foi sempre uma sociedade muito competitiva, na qual homens se enfrentavam, sob o olhar público, por honra e status. A honra, sua preservação e sua perda, é a principal motivação do enredo da *Ilíada*, o épico definitivo de Homero que trata da masculinidade. Apesar de a democracia proclamar a igualdade dos cidadãos, não existe dúvida de que muitos deles desejavam desesperadamente ser mais iguais que outros. Portanto, esse era um momento de imensa glória pessoal para o indivíduo cujo nome era lido em frente ao corpo dos cidadãos – um momento culminante.

Porém, o que é mais interessante é a maneira como essa cerimônia é vista pelos oradores que a descrevem. Tanto Demóstenes como Ésquines a vêem como uma ocasião na qual a própria cidade agradece, e assim encoraja todos os cidadãos a cumprirem seus deveres. Tal retórica resume um ideal democrático tradicional: que cada homem deve agir em benefício da coletividade do Estado, e que as ações de um cidadão são avaliadas de acordo com a forma como elas contribuem para a cidade. A cerimônia, portanto, não é tanto um momento de glória pessoal como uma expressão coletiva dos valores da cidade. Todos os oradores que debatem esse assunto possuem interesses próprios, ainda mais porque Ésquines ataca a entrega de uma coroa a Demóstenes, seu implacável rival político e pessoal. Mesmo assim, apesar de toda a rivalidade, eles concordam sobre a importância ideológica do ritual. É uma maneira de projetar e promover os valores da cidade.

O terceiro ritual é ainda mais estranho. Servos carregavam para dentro do teatro lingotes de prata e os exibiam pelo teatro perante imensa platéia. Esse é o "desfile do tributo". Todas as tragédias que conhecemos foram escritas durante o império de Atenas. Depois da derrota dos persas, o momento decisivo do século V Atenas, devido a seu poder naval, tinha se tornado o poder imperial dominante do Mediterrâneo. Podia então obrigar cidades a se tornarem "aliadas" e exigir que lhe pagassem tributos, verbas que eram utilizadas para financiar o crescimento de sua expansão militar. Os aliados deviam enviar suas contribuições anuais em fevereiro, a tempo de serem exibidas perante a platéia reunida no teatro. Isso explica por que os embaixadores estrangeiros ocupavam a primeira fila: para observar a exibição de seu tributo. E para que os cidadãos possam vê-los observando.

Não é necessário grande habilidade analítica para perceber que esse é um espetáculo feito para a exibição do poder e do prestígio de Atenas como uma força política e militar dominante no Mediterrâneo. Ele utilizava a ocasião de Estado para glorificar o Estado. Tampouco deveria ser surpreendente o fato de que, pelo menos segundo um orador, Isócrates, quando Atenas perdeu a Guerra do Peloponeso, e conseqüentemente seu império, essa cerimônia parecia, em retrospecto, "uma maneira precisa de ser odiada por todos". Ela certamente constituía uma agressiva e direta exibição simbólica do status da cidade para seus cidadãos, e para os estrangeiros que lá se reuniam.

O quarto ritual é também intimamente associado à vida militar de Atenas: "a exibição de órfãos de guerra". Em Atenas, se o pai de um menino morresse lutando pelo Estado, a criança era criada à custa deste, e no fim de sua infância era presenteada por ele com armadura e armas para que ocupasse o lugar do pai nas forças combatentes (de acordo com a usual assimetria de gênero, um órfão é alguém cujo *pai* morreu). Esses "efebos", ou a classe de "jovens a ponto de se tornarem homens de verdade", desfilavam pelo teatro portando seus equipamentos militares. Um mensageiro anunciava o nome do pai de cada menino e fazia um comovente discurso que expressava brilhantemente como os pais haviam cumprido seus deveres, e como os filhos, agora em vias de se tornarem homens, também cumpririam suas obrigações militares para com o Estado. Os meninos então faziam o emocionante juramento de lealdade. Eles juravam, em nome de uma longa lista de deuses oficiais, apoiar seus companheiros sempre que estivessem na linha de combate, e declaravam estar preparados para lutar e morrer pela cidade, assim como haviam feito seus pais antes deles. Eles então se sentavam em seus assentos especiais, reservados exclusivamente.

Essa cerimônia reflete de forma nítida o compromisso do Estado democrático de Atenas com a guerra. Era esperado que todos os cidadãos participassem das atividades militares da cidade, desde a votação sobre programas políticos à luta na linha de frente. Atenas era um Estado guerreiro, no qual cada homem tinha de desempenhar seu papel na luta. A guerra era para um homem o que o casamento era para uma mulher – o momento em que se atingia o status de adulto. Uma mulher só se tornava propriamente mulher quando estivesse casada e tivesse um filho. Um homem só se tornava verdadeiramente homem quando lutava como guerreiro da cidade. Lutar e estar preparado para morrer pelo Estado era um ideal essencial e decisivo da cidadania. Portanto, quando os efebos são exibidos em suas armaduras perante os cidadãos no teatro – ocupando suas posições no Exército, relembrando a morte de seus pais, todos eles heróis militares –, a cerimônia exibe todo o peso da ideologia militar de Atenas. Esse era um ritual que proclamava: é assim que se é um cidadão de Atenas.

Quatro rituais, portanto, inauguram o festival de teatro. Cada um deles projeta e promove de forma espetacular o poder da cidade de Atenas, e os valores da cidadania democrática. O festival é planejado para glorificar o Estado. Naqueles dias inebriantes de expansão do império ateniense, essa grandiosa ocasião cívica reunia os cidadãos para celebrar Atenas.

Todo esse ritual cívico torna o que vem depois ainda mais extraordinário. Onde se poderia esperar propaganda estatal ou alguma forma de entretenimento neutro, tanto a tragédia como a comédia mostram um mundo destruído, com as bases cívicas arruinadas e os nobres valores da cidadania voltados contra si mesmos em violência, confusão, desespero e horror. Hoje existem muitas ocasiões de Estado que poderiam ser equiparadas às cerimônias cívicas da Grande Dionisíaca. Mas nenhuma delas complementa seus rituais com apresentações de tragédia que descrevam uma sociedade em que um homem assassina o pai e se deita com a mãe; em que um governante é desmembrado pela mãe, uma deusa enlouquecida; em que toda instituição de autoridade e de poder entra em colapso. As cerimônias cívicas de hoje tampouco se tornam comédias, que impiedosamente zombam da própria cidade por suas loucuras litigiosas, suas derrotas, seus líderes corruptos e seus cidadãos levados por seus pênis à farsa e à humilhação. Ibsen e Brecht não foram montados durante as Olimpíadas de

Berlim. Eugene O'Neill não é convidado a escrever peças para os desfiles do Dia dos Veteranos. As marchas da praça Vermelha não encenam Tchekov.

A Grande Dionisíaca é uma ocasião fora do comum, uma forma de entretenimento que fala sobre a sociedade para a sociedade. Mas a combinação de exibições do orgulho cívico com apresentações teatrais que descrevem a cidade destroçada levanta a questão de como deveríamos compreender a força social dessa forma de entretenimento.

Pode-se entender que o festival trágico – as peças e as cerimônias em conjunto – oferecia à cidade uma mensagem sobre como deve se comportar uma boa cidade. Quase todas as tragédias que sobreviveram têm como cenário cidades que não Atenas – assim, *As Bacantes* e *Édipo Rei* são localizadas em Tebas, e *Medéia*, em Corinto –, e quase todas elas se passam em uma época que não é o presente, em geral sendo mesmo na era heróica anterior da Guerra de Tróia – como, novamente, *As Bacantes, Édipo* e *Medéia* – e quase todas dizem respeito a personagens que não são os cidadãos na platéia: estrangeiros, reis, monstros, mulheres. A tragédia é encenada no território do outro – outros lugares, outros tempos, outros povos.

Portanto, é possível considerar que o entretenimento da Grande Dionisíaca oferece uma só mensagem para o cidadão. Primeiro, nós temos os rituais que antecedem as peças e que exibem uma imagem positiva de Atenas como cidade; depois seguem as austeras advertências das tragédias, que mostram o que acontece com as pessoas em outros lugares, uma imagem negativa de como as coisas podem ir mal. Juntas, as peças e os rituais ensinam aos atenienses quais são os valores corretos da cidadania. O festival expressa tanto a norma como a transgressão desses valores ideológicos. Nesse modelo, a comédia finalmente concede um alívio seguro. Sob os auspícios da comédia, as restrições usuais da lei, do costume e da expectativa são relaxadas, no verdadeiro espírito de Dioniso, e os prazeres da carne e as fantasias de satisfação pessoal são liberados. Todo o evento da Grande Dionisíaca, nesse modelo, constitui uma ocasião verdadeiramente cívica, que utiliza o espectro completo do espetáculo e do teatro para celebrar e educar a cidade.

Essa interpretação, que tem suas raízes na *Poética* de Aristóteles, é sem dúvida uma maneira muito forte de compreender a Grande Dionisíaca. Aristóteles via a tragédia como uma experiência educacional positiva para o cidadão, por meio de seu impacto emocional e intelectual. Assistindo ao raciocínio dos trágicos heróis, que os leva ao desastre, podemos aprender como melhor controlar nossas vidas. "A pena e o medo" despertados pela tragédia causam uma consciência moral purificada do que significa ser um cidadão.

Aristóteles, contrariamente a Platão, pensava que a tragédia fazia dos cidadãos homens mais corretos.

A mensagem da tragédia, porém, é muito mais complexa e interessante do que permite ver essa perspectiva de "boas notícias, más notícias". O âmago da tragédia é mais perturbador, e afeta suas platéias, sejam elas antigas ou modernas, de maneira mais dilacerante. Édipo é um exemplo perfeito, pois ele não é apenas um modelo negativo, assim como Medéia, Penteu e Orestes também não o são. Apesar de matar o pai, deitar-se com a mãe e poluir a cidade, Édipo não é apenas um "outro" que habita um mundo diferente, negativo. Ele é também uma figura inteligente, admirada, bem-sucedida, que como todo membro da platéia quer controlar sua própria vida. Está desesperado para evitar o terrível destino que o oráculo lhe reserva, e para descobrir quem realmente é. Essa busca pela identidade e pelo controle faz dele um modelo para *todos* nós. Como reconheceu Freud, existe um Édipo dentro de cada um. O poder intelectual e emocional da tragédia provém exatamente da dificuldade de seus exemplos. Os personagens não são vilões e heróis unidimensionais, mas figuras complexas presas em laços paralelos de dúvida e compulsão, obstinação e perda. No fim, é a maneira como Édipo se assemelha a nós que torna a peça tão poderosa. Por meio da dor alheia, a tragédia nos leva ao autoquestionamento.

Esse questionamento tem um efeito poderoso e perturbador nas tradicionais histórias da cidade que herdamos – os mitos por meio dos quais navegamos pelo mundo. Isso fica especialmente claro em uma das maiores obras da cultura ocidental, *Oréstia*, de Ésquilo, que reescreve as paradigmáticas histórias de Homero para a cidade democrática.

Em Homero, Orestes é um herói exemplar. Sempre que Telêmaco, filho de Ulisses, encontra um herói, este lhe diz para "ser como Orestes". Ele tomou controle de sua própria casa, vingou-se do assassino de seu pai e livrou a cidade do usurpador Egisto, que havia seduzido sua mãe, Clitemnestra. É crucial para a exemplar história de Orestes que Homero não mencione como Clitemnestra, a mãe adúltera, morre. A maior indicação que temos é quando, mais uma vez, a história de Orestes é contada a Telêmaco por Nestor. "Quando Orestes retornou", diz Nestor, "ele o matou (Egisto, o usurpador) e convidou os argivos para uma festa funerária em homenagem à sua detestada mãe e ao covarde Egisto." "Quando *ele o* matou" torna-se um funeral no plural. Esse silêncio na narrativa é o mais próximo que Homero chega de mencionar a história da morte de Clitemnestra.

Ésquilo se apropria desse silêncio, e o faz urrar. No centro do palco, na parte central da trilogia, Orestes se depara com a mãe, que mostra seus seios e implora por clemência. É aí que o herói hesita e, na expressão clássica da dúvida da tragédia, pergunta: "O que devo fazer?" Orestes tem de matar a mãe. Mas ele sabe que está cometendo um erro enquanto a está matando. "Você fez o que não devia; agora sofra o que não deveria" é o seu julgamento enquanto ele a leva à morte, no momento de clímax.

O restante da trilogia tenta fazer sentido das ações de Orestes, que termina em um tribunal da corte em Atenas, onde é julgado, tendo o deus Apolo como defensor, a deusa Atenas como juíza e as Fúrias como acusadoras. O júri é composto de cidadãos atenienses. Mesmo com o deus da verdade, Apolo, defendendo seu caso, Orestes só ganha metade dos votos do júri. Só o decisivo voto de Atena é que consegue absolvê-lo. Ele continua a ser um problema: um exemplo agora não de heroísmo puro e simples, mas da trágica e violenta complexidade e das obrigações conflituosas da ação humana.

A história de Orestes necessita da instituição da corte e das estruturas da cidade para encontrar uma resolução. O mito homérico foi reescrito para o novo mundo da cidade democrática, mas de uma maneira tal que ninguém jamais diria novamente, como os personagens de Homero tão freqüentemente declaravam, "Seja como Orestes!". Ele é agora o matricida, uma figura difícil de avaliar e impossível de ser tomada como modelo. O herói exemplar de Homero tornou-se um problema, para a platéia e para si mesmo.

Continuamente a tragédia apreende a ideologia da cidade e expõe suas falhas e contradições. Ela coloca a obrigação de um homem para com sua família *contra* sua obrigação para com a cidade. O efebo pode se apresentar antes das peças e prometer "lutar ao lado de seu companheiro": a tragédia não se cansa de mostrar como é difícil obedecer a esse princípio. Os rituais que antecedem as peças podem fazer os generais subirem ao palco: a tragédia revela a equivocada arrogância, o desastroso excesso de confiança e as falhas de controle daqueles que têm autoridade. Os rituais que antecedem as peças podem afirmar os valores militares do Estado – contudo, drama após drama, todo ufanismo e toda convicção são enfraquecidos. A tragédia descreve o herói não como um exemplo brilhante de homens a serem emulados, mas como um personagem difícil, egocêntrico e perigoso, para quem a transcendência só pode ser obtida por meio do custo da transgressão. Os gregos, como sempre, tinham uma expressão para isso: *es meson*, que significa "colocar no domínio público para ser contestado". A democracia se orgulha de sua abertura a questionamentos. A tragédia é a instituição que encena essa abertura de maneira mais surpreendente.

A comédia não é menos provocativa – à sua maneira. Suas peças zombam dos generais que haviam aberto o festival. Ela torna heróis os indivíduos que desprezam a coletividade da democracia e procuram acima de qualquer ideal político, mais sexo, mais comida e mais bebida. A comédia vira de cabeça para baixo as instituições democráticas, em uma confusão carnavalesca. A Assembléia é dominada por mulheres na peça de Aristófanes *A Assembléia das mulheres*; a corte é hilariamente caçoada em *As vespas*; festivais religiosos são o alvo em *As convocadas*; e é a vez das chacotas militares em *Lisístrata*. A comédia e a tragédia colocam a cidade sob o controle do deus da liberação, da transformação e da loucura. A Grande Dionisíaca, uma celebração financiada pelo Estado, sob a autoridade perigosa e maliciosa de Dioniso, põe alguns dos mais básicos princípios, e alguns dos mais estimados valores da cidade, em risco.

Isso deveria fazer com que parássemos e pensássemos.

Apesar do duradouro e significante legado que as tragédias da Grécia clássica produziram na cultura ocidental, há uma maneira particularmente reveladora na qual a Grande Dionisíaca fornece uma pungente imagem refletida das formas de entretenimento do mundo moderno. O festival representava o maior agrupamento de cidadãos do calendário, a mais pública das ocasiões, e a cidade usava aquela oportunidade para explorar as complexidades emocionais e intelectuais da existência, assim como para rir e chorar, para refletir sobre as histórias herdadas, assim como para participar das celebrações cívicas. Ele capacitava e incentivava a participação e a reflexão pessoal sobre questões pessoais, familiares, intelectuais e políticas de interesse geral. Em que outro lugar da vida pública da sociedade ocidental poderíamos olhar para encontrar semelhante engajamento cívico, de natureza crítica e emocional equivalente?

A Grande Dionisíaca ainda tem o poder de fazer uma séria pergunta sobre a falta de uma verdadeira cultura pública nas instituições da democracia moderna. Ela demonstra a falta de ambição cultural de nossa sociedade, e revela quão restrita e acomodada é a cultura cívica da democracia moderna – mesmo que algumas poucas peças, filmes e programas de televisão possam se esforçar para tocar suas grandes platéias com inteligência e paixão. Da mesma maneira que o cidadão moderno possui um papel extremamente restrito nos processos de decisão do governo, também são severamente limitadas as oportunidades para a participação na cultura pública. Hoje, nada como a Grande Dionisíaca está em cartaz.

O que fazemos constitui grande parte do que somos, e é por isso que o entretenimento – como passamos nosso tempo – é uma parte integral de nossa autodefinição. O contraste entre as formas de entretenimento contemporâneo e as tragédias atenienses do festival da Grande Dionisíaca revela um buraco no centro de nossa cultura pública.

3 *O gladiador e a multidão delirante – "Sob meu comando, desatrelem o inferno"*

Anotar os números dos vagões de trem, lutar sumô ou tatuar o corpo todo podem parecer estranhas formas de entretenimento para alguém que não está familiarizado com a cultura. Mas a pergunta "Como podiam fazer isso?" raramente é feita com tanto choque e insistência quanto em relação aos jogos dos gladiadores romanos. Parte da excitação que filmes como *Spartacus* ou *Gladiador* provocam se deve a nossa consciência de quão transgressiva essa forma de entretenimento letal parece à sociedade ocidental. O Império Romano pode ser a base do sistema legal europeu e de sua geografia política, mas sua diferença do mundo atual pode parecer temível quando contemplamos o Coliseu. Os gladiadores representam o lado negro da civilização que emerge. A habilidade técnica e burocrática de Roma – os aquedutos, as estradas e a administração imperial – não consegue reduzir a gritante diferença da sociedade que adorava ver animais selvagens devorando seres humanos vivos e se entusiasmava ao ver homens cortando uns aos outros em pedaços.

Os gladiadores provocam um estranho frisson em dose dupla: de um lado, um horror baseado em nossa superioridade cultural; de outro, uma fascinação voyeurística pela laceração da carne e a multidão delirante. O mundo moderno pode expressar seus escrúpulos, sua revolta moral e sua vergonha perante o espetáculo da destruição do corpo humano, mas isso não impede que os gladiadores sejam a imagem de Roma que mais se adora reencenar, e a que mais freqüentemente se quer ensinar na escola. Os gladiadores nos pedem para refletir sobre nossa própria relação com a violência, com o corpo humano e com o espetáculo do poder.

E que espetáculo de poder eram os jogos! Os números são avassaladores. O imperador Tito, por exemplo, organizou jogos em Roma em 80 d.C. para celebrar a inauguração do Coliseu; duraram cem dias. Incluíram a execução de nove mil animais em um dia, alguns mortos por caçadoras femininas especialmente treinadas. Havia confrontos diretos entre os gladiadores de maior destaque. Havia também lutas em massa. Havia batalhas entre equipes – incluindo uma batalha aquática, com barcas inteiramente ocupadas, que fazia uso de uma brilhante técnica inovadora de inundar a arena artificialmente. Até três mil homens poderiam lutar em um dia. Para manter a multidão no auge da excitação, o imperador ordenava que bolas de madeira fossem jogadas para o público, que podia trocá-las por prêmios – comida, roupas, dinheiro e até escravos.

Na geração seguinte, o imperador Trajano celebrou uma vitória militar com jogos que duraram 123 dias, nos quais foram executados 11 mil animais e em que lutaram dez mil gladiadores. Isso equivale a todos os atuais jogadores profissionais de futebol americano, basquete e beisebol nos Estados Unidos, todos juntos, munidos de armas letais, lutando no mesmo evento. A idéia é perturbadora.

Naturalmente, essas extravagâncias imperiais representavam os casos mais extremos, mas fazem com que até os épicos de Hollywood pareçam bem comportados. Elas eram formuladas para ser arrebatadoras, únicas e monumentais. Custavam uma fortuna e eram organizadas para afirmar o poder total do imperador, uma declaração pública e agressiva de seu controle sobre o mundo material. Fora de Roma, as coisas eram menos grandiosas: a abertura de uma biblioteca local era celebrada com a luta de 12 pares de gladiadores; uma das famílias mais importantes de Pompéia, para celebrar sua posição e riqueza, exibiu 30 pares de gladiadores em um festival de cinco dias. Augusto tentou – sem sucesso – limitar, em Roma, os habituais espetáculos a apenas 60 pares de gladiadores e dois shows por ano. Mas mesmo que os jogos de Tito e de Trajano tenham sido ocasiões únicas, a escala absoluta de sangue derramado e de dinheiro gasto por todo o Império, através dos séculos, permanece incompreensível.

O tamanho da multidão se equiparava à escala da matança. Cinqüenta mil pessoas podiam ocupar o Coliseu em Roma, e assim o faziam durante os jogos – homens e rapazes de todas as camadas da sociedade. Mulheres eram permitidas somente como parte da comitiva do imperador (embora prostitutas se aglomerassem nos escuros arcos externos – a excitação dos jogos sem dúvida fazia muito bem para os negócios). Augusto limitou os jogos a duas vezes por ano, embora o número tenha aumentado com o passar do tempo, e o entusiasmo da antecipação, inflado pela propaganda, garantisse uma multidão animada.

A imensa estrutura do Coliseu organizava essa massa de pessoas em um mapa sociopolítico da cidade. A platéia era altamente estratificada (assim como a sociedade romana), com assentos separados para os cavaleiros, os senadores, os soldados, os cidadãos e, durante o Império, mais significativamente, para o imperador. Cada pessoa trajava uma roupa formal que indicava sua posição – senadores em togas com as bordas roxas, cidadãos em togas brancas e assim por diante. Se um romano se tornava senador, uma das melhores maneiras de exibir este novo status era a mudança de lugar e de roupas durante os jogos. As arquibancadas circulares, que se erguiam a alturas estonteantes, eram um espaço onde todos podiam ver e ser vistos, cada um em seu lugar apropriado.

Para a elite, os jogos constituíam um palco para a busca de status e poder. Ricos senadores, e os imperadores em particular, competiam para organizar os eventos mais extravagantes e memoráveis. Os jogos eram anunciados, celebrados e discutidos. Alguns filósofos e moralistas declaravam sua repugnância mais pelas emoções infladas da multidão que pelo derramamento de sangue. Mas os jogos continuaram a ter muito sucesso em Roma, e em todas as províncias. Até os teatros gregos foram adaptados para os gladiadores. O cristianismo pode ter expressado veementes objeções morais desde os primórdios do fervor religioso, mas os últimos jogos de gladiadores de que se tem registro tiveram lugar no século VI. A instituição definhou devido à falta de dinheiro, e não à falta de entusiasmo por esse tipo de entretenimento. Os jogos foram bastante populares durante séculos.

Os gladiadores lutavam uns contra os outros em quatro "papéis" estabelecidos, definidos por armaduras e armas. Cada um deles usava uma grossa tanga e uma ou duas proteções para as pernas (tornozeleiras de metal). Três desses tipos padrão portavam pesados capacetes, tinham uma proteção de metal ou couro num dos braços e carregavam um escudo. O quarto – o chamado *retiarius*, ou "pescador", "homem da rede" – carregava uma rede e um tridente, mas não usava capacete. Os pares de gladiadores eram arranjados com o intuito de equilibrar as forças, sobretudo a velocidade e a mobilidade do *retiarius* contra a armadura mais pesada dos outros. O mosaico na figura 40 mostra o *retiarius* do lado direito, com o tridente e com o braço esquerdo coberto pela típica malha protetora. À esquerda encontra-se o *secutor* ("perseguidor"), que segura um grande escudo, usa capacete e armadura na parte inferior da perna e no braço direito. A estratégia de combate entre esses dois tipos de gladiadores era refinada, treinada e apreciada. A escola de gladiadores representava uma educação severa, intensa, mas altamente evoluída. Os jogos celebravam também a arte de matar e morrer.

[FIG.40] *Mosaico de gladiador, de Verona*

O equipamento típico do gladiador exibe seu corpo de duas maneiras particularmente reveladoras. Em primeiro lugar, a maioria não mostrava a cabeça. A luta não era uma ocasião para observar expressões individuais de angústia ou de triunfo: não havia *close-ups* para personalizar o combate daquela maneira que Hollywood tanto adora. Isso não era o que estava em jogo na arena romana. Em segundo lugar, e mais importante, os gladiadores lutavam com o torso desnudo.

O torso desnudo não é apenas para expor a carne aos olhos dos espectadores ou às lâminas de aço. Ele personificava a bravura positiva e apreciada do lutador. O combate de gladiadores, como escreveu o político e intelectual Plínio, "inspira a glória das feridas e o desprezo pela morte, uma vez que o amor pela glorificação e o desejo de vitória podem ser vistos até mesmo nos corpos de escravos e criminosos". Cícero declarou que o treinamento de um gladiador transformava a escória, os escravos e os criminosos em modelos de virtude romana:

> Olhe para os gladiadores, homens corruptos e bárbaros, que golpes eles conseguem suportar! Veja como os homens que foram bem treinados preferem receber um golpe a evitá-lo desonrosamente!... Que gladiador de valor jamais emitiu um gemido ou perdeu a compostura?... Quem entre eles se desgraçou?... Quem depois de uma queda afastou seu pescoço quando comandado a receber o golpe fatal?... Essa é a força do treinamento, da prática e do hábito.

O gladiador era treinado tanto para matar como para morrer, de forma que incorporasse a verdadeira virtude romana. O gladiador derrotado tinha de expor o peito para receber o golpe final. Ele não poderia recuar, hesitar ou se esquivar. Tinha de receber o golpe "com todo o corpo" (como colocou Cícero). Os gladiadores podem ter sido criaturas de baixo escalão, dispensáveis, publicamente exibidas, mas eram também heróis na arena que tanto importava aos romanos: a masculinidade.

Um ponto crucial para essa exibição pública do corpo corajoso e dilacerado do gladiador é que esses homens eram em geral escravos ou criminosos. Escravos eram tratados pelos romanos como uma categoria separada da vida humana e, especialmente nas minas das vastas propriedades rurais, eram utilizados praticamente como máquinas, fontes de trabalho inumanas. O corpo de um escravo não possuía nenhuma das proteções de um cidadão. Um escravo, ao contrário de um cidadão, não tinha qualquer direito, e não podia evitar ser surrado, marcado, torturado e forçado a fazer sexo pelo seu senhor – e todas eram práticas comuns da sociedade romana. O estupro era uma punição para servos dos sexos masculino e feminino, e chicotadas eram usuais. A exposição da carne do gladiador e seu tratamento violento era uma possibilidade para os romanos porque o escravo e o criminoso não passavam de corpos a serem utilizados para a punição e o trabalho – e para o entretenimento.

Os criminosos não tinham escolha, e eram com freqüência destruídos impiedosamente na arena. Mas o custoso treinamento, a alimentação e o estilo de vida do gladiador são considerados, por alguns escritores modernos, preferíveis à vida sórdida, bruta e curta do escravo, ou mesmo à de um cidadão liberto, mas pobre. Havia alguns poucos voluntários nas escolas de gladiadores. Alguns gladiadores conseguiam sobreviver a suas carreiras e se aposentar como atletas consagrados. Outros chegavam perto, mas eram mortos depois de uma longa série de lutas. Desenhos e inscrições registram – de diferentes maneiras – o status de celebridade dos gladiadores, mas também os fatos essenciais de uma vida de triunfos e de perda final.

Uma inscrição de Pompéia, por exemplo, registra a pequena história da vitória de um novato sobre um homem mais velho e muito mais experiente: "Spiculus, da escola de Nero, primeira luta, vencedor; Aptoneus, ex-escravo, 16 vitórias, morto." A história só pode ser imaginada, mas é fácil de adivinhar: um ex-escravo poderia muito bem ser um gladiador voluntário; e ele tinha lutado muitas vezes com sucesso. Tinha uma carreira. Mas Spiculus, treinado na escola de gladiadores de Nero, em sua primeira luta contra a velha e ferida mão, teve sorte ou foi mais habilidoso. Nada mais se sabe sobre qualquer um deles, ou o que aconteceu com o jovem Spiculus depois disso. Entretanto, é significativo que alguém se tenha dado ao trabalho de escrever essa história em uma parede. O gladiador pode ter sido uma figura da desgraça social, mas era também um personagem que fascinava profundamente o público romano.

De fato, o gladiador, mesmo antes de Kirk Douglas ou Russell Crowe, era simplesmente um símbolo sexual, exercendo uma fascinação meio sórdida e bruta. Como coloca Juvenal, com seu escárnio característico: "O que amam estas mulheres? A espada..." Sexo com gladiadores, como sexo com gângsteres, não era jamais separado da violência que lhes concedeu a fama – e era sempre manchado por sua mescla paradoxal de desgraça e exibições de honra (sobretudo nas mentes dos homens corretos de Roma, obcecados por suas mulheres). Mas os gladiadores, como os gângsteres, poderiam parecer sensuais mesmo para as mais nobres das mulheres. Faustina, esposa do imperador Marco Aurélio Antônio, viu alguns gladiadores e sentiu-se atraída por um deles. Ela cometeu o erro de contar isso a seu marido, que imediatamente mandou matar o gladiador e fez com que Faustina se banhasse em seu sangue – antes de ter relações sexuais com ela.

Essa é uma história que incorpora toda a ambivalência romana sobre o apelo sexual do gladiador e o poder corruptor do imperador. A história, entretanto, tem um peso especial, uma vez que o filho desse casal era Cômodo, o imperador mais manchado por sua atitude na arena. Porque, apesar de sua posição imperial, ele insistia em lutar pessoalmente. Com um arco e uma lança, em dois dias de espetacular extravagância, ele mesmo matou cinco hipopótamos, dois elefantes, um rinoceronte e uma girafa. O custo de transporte dessas exóticas criaturas da África para Roma, apenas com o intuito de serem executadas pelo jovem imperador, era tão exorbitante quanto era excessivo o seu comportamento.

Cômodo praticava suas habilidades de gladiador em casa, mutilando orelhas e membros enquanto matava e desfigurava escravos submissos (ou pelo menos é o que nos contam). Ele participou até mesmo de lutas preliminares na própria arena, embora as espadas fossem cegas. Como imperador, sempre ganhou. Os romanos tradicionais ficavam enojados com essas exibições imperiais. Ele planejou até mesmo ser nomeado cônsul vestindo os trajes de gladiador. Mas foi assassinado antes disso, estrangulado depois de uma bebedeira (e não esfaqueado ao lutar no Coliseu como o filme *Gladiador* mostra). O gladiador, herói sensual de qualidades masculinas e vil escravo cuja vida dependia de um movimento de dedos, personificava um paradoxo das idéias romanas sobre o poder. Quando o imperador agia como um gladiador, a tensão entre o correto e o baixo, entre o poder e o descartável, o desejo pela honra e a exibição descarada se tornava muito intensa para que a mente romana a processasse confortavelmente. Cômodo era um escândalo.

Os jogos de gladiadores eram formas de entretenimento muito sérias, que produziam história após história, imagem após imagem. A obsessão romana com a masculinidade e com a violência, com a hierarquia e com exibições de poder encontrou no gladiador seu mais perfeito emblema. O chão de mosaico na figura 41 é um de muitos que representam os gladiadores. Decorava uma rica mansão, mas tipifica a presença difundida de representações de gladiadores no mundo visual romano. Essa era uma imagem com a qual vivia uma família romana de prestígio.

Os gladiadores têm nome, e cada par apresenta claramente um vencedor e um perdedor. No par inferior, o golpe mortal foi aplicado e o vitorioso herói posa acima de seu rival assassinado, que ainda sangra. O sangue derramado, a espada jogada no chão e os olhos fechados do distorcido corpo da vítima contrastam com a posição resoluta do vitorioso com os olhos erguidos na direção dos céus da autoridade imperial. No par superior, o golpe mortal está a ponto de ser dado. A vítima o encara com os olhos abertos. Seu nome é Cupido (que significa "Desejo" em latim, um bom nome para um gladiador); embaixo do

[FIG.41] ***Mosaico de gladiadores***

nome encontra-se a letra grega teta, que inicia a palavra *thanatos*, morte. É o símbolo que indica que a sentença de morte foi dada pelo patrocinador dos jogos. O carrasco, em seu capacete, segura a espada no alto para o *coup de grâce*. Acima dos dois pares, a maca negra espera para carregar os corpos dos mortos. A violência da arena não se destinava apenas à excitação da multidão que transbordava de adrenalina. Ela também fazia parte da mobília doméstica da vida familiar romana. Até uma mamadeira poderia ser decorada com a imagem de um gladiador.

[FIG.42] *Campainha de gladiador*

A campainha da figura 42 mostra um daqueles gladiadores que combatem feras selvagens. Ele segura uma espada e está lutando contra um animal que surge de seu pênis enrijecido. Isso é supostamente engraçado (eu imagino), mas vai diretamente ao âmago das idéias romanas sobre sexo e violência com o gladiador. Estaria o gladiador lutando para conquistar o desejo – "a fera abaixo da cintura", como disse Shakespeare? A preparação do gladiador para enfrentar a morte com nobreza constituiu um paradigma de autocontrole. Ou é essa uma maneira de colocar a sensualidade do gladiador como uma questão de tamanho? A bestialidade da agressão encontra-se dentro de um homem ou é ela sua inimiga? A linha divisória entre homem e fera se torna aqui uma fusão de violência autodestrutiva. Esse é um objeto do dia-a-dia, para ser pendurado na porta de uma casa. Entretanto, é uma imagem difícil de ser decifrada. Representações de gladiadores cercavam os romanos por todos os lados porque seus desempenhos espetaculares eram centrais nas concepções de violência, sexualidade e poder.

De sua origem em funerais aristocráticos às enormes exibições dos imperadores, os jogos de gladiadores sempre representaram uma cena do teatro político. Eram oferecidos como parte das exibições de poder da elite, e nesse espetáculo o povo desempenhava um papel crucial. Sob os imperadores, existiam muito menos oportunidades de atividade política para o povo romano (e um papel restrito mesmo para a elite). Conseqüentemente, os jogos, onde a população em massa se juntava perante o imperador, podiam ser um dramático encontro entre o governante e os governados. Imperadores eram experientes no cuidadoso controle das aparências, e tinham o poder de encenar suas próprias aparições como festejos. Entretanto, exibir esse poder de maneira muito ostensiva ou agressiva poderia facilmente se tornar um símbolo de violência tirânica. Domiciano recolheu os toldos que protegiam a multidão do sol escaldante (um dos mais incríveis feitos tecnológicos do Coliseu) e forçou a multidão a sentar-se ali e sofrer. Os jogos se tornaram um local visível onde eram expressas as tensões sociais de Roma.

Nos jogos, a população em massa encontrava uma voz que lhe faltava em outros contextos formalmente políticos. Assim, a multidão apelava a Calígula, no Circo, para diminuir os impostos. Quando ele recusou, o povo continuou gritando, até que o imperador enviou soldados à multidão com ordem de matar qualquer pessoa que fosse pega gritando. A multidão se calou, enfurecida. Essa cena, de acordo com o historiador judeu Josefo, ajudou a motivar um bando de rebeldes a conspirar e assassinar o imperador. Já o imperador Tibério, por outro lado, diante da raiva do povo por ele ter removido uma conhecida (e evidentemente muito querida) estátua da casa de banho pública e a colocado em seu palácio, atendeu a seus desejos e concordou em devolvê-la.

Nessas ocasiões, o poder do imperador se enfrentava com a massa coletiva da vontade popular. Entretanto, a mais freqüente exibição da autoridade imperial era mais direta. No final do combate, o gladiador vitorioso fazia um apelo ao homem que havia organizado os jogos. Deveria ele matar o oponente ou poupá-lo? A multidão expressava sua vontade aos berros; e o imperador, fazendo um sinal com a mão – positivo para a morte, negativo para a misericórdia –, decidia o destino do homem derrotado. Essa contínua exibição demonstrava visivelmente o poder do imperador sobre a vida e a morte. A emoção dos jogos está intimamente relacionada com a linha frágil e arbitrária entre a vida e a morte, a posição do polegar, e a oportunidade para que todos na multidão possam declarar sua sentença por meio de berros. Como observou amargamente o poeta Juvenal: "Mesmo aqueles que não matam querem ter o poder de fazê-lo." No clímax, toda a multidão e os lutadores se concentravam no imperador; naquele instante toda a preciosidade da vida dependia do seu gesto. Seria difícil construir um espetáculo de poder mais intenso, ou mais evidente.

Os jogos também faziam parte de uma política de punição. Criminosos eram ali executados publicamente. O espetáculo da execução variava em brutalidade. Os criminosos podiam ser jogados a animais selvagens previamente preparados por um regime de fome (essa é, com certeza, a imagem favorita do martírio cristão, ser "jogado aos leões"). Ou podiam ser usados como munição de canhões em batalhas preestabelecidas. O que talvez seja mais aterrador é que eles também eram usados para encenar as mortes macabras das histórias míticas. Hércules tinha ardido até a morte em uma pira funerária, e esse acontecimento era encenado com um criminoso vestido como Hércules. Pasífae havia dormido com um touro (e assim produzido o Minotauro). Por essa razão, uma mulher era forçada a copular com um touro até morrer. Violentas punições públicas, como decapitações, enforcamentos, retiradas das vísceras ou apedrejamentos foram comuns durante a história da Europa, mas as grotescas torturas de interpretação mitológica eram uma especialidade de Roma.

Os animais eram também atiçados uns contra os outros, e eram caçados por profissionais. O elegante entalhe na figura 43 capta um pouco da excitação dessas ocasiões. Embora fossem a raridade e o custo das bestas, e a habilidade dos caçadores, que mantinham os romanos interessados, a luta bastante

[FIG.43] *Relevo de gladiadores lutando contra leões*

simbólica entre humanos e animais é fundamental para a exibição de relações de poder nos jogos. Tratar homens como carne para ser rasgada por animais é parte da humilhante redução de criminosos ao status de não-humanos; a caça de animais reafirma a fronteira entre homem e besta. A platéia que assiste balança e treme em um seguro reconhecimento da potencial fragilidade da dominação humana sobre o mundo natural.

Esse contexto concede à mais famosa história dos jogos o seu peso. De acordo com Aulus Gellius, que registra a história, Apion estava no Circo naquele dia e viu o acontecimento com os próprios olhos. Androcles era um escravo que havia escapado do governador da África. Ele acabou sendo recapturado e sentenciado à morte por feras selvagens em Roma. Entretanto, o selvagem e esfomeado leão, em vez de atacá-lo, lambeu seus pés e suas mãos, e eles pareciam se cumprimentar como velhos amigos. Calígula era o imperador encarregado desses jogos. Ele chamou Androcles a seu camarote para que explicasse esse feito extraordinário. O escravo contou que, quando estava fugido, escondera-se na toca desse mesmo leão, e ali havia removido um espinho da pata da fera. Depois disso, o leão não parecia querer devorá-lo, e Androcles permaneceu então, por três anos, dentro da toca. Quando partiu, foi recapturado. Agora ele havia encontrado o mesmo leão mais uma vez. O imperador ordenou que a história fosse escrita em placares e circulasse pela arena para que todos pudessem apreciá-la. Essa história com ares de fábula, sobre a troca e a gratidão entre o homem e a fera, desponta como um forte contraste à violência esperada dos jogos, a deliberada destruição e desumanização de suas vítimas. Essa é uma razão que explica por que platéias modernas adoram contar esse episódio como um antídoto para os jogos.

Porém, o que mais fascina e empolga a sociedade ocidental desde o Renascimento é a fascinação e a excitação da multidão romana – a massa delirante, febril, vibrante, fixada no espetáculo da morte humana. Como todos no Coliseu, nós estamos tão absorvidos em observar os espectadores como estamos em observar o espetáculo da morte. A mistura de erotismo e violência que tanto atrai e repele o público moderno é habilmente imaginada em *Habet!*, de Simeon Solomon (figura 44), que descreve o momento da morte de um gladiador nas diferentes expressões corporais de desejo e poder nas mulheres. A manipulação que Solomon faz de suas obsessões vitorianas com o desejo feminino, a morte e o mundo antigo funciona como um espelho para o espectador. Ao observarmos a pintura de Solomon, nós nos surpreendemos com o nosso próprio desejo de presenciar os espetáculos de Roma.

[FIG.44] **Habet!**, ***por Simeon Solomon***

A estranheza dos jogos – a violência do torso desnudo contorcido na direção da espada, a multidão clamando por morte, o polegar do imperador selando a desgraça de um homem, o cheiro e a visão de sangue humano e da carne destroçada – é sentida em todos os momentos. Apreender essa estranheza faz parte do que nos ajuda a definir a civilização moderna ocidental, a definir quem somos. Nós gostamos – nós *precisamos* – considerar os jogos "completamente discrepantes e praticamente inimagináveis". Isso nos concede uma certeza sobre as nossas próprias sociedades civilizadas. É uma consolação.

Como a maioria das consolações, esse conforto depende também de certa dose de negação de nós mesmos. Ele depende de não considerarmos seriamente a violência, simbólica e real, da sociedade moderna. As execuções públicas não mais constituem os sensacionais eventos que representaram durante a maior parte da história européia. Entretanto, nos Estados Unidos, as execuções do Estado têm de ser presenciadas por membros do público, e podem ser compradas em vídeo para serem vistas repetidamente. A pornografia exibe sem nenhum pudor atos violentos e degradantes tanto em shows ao vivo como em filme ou vídeo. Quanto mais realista, mais caro. Existe uma lucrativa indústria de vídeos sobre "desastres reais", que vão de batidas de carro aos piores tipos de acidente. Na televisão, programas sobre assassinatos e "crimes verdadeiros" continuam a obter altos índices de audiência, e Jack o Estripador continua a ser um sucesso comercial. Nas reportagens sobre guerras ou atos terroristas, nenhum noticiário contemporâneo está completo sem a imagem de um corpo sendo carregado ou coberto. As imagens das atrocidades do 11 de Setembro em Nova York não se cansaram de mostrar pessoas saltando em direção à morte. Na segunda Guerra do Golfo, câmeras seguiam soldados em plena batalha e mostravam jornalistas sob fogo cruzado.

Essa lista pode ser dolorosamente aumentada, tanto com eventos patrocinados por instituições como com atividades socialmente mais marginalizadas: touradas na Espanha; boxe; luta-livre; a violência obsessiva e repetitiva dos filmes de ação de Hollywood; a violência mais barroca dos filmes de arte; a grande gama de jogos de videogame; a exibição dos cadáveres sem pele e "plastinados" de Gunther von Hagens por cidades da Europa.* A sociedade moderna também adora exibir a violência, e também reúne multidões em es-

* A "plastinação" é uma técnica usada pelo artista/cientista alemão Gunther von Hagens. Com essa técnica ele preserva partes do corpo humano, doadas para pesquisa científica, substituindo seus fluidos por uma espécie de plástico flexível, que preserva os corpos e os deixa maleáveis. (N.T.)

petáculos de entretenimento, de maneira apaixonada ou de forma cruelmente impassível; a sociedade fica fascinada com as lúgubres exibições da carne, seja ela despedaçada, dilacerada ou simplesmente humilhada. Se é verdade que se conhece uma sociedade pelas suas formas de entretenimento, a sociedade ocidental moderna tem um longo caminho a percorrer antes que possa se gabar de haver reprimido sua dimensão mais obscura e odiosa.

Os jogos de gladiadores *são* diferentes, e de maneira importante, de todos os nossos espetáculos contemporâneos, principalmente por sua intenção de "demonstrar o status por meio do derramamento de sangue" em uma arena tão cívica e pública. Seria tolice sugerir outra coisa. Se, entretanto, a diferença dos jogos clássicos produz apenas uma sensação de conforto com relação às nossas próprias formas de entretenimento civilizado, então um elemento de reflexão consciente parece ter sido submerso, e de maneira significativamente preocupante. *Spartacus* e *Gladiador* são sucessos estrondosos, em parte, devido ao frisson dos espectadores em pensar que os jogos eram formas de entretenimento – em pensar que estão lá, realmente participando do evento. O apelo dessas sensações é também mais diretamente incentivado pela gigantesca indústria de entretenimento, que produz seus diferentes níveis de violência militar, sexual e pessoal. Os prazeres vicários de presenciar a violência para com o corpo humano não são, de modo algum, "inteiramente estranhos e inimagináveis" em nossa sociedade.

O espetáculo dos jogos de gladiadores é ainda chocante, mas o choque não deveria levar simplesmente à questão "Como podiam fazer isso?". Ele deveria nos ajudar a ver como são frágeis as fronteiras daquilo que nos orgulhamos de considerar uma civilização moderna. A questão levantada pelo espetáculo dos gladiadores é a mesma que o mundo moderno também precisa encarar – mas ele raramente o faz: o que diz sobre nós o fato de que gostamos de assistir a essas coisas em nome do entretenimento?

4 *A Última Ceia*

Judeus pelo mundo afora celebram sua Páscoa – o êxodo do Egito, como narrado na Bíblia. A principal forma de celebração é a refeição, altamente ritualística, conhecida como *Seder*, na qual se lê o *Haggadah*. Esse livro conta a história da fuga do povo de Israel do Egito, faz comentários sobre ela, traz salmos para serem cantados e termina com canções folclóricas para crianças. Era essa refeição que Jesus e seus discípulos estavam celebrando na "última ceia". Durante o *Seder*, cada pessoa tem de beber quatro copos de vinho, e o *Haggadah* determina que todos o façam em posição reclinada – embora hoje poucas pessoas tomem essa imposição ao pé da letra e ofereçam sofás para os convidados à mesa.

Um cidadão grego da cidade clássica, ou um cidadão romano do Império, acharia a ocasião do *Seder* surpreendentemente familiar: os ritos apresentam muitos elementos do simpósio, a festa grega regada a vinho que se tornou freqüente no Mediterrâneo a partir do século VI a.C. O simpósio era uma forma de entretenimento particularmente grega, na opinião dos gregos, mas ela se espalhou por todo o Império, sobretudo entre a elite de língua grega que dominava as camadas das classes superiores por todo o "Oriente grego", uma área que incluía no mínimo o Egito moderno, a Turquia, o Iraque, o Irã, a Síria e Israel. O simpósio era um dos símbolos definitivos de uma vida grega sofisticada.

Reclinar-se era normal nos simpósios, normalmente três pessoas por sofá. A quantidade e o teor alcoólico do vinho consumido eram determinados pelo *symposiarch* – o líder eleito da festa. Beber quatro copos na posição reclinada era típico do simpósio, não apenas porque a quantidade bebida é maior do que a usual e porque adota-se a posição reclinada, mas também porque é uma quantidade preestabelecida para todos. Em um simpósio, um escravo lavava as mãos de seu senhor (e por isso ainda hoje o líder do *Seder* tem suas mãos lavadas), e a noite progredia com o relato de histórias, jogos e o estabelecimento de alianças. Nos simpósios mais intelectuais, freqüentemente havia palestras sobre um tópico em particular, ou se propunham questões engraçadas, ainda que obscuras, para testar os convidados. O *Seder* também segue o mesmo procedimento de questionamento, debate e explicação, normalmente com cada pessoa da mesa tendo sua vez. Sua passagem litúrgica mais famosa é "as quatro perguntas", tradicionalmente formuladas por uma criança.

No mundo clássico, com o crescente consumo de vinho, os participantes do simpósio começavam a cantar em voz alta, e finalmente os rapazes mais jovens poderiam sair pela noite para fazer o tipo de baderna típica de jovens rapazes soltos nas ruas. O *Seder* termina com canções folclóricas, mas o ato final formal constitui em comer um pedaço concludente de pão não fermentado, o *aphikoman*. A palavra não significa nada em hebreu (e a maioria das pessoas não se interessa em saber de onde ela se origina). Ela é, entretanto, uma alteração das palavras gregas *epi komon*, que significa "para o *komos*", ou seja, a festa animada da bebedeira. O *aphikoman* marca o final da noite oficial (e das convenções sociais).

O *Seder* adquiriu a forma básica que tem até hoje durante uma época de domínio cultural grego sobre o Mediterrâneo oriental. Ele é uma celebração de liberdade, luxo e dos benefícios de uma vida em paz. Entretanto, mesmo sendo o *Seder* uma cerimônia importante na definição do judaísmo, seu formato e seus emblemas de liberdade são oriundos da sociedade greco-romana que o cerca. Esses emblemas ainda são adotados por judeus ao redor do mundo, pois muito poucos sabem sobre essa herança grega virtuosamente transmitida através de gerações – e porque muitos suprimiriam esse conhecimento por razões ideológicas pouco satisfatórias. O *Seder* é um exemplo perfeito da extremamente duradoura e permanente herança das formas de entretenimento gregas e romanas na cultura moderna. O que é extraordinário é a continuidade dessas formas de ritual por milhares de anos. Aqueles que celebram a Páscoa judaica, conscientemente ou não, estão vivenciando uma história de apropriação e emulação cultural.

A iconografia cristã da Última Ceia repete esse cerimonial com nova significância. O pão não fermentado e o vinho, símbolos de liberdade, tornam-se símbolos de um diferente mistério religioso cristão, uma promessa diferente de liberdade: o corpo e o sangue de Cristo oferecem liberdade desse mundo material. A oferenda de Jesus substituiu a oferta do cordeiro pascal: o sangue de Jesus como um sacrifício salvará e libertará o mundo cristão, da mesma forma que o sangue dos cordeiros, pintados nos batentes das portas dos israelitas, salvou os judeus do Anjo da Morte e os conduziu à liberdade. Para alguns cristãos, "pascal" (*pascha* em grego) era etimologicamente relacionado à "Paixão" de Cristo (*paschein*). Para outros, a "Páscoa" se tornou a passagem de Cristo para o céu. Contudo, essa tradição também não é muito clara sobre sua origem grega: com um ato de imperialismo lingüístico extraordinário, os cristãos de língua grega usavam a palavra "grego" (*hellen*) como um termo padrão para "pagão" – o detestado "outro".

A apropriação da cultura clássica nos cerca por todos os lados, nas tradições de nossas próprias formas de arte. Isso é mais óbvio na escultura e na pintura, que tentam conscientemente recapturar a forma clássica. Entretanto, essa preocupação com a proporção clássica – e com os corpos clássicos – estende-se ao balé e também à história da dança, como também aos esportes, em que o "ideal olímpico" é freqüentemente expressado por meio das imagens perfeitas e equilibradas do mundo clássico. A história do teatro e da ópera está repleta de tentativas de recriação da glória da Grécia e do esplendor de Roma – do festival wagneriano de Bayreuth à primeira de todas as óperas, e mais tarde com o caso de amor entre o teatro moderno e a tragédia grega.

É importante compreender que as nossas formas de entretenimento privilegiadas possuem uma longa genealogia clássica e que freqüentemente dependem de suas origens clássicas para manter a autoridade, o status e a inspiração. Também é fascinante como essas genealogias são esquecidas e como a herança do passado passa a parecer nossa própria cultura – uma história não reconhecida dentro de nós. Uma trágica história de amor pode nos fazer chorar, mesmo quando encena a trama de *Dido* e *Enéias* uma vez mais. Todo soldado que retorna à casa representa Ulisses, mesmo quando Homero não foi lido.

A história de nossas formas de entretenimento necessita dos clássicos para que suas genealogias e sua herança possam ser exploradas. Mas essas antigas formas de entretenimento agem também como um espelho que revela um tipo de auto-reconhecimento mais árduo – no qual nós podemos observar mais claramente as insuficiências e as ilusões da cultura pública contemporânea. Uma reflexão sobre as formas de entretenimento através de um prisma clássico também nos faz conscientes dos sinais de advertência, o que nos possibilita ser mais seguros a respeito da qualidade civilizada de nossos passatempos. Essa reflexão permite que nossa visão de nós mesmos seja mais clara.

As formas de entretenimento de uma sociedade são sempre reveladoras. Mas é especialmente difícil refletir de dentro de nossa cultura sobre o que as nossas formas de entretenimento revelam a nosso respeito. A própria palavra "entretenimento" parece afastar qualquer atenção séria, mesmo que saibamos que a compreensão de nós mesmos significa compreender aquilo que fazemos. Como temiam Platão e Agostinho, o entretenimento é onde nós gostaríamos de esquecer quem somos; e como mostrou Freud, é quando esquecemos quem somos que mais nos revelamos. O teatro e os jogos de gladiadores, aquelas formas arquetípicas de entretenimento da Grécia e da Roma antigas, ainda estão muito presentes dentro de nós, seja por meio das tradições artísticas ou da imaginação popular. Por essa razão, em parte, eles demonstram ser caminhos particularmente valiosos para uma reflexão crítica sobre aquilo que *nós* fazemos. Se você quer saber o que pensa que está fazendo, o teatro e os jogos são um bom lugar para iniciar tal reflexão.

Parte V

DE ONDE VOCÊ PENSA QUE VEM?

1 *Uma Grécia imaginária*

Quando uma criança pergunta "De onde eu venho?", a resposta sempre é uma história. Os pais podem chamar essa história de "os fatos da vida", mas suas palavras são sempre uma versão bastante editada daquilo que os adultos conhecem. À medida que as crianças crescem, as histórias sobre de onde elas vêm se multiplicam. Existem histórias pessoais – histórias de família com todos os seus mitos e memórias, trivialidades e tragédias. Existem relatos que todos os membros de uma cultura compartem: como uma maçã caiu sobre a cabeça de Newton (para os ingleses); como Guilherme Tell, com um tiro, derrubou a maçã que estava na cabeça de seu filho (para os suíços). Qualquer pessoa que não conheça essas histórias ignorará sua própria cultura. Existe a história da nação, da comunidade, da raça, que produz as afiliações da vida social. Existem também as grandes narrativas científicas e religiosas, que se propõem a explicar as "principais questões" do passado, como, por exemplo, a origem da própria raça humana – Adão e Eva, ou o Big Bang e a evolução. O mito e a história constroem o passado para nós, e dentro de nós. Nosso sentido do aqui e agora é formado por meio das histórias que contamos sobre nossas origens.

Se queremos compreender a sociedade moderna, precisamos olhar com cuidado para as narrativas históricas que fazem as pessoas levar o tipo de vida que vivem, acreditar no que acreditam e tomar atitudes que fazem diferença na sociedade. O conflito no Oriente Médio, por exemplo, é alimentado por narrativas históricas. A história mais antiga – a da Bíblia e da existência de tribos judaicas, até sua destruição pelo Império Romano – tem sido repetidamente utilizada como justificativa para reivindicações territoriais, tanto de um lado como de outro. O passado mais recente é também objeto de agressivas e acirradas disputas. É difícil imaginar uma discussão da atual situação política no Oriente Médio que não se volte, rápida e apaixonadamente, para o papel do mandato britânico de 1920-47, para a história da imigração e da expulsão (incluindo histórias familiares); para a causa das guerras e dos conflitos recentes e para acusações mútuas de terrorismo passado, junto com exaltadas reivindicações sobre o direito à liberdade. Essas são histórias de vida ou morte. As pessoas lutam por elas – e para elas. Elas motivam a violência assassina e o ódio prepotente – e todos aqueles que pelo mundo afora participam dessa discussão envolvem-se inevitavelmente na tarefa de recontar essas histórias, de maneira ingênua, insultante, gentil ou inteligente. Tem muita importância, uma importância crucial, a maneira como essas histórias são contadas.

"De onde você pensa que vem?" é uma questão que hoje parece sempre incitar desordem política. Ela está no âmago de boa parte da violência e do conflito contemporâneos, da brutal dissolução da ex-Iugoslávia a pérfidas e mordazes discussões sobre imigração e identidade nacional que ainda dominam o debate político europeu; da violência do apartheid institucionalizado às sórdidas hostilidades do racismo e do preconceito cotidianos; dos confusos debates científicos sobre genética, natureza e socialização às implicações sociais desses novos conhecimentos biológicos. Refletir sobre o poder da questão "de onde você pensa que vem?", e seu poder para moldar e influenciar vidas, nunca foi mais necessário que agora.

Gerações de escritores, políticos e artistas europeus e norte-americanos têm encontrado, repetidamente, uma resposta fundamental, idealista para essa pergunta – o passado clássico. A grande distância do passado clássico permite que criemos uma imagem *ideal* a ser desenvolvida e utilizada, e a imagem ideal da Grécia em particular tem repetidamente alimentado as mais excitantes revoluções culturais e políticas da sociedade ocidental. A Grécia é vista como a principal fonte dos valores ocidentais. Ela tem servido como bandeira a ser levantada, como estímulo para revolucionários, como inspiração e aspiração.

A Grécia e a Roma antigas forneceram uma história do passado que mudou vidas. Quando Karl Marx afirmou que "a Revolução Francesa foi realizada sob um verniz romano", ele quis dizer que as linhas de pensamento, as formas de comportamento e, sobretudo, os ideais políticos que juntos possibilitaram a Revolução Francesa foram essencialmente formulados por meio do estudo dos clássicos empreendido por seus líderes. E ele está certo: sem o olhar desejoso em direção ao passado, o progresso revolucionário que sacudiu a Europa do século XVIII e construiu a Europa moderna não poderia ter ocorrido da forma que ocorreu. Essa imagem idealizada do passado clássico, e normalmente do passado grego, é absolutamente central para a cultura e a política ocidentais. Ela afeta até mesmo a maneira como entendemos nossa vida interior. Sigmund Freud encontrou um Édipo dentro de cada um. Para Freud, a história de Édipo – o mito grego arquetípico – explica a origem de todos nós. Ele também precisou de uma imagem grega clássica para explicar a mente moderna.

Marx e Freud tiveram um impacto inestimável na cultura do século XX e em nossa sociedade atual. Por mais chocantes que fossem suas teorias, sua referência a uma Grécia imaginária não teria surpreendido nenhum de seus contemporâneos. A época na qual eles escreveram foi a que testemunhou o diálogo mais intenso, mais abrangente e mais apaixonado com o mundo clássico, tanto na política quanto na arte, tanto na música quanto na literatura. O Édipo de Freud e os revolucionários quase romanos de Marx falam diretamente a convenções intelectuais dos homens e mulheres do século XX.

A cultura do século XIX pode ter produzido Marx e Freud, heróis do século XX. Mas a sociedade contemporânea se definiu, acima de tudo, em oposição à cultura do século XIX. Um dos lugares de onde viemos – todos os nossos passados – é habitado por damas em longas crinolinas, cavalheiros usando cartolas e criados onipresentes. "Os vitorianos" são os atores principais em nossa história do passado. Como nós os compreendemos, e suas idéias das coisas, é fundamental em nossa autopercepção. Para explorar a história da Grécia imaginária – como o mito da Grécia e os próprios mitos gregos auxiliaram na formação da cultura ocidental –, não existe melhor lugar para começar do que no longo século XIX, quando os líderes do Império Britânico navegaram para as colônias levando textos clássicos nas mãos, quando o grego e o latim eram a referência de educação por toda a Europa, e quando o critério do idealismo artístico era a glória que foi a Grécia. Para descobrirmos de onde viemos, precisamos visitar a Grécia imaginária.

2 *Os pais fundadores – de Keats a Hollywood, ida e volta*

A natação de Shelley e as roupas de Oscar

O museu é uma história do passado, conservada como relíquia, e nenhum capta a fixação do Ocidente com a glória representada pela Grécia como o Museu Britânico em Londres. Os Mármores de Elgin, os frisos que uma vez decoraram o Partenon na Acrópole da Atenas de Péricles, constituem o objeto central de uma exibição que resume tanto o poder simbólico do Império Britânico como a nostalgia européia por uma Grécia imaginária. O Museu Britânico personifica as aspirações da Inglaterra do século XIX, e os Mármores de Elgin são uma jóia adequada àquela coroa, uma vez que desde a era romântica a cultura inglesa olha em direção à Grécia clássica com uma nostalgia obsessiva.

Quando esses mármores extraordinariamente esculpidos chegaram precariamente, pela primeira vez, à Inglaterra, em 1816, eles foram exibidos em um salão praticamente em ruínas, onde foram visitados por todas as grandes figuras culturais da época. Keats foi uma delas, e expressou sua reação em um soneto. O jovem poeta é reduzido a "uma dor estonteante" pela "grandiosidade grega", pela "sombra de sua magnitude". "Eu preciso morrer", ele se extasia, "como uma águia doente olhando para o céu." Com uma típica indulgência de sensualidade, ele achou gratificante derramar lágrimas perante essas imagens do passado: "É um luxo suave chorar." Os mármores representam o idealismo a que aspira Keats, mas do qual ele reconhece com tristeza, como poeta, estar longe.

A poesia de Keats registra uma absorção do passado clássico que se estendeu por toda a sua vida. Esse desejo pela Grécia é mais nitidamente articulado em "Ode a uma urna grega" (1819), outro poema que dramatiza o autor frente a uma obra de arte antiga. Keats não era originário das altas camadas sociais (como eram os poetas do período), e, conseqüentemente, ele de fato nada sabia sobre a língua grega. (Byron chamava seu trabalho de "poesia de mijar na cama", além de outros insultos, criticando o que ele considerava a "falta de masculinidade" de Keats – o que queria dizer sua falta de educação e de classe tanto quanto qualquer feminilidade.) Mas hoje, por meio de horas de estudos em sala de aula, esse poema é uma referência que sintetizou a busca inglesa por uma Grécia perdida.

O poema é estruturado como uma série de questões retóricas dirigidas às imagens da urna, e dramatiza a tentativa do poeta de penetrar o mistério das cenas silenciosas. As perguntas de Keats denotam sua paralisia perante a beleza da urna, mas também sua inabilidade desejosa de entrar e participar inteiramente do contexto antigo. A quarta estrofe, famosa, começa:

> Quem são esses que vêm para o sacrifício?
> Ó misterioso sacerdote, a que verdes aras conduzes tu
> Essa bezerra para os céus mugindo
> E de grinaldas ornados os sedosos flancos?

Reza a lenda que essas linhas foram inspiradas pelos Mármores de Elgin, e especificamente a imagem da figura 45, na qual a cabeça de uma vaca está de fato voltada para os céus, com a boca aberta, a caminho de uma morte sacrificatória. Em certo nível, a "Ode a uma urna grega" encena de forma intensa aquele sentimento de imensa atração – apesar da desconcertante estranheza – dessa Grécia, uma terra imaginária capturada em uma imagem imóvel e opaca.

Em seu amor pela Grécia, Keats era absolutamente típico da vanguarda da cultura inglesa. Toda uma geração de artistas românticos na Grã-Bretanha foi absorvida pela "grecomania". Enquanto o pobre Keats definhava artisticamente em Londres, Lord Byron, forçado pelo escândalo a fugir dessa cidade, tornou-se um poeta famoso que escrevia no estrangeiro, e entrou para o panteão dos artistas românticos morrendo pela Grécia. Como muitos escritores e pensadores, ele foi mobilizado pela luta da liberdade grega contra o Império Turco. Essa era uma batalha que fornecia uma agenda inteiramente politizada para o idealismo ideológico do movimento artístico em direção à Grécia. Byron poderia, na realidade, ter conseguido muito pouco e ter morrido – de maneira mais mundana – em decorrência de uma febre. Entretanto, tornou-

[FIG.45] *Friso do Paternon*

se um símbolo heróico do compromisso romântico com a causa da liberdade (artística, política, sexual), que fez do filelenismo – a paixão pela Grécia – um credo fundamental da época.

Shelley era também entusiasmado com a luta grega pela independência, e muitos dos seus grandes poemas relacionam o esforço para escapar das moribundas correntes da convenção social e da opressão política com a imagem ideal de uma Grécia livre. Prometeu era uma figura a quem Shelley sempre retornava: o espírito criativo aprisionado que sofre pela verdade e pela raça humana, e mesmo assim anseia por liberdade e justiça – a definição ímpar do artista romântico assim como do titã grego. Shelley também morreu jovem e no estrangeiro. Ele se afogou na costa da Itália – uma morte encarada com menos nobreza mitológica que a de Byron. Estranho, entretanto, é que até mesmo a atividade de nadar foi tocada pelo glamour do clássico. Hoje é difícil imaginar que a natação foi redescoberta como passatempo somente no século XVIII, e como esporte só muito mais tarde. Embora gregos e romanos tenham nadado por lazer, há uma longa quebra nessa história – as pessoas não nadavam na Europa medieval e renascentista. A natação foi retomada com um olhar consciente para o antigo amor pelo exercício e pelo treinamento do corpo, sobretudo pelos filelenos românticos, que fantasiavam nadar pelo Bósforo, como o Leandro da mitologia grega, em direção a sua amada. Nadar significava se exercitar e se esforçar como um herói grego ou romano. A morte de Shelley na água – a última vez que nadou – torna-se parte da sua própria mitologia na tentativa de ser um grego.

Para Byron, Shelley e uma série de intelectuais – os gigantes românticos dos primeiros 25 anos do século XIX –, a Grécia representava um ponto focal intelectual. Uma geração de intelectuais ingleses se definiu estética e politicamente por meio da identificação com uma Grécia idealizada. Eles estavam comprometidos com uma política e uma poesia revolucionárias, e em ambas as áreas inspiraram-se na imagem de uma Grécia livre. Shelley levantou a bandeira para toda uma geração quando declarou orgulhosamente: "Nós somos todos gregos."

Esses filelenos românticos prepararam o terreno para o século subseqüente. A Grécia permeia a vida artística e cultural da Inglaterra como uma contínua obsessão. Para as classes instruídas, a Grécia era parte integral da construção de uma identidade pessoal e cultural. Na figura 46, podemos ver Oscar Wilde, extravagante como sempre, em sua primeira viagem à Grécia, durante a década de 1870, feita em companhia de seu tutor do Trinity College, de Dublin. Essa imagem nos dá uma boa idéia da construção do "eu" que a viagem acarretava. Vestir-se como um grego e posar com um sorriso confiante e um pé sobre as antigas pedras da Grécia, para os amigos em casa ou os da universidade, codificam um ato de projeção do "eu" altamente elaborado, com o mesmo espetacular estilo de apresentação pessoal que caracterizaria mais tarde a carreira de Wilde. Ele havia escrito para seu tutor em Oxford pedindo permissão para começar as aulas atrasado, porque uma visita como aquela à Grécia era muito educativa. Certamente Wilde estava aprendendo.

[FIG.46] *Oscar Wilde na Grécia, 1877*

Wilde estava representando o que a frase "somos todos gregos" significava, e ele conhecia bem a intensa carga dessa reivindicação nos círculos em que ela já se propagava. Ele sentiu-se em casa com um grupo em Oxford e Londres chamado de "estetas". Esses estetas ofereceram um distinto desabrochar de transgressão autoconsciente. O grupo se compunha de alguns indivíduos que se elegiam a si mesmos e que variavam, ligados pelo compromisso com um extremo princípio estético em que a coisa mais importante era a "beleza". Todos os aspectos da existência eram submetidos a esse critério. E, para todos eles, a Grécia representava o ápice do paradigma de um mundo permeado pela beleza.

A notoriedade posterior de Wilde ofuscou uma linha de estudiosos mais sérios, incluindo o historiador de arte Walter Pater, poetas como Algernon Swinburne e ensaístas como John Addington Symonds, que tiveram profunda influência sobre uma geração de jovens rapazes tanto por meio de suas publicações como pelo contato pessoal no mundo elitista da educação da Universidade de Oxford. A Grécia permeava seus debates sobre a beleza – e sobre a sexualidade. Pater, o guru do movimento, queria que seus discípulos descobrissem a seu redor "um mundo de singular destreza, que tocava os mínimos detalhes da vida cotidiana com esplendor e habilidade, em conexão profunda com uma manifestação da existência humana particularmente vivaz" – que era como ele definia a arte grega, seu modelo e esperança.

Symonds, entretanto, possuía uma agenda de liberação sexual mais específica. Ele enxergava o ideal cultural do helenismo vitoriano em termos de seus próprios desejos socialmente estigmatizados. A *sua* Grécia imaginária é resumida da seguinte forma: "Como um jovem rapaz que acaba de sair de uma rodada de lutas, untado, coroado e muito calmo, a genialidade dos gregos aparece à nossa frente. Em sua alma não existe o peso da dor do mundo... tampouco ele já sentiu o pecado." Para Symonds, a nostalgia da Grécia é imaginada como um belo rapaz sem a sensação de pecado – ao menos por uma vez. A Grécia prometia um paraíso pré-cristão, livre de culpa. Previsivelmente, foi Symonds e não Pater quem foi duramente atacado pelos conservadores de Oxford – eles claramente imaginaram o que Symonds estava pensando quando afirmou que "nós precisamos imitar os gregos". Wilde sabia o que estava fazendo quando se fantasiou de grego.

O próprio Wilde mostra seu crescente engajamento com esse amor grego em seus cadernos e livros, onde agrupou uma série de passagens de Pater, Symonds e outras de suas leituras. A filosofia de Platão e a glorificação do amor masculino no *Banquete* tiveram aqui um papel especial. Essas frases mostram o estilo grego de Wilde em plena formação: "Nós lutamos para abraçar e abraçamos para lutar", escreveu, discorrendo com adoração em uma mistura de homoerotismo e filosofia dialética. Ele acrescentou um slogan de Pater: "Filosofar com desejo." Tão forte era o aspecto "grego" da filosofia que "ter uma disposição filosófica" tornou-se um eufemismo para alguém com quem se poderia conversar sobre sentimentos homoeróticos.

Wilde tentou capturar aquelas conversas intensas entre jovens rapazes com um só princípio: "O refinamento da cultura grega se manifestando por meio do veículo apaixonado das amizades." O romance de suas apaixonadas amizades requeria o véu de "refinamento da cultura grega", e especialmente as discussões de Platão sobre o desejo oferecem uma imagem ideal na qual se basear. O helenismo era o veículo da expressão homossexual desse conceituado e influente ambiente intelectual. Não é por acaso que o principal personagem do romance mais conhecido de Wilde faz alusão a um mundo de estudiosos do sentimento grego. *O retrato de Dorian Gray* hesita em mencionar "o amor que não ousa dizer o nome", mas por meio do esquisito nome "Dorian" ele faz uma alusão consciente a Esparta, a raça dórica *par excellence*, e conseqüentemente à tradição pederasta de Esparta, que fez do amor entre homens parte da arte da guerra masculina, e não um sinal de uma suavidade efeminada. Esse tipo de insinuação é típica da conversa dos membros desse grupo de professores, alunos, escritores e artistas ligados à estética.

Para as classes educadas da Inglaterra vitoriana, a Grécia era uma rota fundamental para a compreensão do mundo e, acima de tudo, para expressar seu próprio lugar, intelectual, moral e sexual dentro dele. Isso explica parcialmente por que a perene discussão sobre o lugar dos clássicos nos currículos escolar e universitário era tão inflamada. Esse debate político se estendeu por todo o século XIX e por boa parte do XX. E ainda não está terminado. Entretanto, no século XIX a discussão foi iniciada com a questão sobre se algo além dos clássicos e da Bíblia deveria ser ensinado às crianças, uma vez que elas soubessem ler e escrever. Por quase todo o século, os clássicos ocuparam 80% do tempo na sala de aula. A familiaridade com a Grécia e com Roma começa com essa base institucional.

Políticos e educadores implementaram reformas educacionais através do século XIX, e a importância dos clássicos nesse contexto se tornou uma questão de intensa preocupação nacional. Uma das figuras mais influentes nesse longo debate foi Benjamin Jowett. Ao mesmo tempo em que os estetas desfilavam pelas ruas de Oxford e de Londres, Jowett – que conhecia muitos deles, em especial Swinburne – estava mudando fundamentalmente o sistema educacional de Oxford, começando por Balliol, faculdade da qual era diretor.

Jowett também utilizou Platão como seu texto principal, mas de uma maneira bem diferente daqueles que se debruçavam sobre o *Banquete* como parte de seu fraco por belos rapazes. Jowett estabeleceu a aula para um só aluno, ou o "tutorial", como elemento principal de sua política educacional – aulas deliberadamente organizadas como as imagens criadas por Platão de Sócrates com um amigo, filosofando juntos. Ele mesmo traduziu toda a obra de Platão para o inglês, e fez dessa filosofia um guia para aqueles que tinham vida pública – algo que Platão teria apreciado muito. Jowett educava seus alunos com Platão para governar o Império e, de sua sala em Oxford aos corredores do poder por todo o Império, isso era notavelmente eficaz.

Essa educação foi auxiliada por um exame do serviço público que dava mais importância a trabalhos sobre os clássicos que a qualquer outra matéria – mesmo das línguas a serem faladas nas áreas governadas. Os clássicos constituíam um treinamento para governar, e os mais inteligentes que passavam das escolas particulares para a universidade e desta para o governo eram educados nos textos clássicos. O papel do serviço público no governo da Índia tinha sido formulado por Thomas Macaulay nos anos 1830. Quando ele primeiro viajou para a Índia, de barco, leu com cuidado – e releu – muito da literatura grega, incluindo quase todo Platão, a *Ilíada* e a *Odisséia*, em conjunto com Cícero e outros escritores romanos. Essa foi sua preparação para governar um império. Quando Alexandre o Grande conquistou o mundo conhecido, ele passou a dormir com uma cópia de Homero embaixo de seu travesseiro, esforçando-se para atingir a glória imortal daqueles heróis. A tentativa de construir um império – a conquista cultural – é alimentada pelos sonhos clássicos.

O domínio desse sistema educacional era difuso, e a Oxford de Jowett constituiu na Inglaterra o ápice de um compromisso educacional muito mais abrangente. Dos primeiros anos escolares ao governo do Império, a uma tranqüila aposentadoria lendo Homero à noite, os clássicos eram parte integrante da formação do cavalheiro do século XIX.

Essas imagens de poetas, estetas e grandes educadores oferecem uma boa idéia de quão variados eram os amantes da Grécia na Inglaterra vitoriana. O que esses casos isolados não podem demonstrar é quão difundida e extensa era essa paixão. Os personagens aqui destacados são os heróis culturais da Inglaterra do século XIX. Eles determinavam a agenda cultural absorvida e seguida por vasta parcela das classes educadas. Os poetas românticos e seu helenismo revolucionário, os estetas e seu helenismo transgressivo e a elite educada de Oxford com seu compromisso consciente com o helenismo como educação para o Império tomam caminhos muito diferentes em direção a uma Grécia idealizada, e utilizam sua própria Grécia de maneiras muito diferentes. Seu interesse não é apenas um passatempo intelectual entre outros, mas uma maneira de reagir ao mundo e de nele existir. Esse interesse é uma parte integrante da construção de suas identidades pessoais e culturais.

Uma Grécia imaginária informa a cultura vitoriana. Nos últimos cem anos, a cultura moderna britânica gastou uma enorme quantidade de energia tentando mostrar como ela é diferente da sociedade vitoriana – ao mesmo tempo em que nela reconhece suas raízes. A sociedade vitoriana é um dos lugares óbvios de onde *vem* a Inglaterra contemporânea – e que ela ansiosamente investiga e rejeita, e sobre a qual fantasia. Na Inglaterra, diferentemente, digamos, dos Estados Unidos, existem inúmeros edifícios vitorianos em muitas cidades do país. Romances vitorianos ainda são o principal elemento de nossa educação na língua inglesa e de nossas adaptações para a televisão. Margaret Thatcher exigiu um "retorno aos valores vitorianos". A nostalgia pelos dias do Império, ou um reconhecimento mais sombrio de nossa sociedade pós-colonial, inundam a cultura popular, de discussões nos jornais sobre o que significa a identidade cultural a exuberantes filmes com cenas de perfumadas tardes vitorianas e longos vestidos. Há algo importante em jogo na compreensão da cultura vitoriana para a Inglaterra moderna.

Contudo, o que os vitorianos consideravam a base de qualquer informação cultural – o estudo dos clássicos e a compreensão da Bíblia – está sendo cada vez mais apagado de nossas percepções contemporâneas. A educação constitui um campo de batalha em qualquer sociedade que está passando por mudanças culturais, porque é formativa: ela faz o cidadão. A educação, para aqueles vitorianos que progrediram pelo sistema educacional – uma elite como nenhuma outra –, significava os clássicos. Eles decoravam, partilhavam e consideravam normais as línguas grega e latina e as literaturas escritas nessas línguas, juntamente com a Bíblia – que também era escrita nas línguas clássicas do grego, do latim e do hebraico, naturalmente. Essa era a mobília de suas mentes. Se nós não tentamos apreciar a mobília das mentes, como podemos apreciar sua cultura?

Da mesma forma que Byron zombava de Keats por sua ignorância da língua grega, um enorme horizonte de expectativa da cultura vitoriana é eliminado do historiador moderno se aquele treinamento clássico é silenciado. O ponto não é reproduzir, apoiar ou lamentar o fim dos "valores vitorianos", dos preconceitos ou do elitismo vitoriano na sociedade de hoje. A questão é que tipo de imagem da sociedade vitoriana é útil, se queremos saber de onde viemos. O perigo é que *tudo* o que fazemos quando olhamos para o passado consiste em segurar um espelho oportunista para os nossos próprios interesses. A esperança é que, por meio de uma melhor compreensão de nossas origens, possamos entender melhor por que somos como somos. Uma imagem fosca e superficial da imaginação cultural vitoriana não pode ajudar no processo de compreensão: nós precisamos dos clássicos para nos fornecer uma imagem da cultura vitoriana que tenha cor e profundidade reais.

A toga de Washington e o Cícero de Bush

A crescente paixão pela Grécia através dos séculos XVIII e XIX na Inglaterra mostra uma identidade cultural sendo construída. Para os norte-americanos do século XVIII, o passado clássico significava Roma mais que a Grécia. O compromisso dos fundadores da democracia norte-americana com os clássicos também era profundo, mas tinha um foco diferente. Nos Estados Unidos, esse interesse era um elemento que fazia parte da promoção de uma *revolução política*.

Os fundadores da república norte-americana estudaram a história e a filosofia política clássicas como uma maneira de se habilitar para a tarefa que tinham diante de si. Quando John Adams visitou Paris, em 1778, para ajudar Benjamin Franklin a estabelecer uma aliança com os franceses, o que era crucial para que a revolução contra os ingleses tivesse êxito, levou consigo os filhos John Quincey Adams e Charles Adams. Tão logo chegou à França, ele os inscreveu em uma escola onde se ensinava latim. Na embarcação de volta para casa – o navio, convenientemente, chamava-se *Aliança* –, ele se sentou e leu com John Quincey o discurso de Cícero contra Catilina – um grande discurso para um revolucionário político, com suas histórias sanguinárias e suas tramas a serviço da República. Quando os três retornaram à Europa em 1780, Adams escreveu para seu filho: "Meu desejo no momento é que sua atenção seja direcionada às línguas latina e grega."

Adams não estava sozinho. Thomas Jefferson escreveu que os clássicos eram "a base preparatória para todas as ciências", e disse que lia "um ou dois jornais por semana, mas contrariado por não estar dedicando também esse tempo à leitura de Tácito e Homero". Ele enche suas cartas com tantas anotações gregas que até mesmo John Adams – com uma overdose de cultura – exclamou: "Deus! Deus! O que posso fazer com tanto grego." Mesmo George Washington, que em sua fazenda não tivera a educação formal de Adams e

Jefferson, gabou-se, quando já era avô, de que devido a suas aquisições de livros e seu zelo educativo seu neto Jack aprendera latim assim que começou a falar. Com tais ideais educativos, esses pais fundadores estavam seguindo exemplos europeus, e até mesmo ultrapassando-os soberbamente. Como os europeus, os norte-americanos estavam deslumbrados pelos clássicos.

Entretanto, é na política que a leitura dos clássicos tem sua mais óbvia e duradoura importância. Os heróis clássicos e os líderes políticos e militares de Roma em particular forneceram modelos para serem emulados e debatidos. Ensaios foram assinados com pseudônimos latinos e gregos – "Públio", "Metelo", "Túlio", "Aristides", "Horácio". Histórias clássicas foram utilizadas para inspirar carreiras: George Washington amava a figura de Cincinato, um fazendeiro (George, convenientemente, significa "fazendeiro" em grego) que abandonou o arado para se tornar chefe militar e político em Roma. Ele cumpriu sua obrigação para com o Estado, e acabou vencendo gloriosamente, expulsando o inimigo do solo italiano. Depois disso, renunciou imediatamente a sua ilustre posição e retornou à fazenda para levar sua vida de paz rústica, até que chegasse outra solicitação. Por isso, num brinde oferecido em 4 de julho de 1788 em Wilmington, Delaware, rogou "ao fazendeiro Washington – que ele, como um segundo Cincinato, seja chamado de seu arado para governar um grande povo" e, do outro lado do Atlântico, o revolucionário Lord Byron celebrava Washington como "o Cincinato do Ocidente, a quem a inveja não ousaria detestar". Histórias – histórias do passado – dão forma a como eventos são hoje vividos e narrados.

Não é surpreendente, então, que Washington tenha sido repetidamente representado em trajes romanos, já que ele mesmo muitas vezes utilizava uma Roma imaginária para exprimir a batalha de seu país pela liberdade. A figura 47 é uma cópia da estátua feita por Canova. Washington está usando um traje militar romano, mas está escrevendo, como sugere sua altiva expressão, mais um de seus inspiradores discursos. Agora, como "pai de seu país", ele pôs de lado a espada (que está no chão) e pegou a caneta. Um herói da República romana, renascido.

Mas talvez o maior papel dos clássicos tenha sido prover aos fundadores da democracia norte-americana um sistema político ideal, ao qual almejar. Samuel Adams rezou para que Boston se tornasse uma "Esparta cristã". A imagem não pode ser tomada ao pé da letra. O famoso militarismo de Esparta, seu hábitos de vida comum entre homens e suas práticas sexuais duvidosas dificilmente seriam integrados a uma comunidade cristã puritana, mesmo em Boston. Entretanto, em Esparta Adams encontrou um ideal de frugalidade, ab-

[FIG.47] *George Washington em traje militar romano*

negação, bravura e patriotismo que ele podia usar com facilidade. Jefferson, menos impressionado, chamava os espartanos de "monges militares", e John Adams, inimigo do comunismo, pensava que a prática espartana de propriedade comum era "totalmente insana". Era Roma, e acima de tudo a Roma republicana, que inspirava e causava ansiedade.

O sistema governamental de Roma provocou uma grande discussão a respeito da criação da Constituição norte-americana. O sistema constitucional de prestação de contas entre o povo romano e seu conselho eleito foi contrastado com a detestada monarquia da Grã-Bretanha – mas o contraste se dava em mais de uma dimensão. Os triunfos militares de Roma eram admirados, mas ao mesmo tempo o tratamento que ela dava às suas províncias estimulou analogias menos agradáveis. Um dos pais fundadores, James Otis, escreveu em 1764: "A conduta de Roma com relação a suas colônias e a tolerância das corrupções e opressões por parte de seus oficiais nas províncias, quaisquer que fossem suas denominações, foram uma das principais causas do declínio daquela magnífica República." Alexander Hamilton foi além, em 1774: "Roma era o berço da liberdade. Ela foi celebrada por sua justiça e sua leniência; mas de que maneira administrou suas províncias dependentes? Elas foram continuamente saqueadas e agredidas." A Grécia tratava bem suas colônias, e se a Inglaterra tivesse sido mais como a Grécia e menos como Roma, o que poderia ter se evitado? "A verdade é que nós fomos forçados a isso", escreveu outro pioneiro da revolução, "para proteger nosso país e nossa posteridade do maior mal de todos, de outro governo infernal (se é que ele merece ser chamado de governo) tal como aquele sob o qual sofriam as províncias nos últimos estágios da Comunidade Romana de Nações". Na posição de vítima, os Estados Unidos foram uma colônia esmagada e forçada a se rebelar contra o déspota cruel, como os judeus ou os cristãos resistindo à tirania de Roma.

Roma, a mãe de todos os impérios, era um modelo fantástico sobre o qual os fundadores da democracia norte-americana podiam refletir enquanto inventavam a sua república. Os fundadores dos Estados Unidos podem ter vindo da Inglaterra, mas a revolução fez do possível significado dessa descendência uma espécie de enigma político. No turbilhão de idéias no qual foi formulada a Constituição, os modelos clássicos provocaram, estimularam e inspiraram os fundadores. Tanto a autoridade simbólica desses modelos clássicos quanto sua ativa filosofia política proporcionaram uma inspiração para os fundadores e para suas próprias aspirações políticas.

Os Estados Unidos não estavam sozinhos nessa virada para os valores republicanos de Roma. O dito de Marx, de que a Revolução Francesa foi "feita por indivíduos vestidos como romanos", deve-se, em parte, ao fato de que todas as figuras intelectuais de destaque que ajudaram a incentivar a Revolução alegavam uma fonte de inspiração clássica, faziam constantes referências a esses ideais em discursos e panfletos e usavam os clássicos para articular o modelo de um novo sistema político. Jean-Jacques Rousseau, talvez o guia intelectual mais influente para os revolucionários, costumava declarar que seu "espírito livre e republicano, aquele caráter indomável, impaciente com a opressão e com a servidão", foi constituído, quando criança, por meio de leituras de Plutarco. (Bernard Shaw, muitos anos depois, mas com o mesmo zelo reformista, orgulhosamente chamou Plutarco de "um manual revolucionário".) Os textos clássicos *fizeram* os revolucionários.

Marx, entretanto, também observou como os heróis individuais da Revolução *encarnavam* seus clássicos. Charlotte Corday é uma das figuras que fazem parte da mitologia e da história da Revolução Francesa. Ela era uma simples garota do campo, segundo conta a história, que preservou o verdadeiro espírito da revolução com um ato de extremo heroísmo. Foi ela quem, em nome da liberdade, da igualdade e da fraternidade, esfaqueou o tirânico e assassino Marat durante o banho. Esse assassinato e seu subseqüente julgamento tornaram-se um ícone da Revolução, e ainda fazem parte das aulas de história de toda criança francesa. Charlotte Corday, como reconheceu Karl Marx, atuou como um personagem clássico: ela não somente desempenhou o papel do herói favorito do antigo historiador, "o matador de tiranos", mas, dizia-se, havia lido Plutarco o dia todo antes de realizar seu ato heróico.

Tanto na Revolução Francesa como na norte-americana, o passado clássico era um estímulo, uma provocação, uma maneira de desenvolver idéias políticas fundamentais. O estudo dos clássicos proporcionou o contexto intelectual no qual as políticas republicanas foram executadas. O imaginário artístico e verbal no qual foram articulados os ideais revolucionários inspirou-se na autoridade plena e no repertório de modelos da Grécia e da Roma antigas. A Grécia e a Roma imaginárias foram fundamentais na formação da Europa e dos Estados Unidos contemporâneos.

Esse papel de Roma retornou à cultura dos Estados Unidos por intermédio de Hollywood, no século XX, mas de forma negativa ao invés de positiva. Por todo o século XX, e particularmente nas décadas próximas da Segunda Guerra Mundial, Hollywood fez uma série de filmes sobre tópicos romanos que freqüentemente tiveram muito sucesso – *Spartacus* (1960), *Ben-Hur* (1959), *Cleópatra* (1963), *Quo Vadis* (1951), *O sinal-da-cruz* (1932), *A queda do Império Romano* (1964) –, e muitos outros com menor repercussão. Muitos desses filmes, como *Ben-Hur* e *Quo Vadis*, são baseados em livros ou peças do século XIX. Outros, como *Spartacus*, inspiraram-se em livros norte-americanos contemporâneos e refletem de maneira extraordinária seu surgimento nos Estados Unidos da Guerra Fria. Todos, entretanto, utilizam Roma para falar sobre os Estados Unidos, sua ideologia e seu poder no mundo. Durante a Segunda Guerra, tanto como na subseqüente Guerra Fria com a União Soviética, a indústria cinematográfica utilizou a Antigüidade clássica para *fazer* política.

No mundo hollywoodiano de mocinhos e vilões, não há dúvida sobre de que lado está Roma. Sua imagem negativa é repetidamente estabelecida desde as primeiras cenas de um filme. Os romanos representam um regime brutalmente militarista cuja crueldade e eficiência só são superadas por sua sexualidade excessiva e sua perversão corrupta. Roma é o Império do Mal – e não uma civilização capaz de atrair a admiração que os pais fundadores haviam demonstrado. O general romano Marcus Crassus resume isso em um famoso discurso em *Spartacus*. Enquanto o exército romano, com seu couro, seus metais e suas armas empunhadas, marcha para fora da cidade, ele reflete em termos adequadamente grandiosos:

> Aqui, menino, está Roma – aqui está o poder, a majestade, o terror de Roma: aqui está o poder que cavalga o mundo conhecido como um Colosso. Nenhum homem pode resistir a Roma, nenhuma nação pode se opor a ela – muito menos um menino ... existe apenas uma maneira de lidar com Roma, Antoninus – você precisa salvá-la, precisa se humilhar diante dela, precisa se sujeitar a ela, precisa – amá-la.

De acordo com Shakespeare, Júlio César "cavalga o estreito mundo como um Colosso", mas as complexidades do poder e da ambição individual da peça são em *Spartacus* subordinadas à imagem de um poder militar opressivo. Na versão não-censurada do filme, que foi lançada 40 anos após ele ter sido feito, a cena anterior envolve o general Crassus tentando seduzir Antoninus, representado por Tony Curtis, com uma surpreendente permissividade moral, sobretudo para os anos 1960. Isso fornece a necessária dimensão corrupta da sexualidade para a exibição do poder e, como a cena é a de um general romano falando com um escravo, acrescenta uma ferroada com as palavras "você precisa se humilhar... precisa se sujeitar... precisa – amá-la". Roma é a encarnação do poder, um poder que corrompe.

Isso faz da oposição à Roma uma necessidade cinematográfica – desde os imensos sucessos dos filmes épicos de Cecil B. de Mille nos anos 1930 até *Gladiador* no ano 2000. Entretanto, o que tem importância para a força ideológica desses filmes é a forma de oposição. Os cristãos são revolucionários arquetípicos na luta contra Roma. A introdução para *Spartacus* começa: "No último século antes do nascimento de uma nova fé, o cristianismo, que estava destinado a derrubar a tirania pagã de Roma e formar uma nova sociedade, a República Romana encontrava-se no centro do mundo civilizado." Os cristãos podem ser revolucionários, mas eles são guerreiros cuja vitória é assegurada não somente pela história, mas pela representação retórica do inimigo como uma "tirania pagã" – porque tanto "pagão" como "tirania", nós sabemos, no universo hollywoodiano, são alvos certos de destruição. A noção de Roma como o "centro do mundo civilizado" é facilmente rejeitada quando ela é chamada de uma "tirania pagã".

O sinal-da-cruz começa com Roma em chamas enquanto Nero, com uma lira nas mãos, trama para destruir os cristãos. A próxima cena é a de uma rua romana, onde dois homens peludos e de aparência assassina discutem a captura de cristãos para ganhar uma recompensa do imperador. Dois homens velhos encontram-se na rua: um deles desenha uma linha no solo com bastão, o outro a completa com outra linha, formando o sinal-da-cruz. Depois que eles partem, vê-se o sinal sendo pisoteado pelos pés dos romanos que por ali passam, mas ele nunca se apaga. Aqui fica claro o rumo que a história toma – na direção do reino cristão na terra, com o qual o espectador norte-americano é encorajado a se identificar. O sinal que não pode ser destruído.

O cristianismo não significa aqui apenas uma resistência moralmente justa para corromper o poder. Esses filmes também fazem com que seus heróis descubram o tipo de amor familiar e de integridade pessoal que a sociedade norte-americana promove. Tanto em *Quo Vadis* como em *O sinal-da-cruz,* a conversão cristã e, claro, o envolvimento romântico com uma mulher apropriada – motivação sempre presente em Hollywood –, permitem que um indivíduo romano escape de um regime totalitário brutal para atingir uma narrativa verdadeiramente heróica. O cristianismo de Hollywood em Roma nos apresenta heróis que são um pequeno bando de corajosos pobres-diabos que ao mesmo tempo estão inequivocamente do lado da história mundial, da honradez e da verdade. Os espectadores desses filmes são imensamente atraídos por essa combinação vitoriosa.

Desde o final da década de 1930 até os anos 1960, entretanto, existe também uma utilização mais nitidamente política de Roma, para promover o fascismo na Itália e lutar contra ele nos Estados Unidos. Mussolini, o líder do partido fascista na Itália, foi explícito em seu objetivo de restabelecer um Império Romano. "Nós sonhamos com uma Itália romana", anuncia em um de seus primeiros discursos publicados, "ou seja, sábia, poderosa, disciplinada e imperial. Muito daquilo que foi o espírito imortal de Roma renasce com o fascismo: os *fasces* são romanos; nossa organização de combate é romana; nosso orgulho e nossa coragem são romanos: *civis romanus sum* (Eu sou um cidadão romano)." Em seus grandiosos novos planos para a cidade de Roma, ele recuperou o túmulo de Augusto, o memorial do primeiro imperador do Império Romano, e construiu a seu redor um monumento para si mesmo. A própria palavra "fascismo", como declara Mussolini, provem de *fasces*, um punhado de varetas carregado por oficiais romanos como sinal de sua posição, e ela foi usada pelos fascistas precisamente devido a essas associações com o poder antigo. Não é por acaso que o governo italiano financiou um filme épico sobre a triunfante campanha da Roma antiga na África – na qual também lutaram os italianos. O novo Império Italiano foi glorificado por meio das imagens e narrativas do antigo Império Romano.

O Império Romano é muito diferente dos Estados Unidos. Os romanos, pelo menos em Hollywood, saúdam uns aos outros com um braço erguido e gritam "Ave César!". Os paralelos com a saudação nazista e com "*Heil* Hitler" foram explicitados já em 1935, quando o encarte didático distribuído com o filme *Os últimos dias de Pompéia* perguntava aos alunos: "Que tipo de saudação é usada pelos romanos? Em quais países saudações semelhantes são exigidas hoje pelo governo?" A própria frase "exigidas pelo governo" funciona para fazer um paralelo entre a liberdade norte-americana e os regimes totalitários europeus. John Houston foi explícito quando iniciou os trabalhos preliminares para *Quo Vadis*: o filme queria ser "uma versão moderna sobre Nero e sua determinação fanática em eliminar cristãos de maneira muito semelhante a seu correlato histórico e companheiro de loucura, Adolf Hitler, que tentou eliminar os judeus dois mil anos depois".

Em particular, o magnífico épico *Ben-Hur*, cujo herói é um judeu forçado a se opor aos líderes de Roma, apropria-se muito dessas associações fascistas do poder romano. Messala, um antigo amigo de Ben-Hur que se torna o representante militar da crueldade e do poder romanos, diz a ele que o imperador "deseja que a Judéia seja uma província mais obediente e disciplinada"; ele pede a Ben-Hur que "convença seu povo de que resistir a Roma é tolice. É pior do que tolice – é inútil. Pois só pode terminar de uma maneira: extinção para o seu povo". A mudança da exigência de ordem e disciplina para a ameaça de extinção do povo judeu é uma forma de utilizar Roma para refletir a história do fascismo alemão. A nítida demarcação política é clara e poderosa.

As grandiosas e espetaculares cenas das imensas tropas de Roma, que são a matéria-prima desses épicos, adquirem uma nova conotação depois dos comícios nazistas da década de 1930, sobretudo como carinhosamente registrados por Leni Riefenstahl, a mais sedutora inovadora da indústria de documentários da Alemanha. Mesmo os aspectos normais da sociedade romana, como a escravidão, foram recontextualizados por essa politização. Os nazistas pareciam ter aprendido a lidar com o que eles chamavam de "raças estrangeiras submetidas" a partir de uma distorcida versão da ideologia nietzschiana do Super-homem, que demandava a submissão das raças mais fracas à escravidão. Isso transformou qualquer filme que falasse sobre "liberdade" em uma afirmação política dos valores norte-americanos. Os fundadores da democracia norte-americana que lutaram pela liberdade encontraram seu republicanismo em Roma. Para aqueles que "lutavam pela liberdade" no século XX, Roma tinha se tornado uma imagem do inimigo totalitário.

Roma nunca deixou de fazer parte da cultura popular norte-americana, seja em hotéis como o Caesar Palace em Las Vegas ou em comédias musicais como *A Funny Thing Happened on the Way to the Forum*, ou em festas universitárias em que os alunos se vestem como romanos. Mas nos 40 anos próximos da Segunda Guerra Mundial, Roma era um espaço da imaginação onde os valores norte-americanos foram visualizados e discutidos de maneira bastante específica e significativa. Talvez *Spartacus* seja a melhor amostra disso. No século XIX, a história desse escravo romano tinha sido utilizada como trama para uma das peças mais populares do século, *O gladiador*, escrita em 1831 por Robert Montgomery Bird. A peça ganhara um concurso para uma "tragédia americana" em cinco atos, na qual o herói deveria ser "originário deste país". As primeiras críticas comentaram com "orgulho e satisfação" que a peça estava de fato muito de acordo com "a genialidade, o gosto e a iniciativa literária do povo norte-americano". Não é surpreendente que nessa peça as autoridades romanas funcionem como um símbolo óbvio para o imperialismo britânico, e Spartacus lute pela liberdade, por sua família e por seu país, assim como haviam feito os avós dos membros da platéia. Como "originário deste país", Spartacus se converte em uma história sobre a origem da república norte-americana – o que a subseqüente versão em filme chama de "a luta perene pela liberdade" em seu material de divulgação.

Na década de 1950, entretanto, com a tensão da Guerra Fria e com o Comitê de Atividades Antiamericanas perseguindo avidamente qualquer sinal de comunismo, uma história que celebrava a rebelião dos oprimidos possuía diferentes associações. Karl Marx – "pai fundador" do comunismo – havia escrito a Engels, seu companheiro de tarefa, que "Spartacus parece ser o mais excelente camarada na história da Antigüidade... um verdadeiro representante do proletariado da Antigüidade". Quando os comunistas, liderados por Rosa Luxemburgo, tentaram um golpe em Berlim em 1919, seu grupo foi chamado de Spartakunsbund, "a liga de Spartacus". Howard Fast, que escreveu o best-seller *Spartacus*, no qual o filme é baseado, era membro do Partido Comunista dos Estados Unidos. Ele chegou a ser preso por desobediência pelo Comitê de Atividades Antiamericanas e começou a rascunhar o livro enquanto estava na cadeia. O livro deixa claro sua postura ideológica. Spartacus se dirige a outros gladiadores com uma versão das palavras do Manifesto Comunista: "Aos escravos do mundo: rebelem-se e se livrem de suas correntes." Roma é vista como uma máquina capitalista destruindo seu trabalho escravo. Os líderes romanos manipulam cinicamente a falsa consciência dos cidadãos romanos. Basear um filme de Hollywood no livro *Spartacus* não era uma escolha óbvia.

Todos aqueles que participavam do projeto estavam conscientes do perigo envolvido. Kirk Douglas, a principal força criativa por trás do filme e seu principal protagonista, encontrou-se com Richard Nixon, o então vice-presidente, para testar o terreno. Como reagiria a administração ao fato de eles utilizarem em um filme como esse um escritor colocado na lista negra? (Tendo em vista os eventos que sucederam, uma grande peça poderia ter sido escrita com base naquele encontro.) Os chefes dos estúdios cinematográficos estavam dispostos a silenciar qualquer mensagem política, para proteger os lucros mais que por qualquer outro motivo. Outras pessoas envolvidas tinham suas próprias idéias, suas próprias hesitações e suas próprias defesas. O filme resultante é certamente diferente de um tratado marxista. Retrata a união entre os gladiadores como um triunfo dos valores humanos de integridade, lealdade e autodeterminação. Mostra a família como um foco garantido de valores – mesmo quando a imagem final é a da esposa e do filho de Spartacus, já morto, sendo conduzidos para longe. Já no prólogo, apresenta o cristianismo como a salvação que destruirá tanto a "doença da escravidão humana" como "a era do ditador". Esse filme foi o maior sucesso de bilheteria do ano, assim como sucesso de crítica, e passou uma mensagem que foi muito bem-vinda por uma numerosa platéia norte-americana. Contudo, ele mostra os perigos de como o poder corrompe os líderes de um império, e como um império depende da opressão e da violência. Talvez houvesse ainda a insinuação de uma pergunta a ser feita, enquanto os Estados Unidos caminhavam em direção à presidência de Richard Nixon.

Para Hollywood, Roma é uma forma de evitar o censor. Quando um filme se passa na Roma antiga, pode-se usar a autoridade do clássico para mostrar cenas de violência, sadismo, sexualidade ou espetáculo, que em outro contexto seriam consideradas sujas, cruéis ou desagradáveis. Ao mesmo tempo, Roma pode ser utilizada para explorar a política, ou os temas relacionados ao poder e à autoridade, ou o papel do indivíduo contra o Estado, de uma maneira que é freqüentemente difícil em um contexto contemporâneo. A Roma antiga funciona como um véu: ela faz a violência parecer decente *e* nos deixa ver o que sem ela seria escondido, ou exposto de maneira abusiva.

Será fascinante observar como a Hollywood do século XXI continuará seu caso de amor com Roma, enquanto os Estados Unidos continuam a formular sua visão de seu próprio império moderno. O sucesso mundial do filme *Gladiador*, com seu enredo totalmente tradicional do corajoso indivíduo lutando contra o poder do império corrupto e, naturalmente, posicionando-se em favor dos valores de lealdade, família e justiça, fornecerá grande estímulo para mais filmes do gênero. Entretanto, quando os Estados Unidos refletirem politicamente sobre seu próprio império e suas próprias campanhas militares, poderão olhar para o Império Romano com uma visão diferente. Uma série de projetos sobre temas antigos foi anunciada desde a destruição terrorista das Torres Gêmeas em 2001, focados principalmente na necessidade de derrubar déspotas ditatoriais. Um porta-voz do governo norte-americano também informou ao mundo, devidamente, que o presidente George W. Bush baseia suas idéias políticas não somente nos grandes ensinamentos religiosos, mas especificamente no "pensamento dos antigos gregos e romanos, e nos princípios dos fundadores da democracia americana". Aristóteles e Cícero são aparentemente importantes fontes de inspiração para George W. Bush. A questão não é *como* exatamente Cícero tanto inspira o presidente, mas sim o desejo de tornar público esse tipo de inspiração clássica. Parece que a vida pública norte-americana continuará a articular seu discurso político através de Roma. Nós precisamos do passado para contar a história do presente.

3 *Descobrindo a pátria – de onde vem o Édipo de Freud*

Nos séculos XIX e XX existiu um país cujo caso de amor com a Grécia foi particularmente intenso – a Alemanha. No mundo de língua alemã, não apenas era o sistema educacional estruturado para promover os clássicos acima de tudo, não apenas eram artistas e escritores obcecados com os modelos clássicos, como os clássicos desempenhavam também papel fundamental na ideologia que construía o novo Estado alemão, uma ideologia que associava o nacionalismo ao racismo de uma maneira que auxiliou a forjar a Europa moderna por meio da guerra e de uma violência que continua até hoje. É uma história fundamental para a história da Europa moderna.

A questão "de onde você pensa que vem?" relaciona intimamente a história do nacionalismo alemão com o amor pelo passado clássico. Pois a Alemanha encontrou uma conexão especial com a glória que foi a Grécia: os alemães sabiam que vinham de lá. A fascinação com a Grécia que havia dominado a cultura germânica no século XIX levou a uma reivindicação mais específica, e mais surpreendente. A nova Alemanha é a herdeira e a descendente da antiga Grécia.

É nesse contexto que Sigmund Freud usou um personagem da mitologia grega para explicar de onde todos nós procedemos, psicologicamente. As teorias de Freud fazem parte de como todos nós nos compreendemos na sociedade moderna. Colocar o Édipo de Freud de volta ao contexto germânico de onde surge conecta duas histórias fundamentais do século XX: as terríveis conseqüências políticas de fazer da questão "de onde você vem" o elemento fundamental da identidade nacional e a radical compreensão psicanalítica do "eu" que considera saber de onde se vem essencial para o autoconhecimento. O esforço alemão para criar uma pátria inventou uma árvore genealógica que se estendia até a Grécia, e o novo senso do drama psicológico familiar identificado por Freud se voltou para a Grécia a fim de explicar as violentas paixões dentro de nós.

Por todo o século XIX, a Grécia atuou como o modelo ideal para a Alemanha com um poder tão abrangente que é hoje difícil de apreciar. O que foi memoravelmente chamado de "a tirania da Grécia sobre a imaginação alemã" pode ser observado em todos os níveis de atividade. A Grécia, na visão idealizada de Hegel, era "o foco de luz da história". A Grécia antiga era o melhor lugar: "Em nome da Grécia, os homens cultos da Europa, e especialmente nós alemães, nos sentimos em casa." "Com os gregos nós nos sentimos tão em casa que estamos no terreno do espírito." Uma geração mais tarde, Nietzsche, cheio de alienação e de desejo intensamente românticos, expressa o que é reconhecidamente o mesmo idealismo: "Não se está mais em casa em lugar nenhum; finalmente se sente nostalgia pelo único lugar onde se pode estar em casa, porque é o único lugar onde se quer estar em casa: o mundo *grego*." Os poetas compartilham dessa opinião. Hugo von Hofmannsthal, quando quis resumir o que constituía o epítome do verdadeiro poeta alemão, escreveu: "Sua alma anseia pela terra dos gregos." Ou, nos primórdios do movimento helênico, Schiller, encorajado por seu companheiro literário Goethe a encontrar uma pátria grega dentro de si próprio para compensar sua vida nórdica: "Agora que você nasceu como um alemão, agora que seu espírito grego foi jogado nesse mundo nórdico... produza sua Grécia como se ela viesse de dentro de você."

Essas citações expressam o credo profundamente arraigado de algumas das grandes figuras literárias alemãs; e esses mestres possuíam inúmeros discípulos. Ansiar pela Grécia, encontrar na Grécia uma verdadeira pátria, era um símbolo do grande espírito alemão. A Grécia antiga era uma inspiração, e uma aspiração. Isso era particularmente verdadeiro nas artes, como afirma Hegel peremptoriamente: "Na arte, a arte grega, em sua forma original, nos fornece os melhores modelos." Isso significou muito mais que um classicismo estéril. Muitas cenas maçantes da pintura e muitos poemas insignificantes povoados com personagens gregos foram produzidos: havia um mercado pronto para isso, e eles tinham grande apelo para um grande público. Mais interessante, porém, é a maneira como a mais revolucionária arte do século adotou a Grécia como guia, como ímã.

Sem dúvida, Wagner é o mais importante mestre cultural da Alemanha do século XIX. Suas óperas não só revolucionaram a música e o teatro na Europa, mas também se tornaram a bandeira para um novo fervor político do nacionalismo germânico. "Nenhum garoto poderia ter tido maior entusiasmo para com a cultura clássica do que eu", ele escreveu, com sua habitual dramatização de si mesmo como herói. Ele descreve como, ao ler Ésquilo, "o intoxicante efeito da produção de uma tragédia ateniense foi trazido perante minha imaginação", e "seu efeito em mim foi indescritível. Nada poderia igualar a sublime emoção..." Desde aquele primeiro encontro com Ésquilo, "eu vivi em uma atmosfera tão extremamente removida do presente que nunca fui realmente capaz de me reconciliar com a literatura moderna. Minhas idéias sobre todo o significado do drama e do teatro foram, sem dúvida nenhuma, marcadas por essas impressões."

Portanto, Wagner começa seu primeiro trabalho publicado sobre a teoria da música com este credo: "Em qualquer investigação séria sobre a nossa arte hoje, não podemos tomar nenhum passo sem sermos trazidos cara a cara com a arte da Grécia antiga." E, como Nietzsche e Hegel, Wagner manifesta sua emoção: "Eu me senti mais verdadeiramente em casa na Atenas clássica que em qualquer condição que o mundo moderno tem para oferecer." Wagner sabe que "só a *revolução*, não a *restauração* escrava, pode nos devolver a mais refinada forma da arte". Entretanto, o objetivo e o modelo dessa arte revolucionária são ainda totalmente definidos pelo ideal da Grécia.

O credo de Wagner não era apenas uma perspectiva teórica ou uma fútil autopromoção – ele foi totalmente transformado em realidade. O festival de Bayreuth foi concebido explicitamente para imitar os festivais de teatro da Atenas clássica. Wagner utilizou-se de idéias gregas na trama de sua maior obra operística, *Ciclo do Anel*. Ele até mesmo enxergava sua música como uma materialização dos ideais gregos. A orquestra e sua utilização de *leitmotivs* – idéias musicais associadas a personagens específicos – eram descritas por ele como desempenhando o papel do coro de uma tragédia grega. "A tragédia grega denota o ponto mais elevado do espírito grego", escreveu Wagner, e ele esperava que sua ópera alcançasse esse ponto culminante para a cultura germânica. E, aos olhos de muitos de seus fervorosos admiradores, ele teve sucesso em seu objetivo.

O significado da Grécia para as artes foi disputado desde o momento em que o arqueólogo do século XVIII Johann Winckelmann, um dos fundadores da história da arte moderna, fez seu primeiro elogio à arte grega por sua "nobre simplicidade e serenidade", e assim estabeleceu uma linha de trabalhos para as próximas gerações. Entretanto, a noção de que a Grécia proporciona *o* ideal para a produção artística é uma idéia que conectou artistas alemães por mais de um século.

Essa "tirania da Grécia", porém, era evidente não apenas no nível das artes. Todo o sistema educacional foi reorganizado para corresponder a esse fervente helenismo. Do ginásio à universidade, estudos clássicos, e em particular o grego, dominavam o currículo. O grego era a matéria privilegiada e central. O político Karl von Humboldt especificou como o sistema educacional deveria funcionar no mundo de língua alemã no começo do século XIX. Seu credo está claro: "Conhecimento sobre os gregos não é somente prazeroso, útil ou necessário para nós – não, somente nos gregos encontramos o ideal daquilo que gostaríamos de ser, e de produzir." Nas melhores escolas, como na Inglaterra, o grego e o latim podiam ocupar até 80% do horário, e todos os melhores estudantes eram automaticamente direcionados aos Estudos Clássicos. No meio do século XIX, como explica efusivamente um historiador bastante esperançoso, "a utopia do século XVI, um mundo de dentistas que falavam latim, advogados que liam Homero e comerciantes que citavam Sófocles, tinha se tornado realidade". No final do século, o próprio Kaiser sentiu-se compelido a participar do debate sobre a educação e dizer uma palavra em nome da Alemanha: "Nós deveríamos criar jovens alemães, não jovens gregos e romanos", ele lamentou. Sua intervenção de caráter altamente público testemunha o fato de quão profundamente *formativo* era o estudo dos clássicos na cultura alemã do século XIX.

Uma força fundamental que forma uma ponte entre o fervor artístico, as reformas educacionais e a política mais compreensiva da cultura é o nacionalismo germânico. Eu tenho usado a frase "língua alemã" não apenas porque Freud é originário de Viena, mas porque a Áustria deve ser reconhecida como um ambiente social e político diferente de Berlim ou Munique. A perspectiva histórica geral é aqui também crucial. Esse período, que se estende desde o nascimento do Romantismo no final do século XVIII à deflagração da Primeira Guerra Mundial em 1914, presencia a formação, travada por meio de muitas batalhas, do Império Austro-húngaro, e a luta da Alemanha para se tornar uma nação. A Grécia ocupa um lugar especial na história do nacionalismo alemão.

Muitos dos principais escritores, artistas e pensadores do mundo de língua alemã eram explícitos sobre o fato de seu trabalho ser dedicado à formação desse novo nacionalismo. Escrever a história caminha lado a lado com a construção da identidade nacional. Hegel entendeu seu papel como criador de "um novo espírito nacional", e descreveu quatro estágios da história da humanidade, sendo que o "espírito germânico" representa o quarto e último deles. Wagner fez uma inscrição na partitura publicada de *Ciclo de Anel* em que dedicava sua obra-prima "em confiança ao espírito germânico". Nietzsche discute intensamente a "música germânica", a "filosofia alemã", a "natureza alemã" – e mesmo os "corpos alemães". "Ser alemão" era uma preocupação obsessiva – uma preocupação que se tornou imensamente útil na história da Europa do século XX, dominada pela guerra.

O estudo do grego era essencial para a formação desse caráter nacional. A predominância do estudo dos clássicos se deu no mesmo momento em que o sistema educativo foi expandido para incluir mais crianças de diferentes níveis sociais. As classes mais altas, que eram tão comprometidas com a ideologia do helenismo romântico, eram politicamente fracas, e bastante conscientes da necessidade de construir uma nação. A Grécia oferecia um ideal de sociedade e de cultura ao qual o Estado nascente podia aspirar, e que ele poderia estabelecer a partir de um nível muito básico por meio de políticas educacionais. A Grécia fornecia a cola ideológica que unia aqueles que lutavam para formar um caráter nacional e uma nação. Se os norte-americanos tinham o sonho americano, o sonho alemão era grego.

Foi essa inebriante mistura que tornou a conexão de família entre a Alemanha e a Grécia tão potente. Muitos argumentos foram implementados para defender a ligação genealógica. Uma perspectiva particularmente significativa foi a invenção da raça, do povo – ou, em alemão, *das Volk*. O verdadeiro espírito de uma nação é encontrado em seu povo. Mesmo onde a política e as guerras podem não ter tido êxito em criar um Estado, o povo – a raça – carrega a essência da nação por gerações. O povo alemão sempre existiu.

Um personagem muito importante nessa história é Johann Gottfried von Herder, cujos escritos do final do século XVIII foram imensamente influentes através da comunidade de língua alemã. Ele estabeleceu os critérios por meio dos quais um povo ou uma raça podiam ser definidos: *das Volk* precisa ter uma gama de mitos compartilhados, uma língua comum, uma pátria comum e até mesmo um tipo físico comum. Os mitos são característicos de um povo, e um povo necessita de seus mitos – que é uma das razões pelas quais as fábulas nórdicas de Wagner podiam causar tal impacto: elas respondiam à necessidade de um mito germânico para o povo germânico. As características físicas do povo alemão também se encaixavam nessa lenda nórdica. O estereótipo é familiar: alto, loiro, musculoso, de olhos azuis. Descrições como essa, relativas aos primeiros alemães, podem ser encontradas no historiador romano Tácito, o que comprova com autoridade clássica a verdade eterna do estereótipo físico alemão. A nação em comum era a Alemanha – a pátria. A raça tem um nome: é a raça ariana; seu ramo germânico, os teutões.

A língua é também central. Isso produz uma outra parte do argumento genealógico, no trabalho de um acadêmico do século XVIII cuja influência foi mais profundamente sentida no século XIX. Sir William Jones foi um lingüista e orientalista britânico. Ele descobriu – ou propôs – uma língua que existiu em um passado longínquo, e que explica algumas das aparentes conexões entre as línguas da Europa e as do Oriente. Ele chamou essa língua original de indo-européia, e ela ainda é fundamental no estudo lingüístico contemporâneo. Ela oferecia uma prova científica de que o *Volk* ariano era um poder dominante no passado – porque a língua indo-européia era a língua dessa raça – e, igualmente importante, provia uma ligação entre as línguas gregas e alemãs que, por outra perspectiva, poderiam parecer realmente muito diferentes. Ambas as línguas descendem da mesma língua ariana indo-européia.

Um elemento adicional do argumento foi proposto por Karl Otfried Müller, que publicou um livro em 1824 chamado *Os dóricos*. Os dóricos eram um grupo étnico da Grécia antiga que incluía os espartanos e os corintos (os atenienses eram jônios). Dizia-se que os dóricos haviam invadido a Grécia pelo norte e a colonizado com sucesso. O material sobre os primeiros dóreos é composto em grande parte de histórias míticas contadas por gregos que vieram muito depois, para justificar suas conquistas políticas e territoriais ou suas próprias alianças. Mas a imagem da "tribo do norte" se tornou uma fixação germânica. A chamada "migração dórica" é um dos temas do livro de Müller e, naturalmente, a origem nórdica dos dóricos é particularmente útil para essa conexão entre a Grécia e a Alemanha. Um dos estudantes de Müller mostra toda a força ideológica dessa história quando se sente compelido a defender a extraordinária hipótese de que uma língua tão bela quanto o grego *tem* de ser originária do norte, não podendo, de maneira nenhuma, ter vindo do Mediterrâneo.

Muller, entretanto, encontrou o caráter nórdico não apenas na língua dos dóricos, mas também nos obscuros primórdios desse povo, para quem ele imaginou uma cultura a ser admirada. Os dóricos, escreve ele, são cheios de moderação, de simplicidade, de frugalidade e de firmeza – todos sólidos valores protestantes, naturalmente. E ele desenvolve toda uma oposição entre os dóricos e os jônios em termos que hoje parecem obviamente tendenciosos. Os dóricos, por exemplo, desenvolveram um senso de liberdade, ao passo que os jônios são facilmente escravizados pela autoridade do outro. Os dóricos agem com cautela e só depois de deliberação adequada, enquanto os jônios são impetuosos e apressados. Os dóricos do norte que apresentam características tão germânicas fornecem laços familiares fortuitos e precisos. Os alemães são os novos dóricos.

Pode soar estranho hoje, mas a crença nessa genealogia era extremamente difundida e sustentada com fervor. A Grécia não era apenas a origem da cultura ocidental em geral; ela possuía uma conexão integral, *de sangue*, com os alemães, com seus descendentes e seus herdeiros. A tirania da Grécia sobre a imaginação alemã possuía um culto ancestral. A busca por sangue "puro" e "não contaminado" – uma busca que produziu horrores de forma mais terrivelmente racista – é parte fundamental dessa fabricação genealógica: uma linha de sangue.

Wagner apresenta apenas um exemplo desse bizarro laço familiar em ação. Ele celebra Winckelmann e Lessing, dois dos maiores estudiosos helênicos, exatamente por ajudarem os alemães a compreender suas conexões sanguíneas com a Grécia: "Salve Winckelmann e Lessing, eles que muito além dos séculos da majestade nativa alemã encontraram os seus verdadeiros e originais ancestrais nos divinos helênicos!" Arrastando nuvens de glória, os alemães vêm da Grécia divina, que é a sua pátria.

Saber de onde você vem é uma verdadeira questão para a ideologia alemã no século XIX, e a resposta é retumbante: Grécia. A jornada do povo pode ter uma longa e complexa história, mas existem dois pontos fixos: a Grécia como lugar de nascimento do espírito germânico e sua realização na nação contemporânea ou futura. Nossa imagem da cultura do século XIX será totalmente inadequada se não tentarmos compreender como esse mito nacionalista foi forjado por meio de uma nostalgia pela Grécia. As paixões do passado podem desaparecer e deixar uma nova geração confusa e perdida, como as crianças que se deparam com os desejos de seus pais, mas as influências daquelas paixões passadas continuam a ser sentidas. As distorcidas e violentas fantasias do nacionalismo e da continuidade da linha de sangue não parecem estar em nada desaparecendo da política do século XXI. Uma boa razão pela qual nós deveríamos considerar a questão "De onde você vem?" com bastante seriedade está na longa e contínua história de violência e preconceito que resultou de uma resposta dada com certeza incômoda e arrogante.

Portanto, é especialmente perturbador observar, ainda em operação, nos primeiros anos do século XXI, um processo similar de busca de raízes antigas. Em 2001-02, uma nova exposição de descobertas arqueológicas de Tróia viajou pela Alemanha, onde foi vista por 850 mil pessoas. O título da exposição, ironicamente, era "Tróia: sonho e realidade". Ela queria mostrar que a Tróia da Idade do Bronze era na realidade um centro comercial entre o Ocidente e o Oriente. O catálogo da exibição veio com uma introdução do presidente da Turquia (onde se encontra Tróia) na qual ele declarava que a partir dessas escavações arqueológicas nós podíamos claramente observar que "as mais profundas raízes da cultura européia" – o capitalismo – "se encontravam na Anatólia"; o presidente da Alemanha declarou algo também politicamente correto. Essa importante introdução política para um catálogo de arqueologia foi produzida, com evidente oportunismo, no momento em que a Turquia estava tentando ser admitida na Comunidade Européia, e quando a Alemanha estava mudando suas leis de cidadania, sob muita controvérsia, para permitir novos direitos aos residentes turcos em particular. A imagem de Tróia como uma conexão entre o Oriente e o Ocidente também provocou uma discussão nacional por rádio no que é hoje a Alemanha reunificada – isso atraiu uma enorme audiência e levou acadêmicos alemães a se enfrentarem aos socos! Como estão o Ocidente e o Oriente ligados economicamente? O que essa nova Tróia significava na e para essa nova Alemanha? (Ironicamente, "Nova Tróia" foi também como a grande nação comerciante imperial, a Inglaterra elisabetana, tinha se chamado.) O sonho de Tróia, da Grécia, permanece parte integrante da ideologia política da Alemanha, enquanto a busca de alicerces na Antigüidade contínua.

No fim do século XX em Viena, talvez fosse inevitável que Freud se voltasse para uma figura da mitologia grega a fim de expressar sua compreensão revolucionária da psicologia do indivíduo, que tanto modificou as respostas modernas para a questão de nossas origens. Atualmente não há como escapar de Freud. Todos vivemos hoje em um ambiente cultural fortemente influenciado pela teoria freudiana. O subconsciente, a repressão, o deslize freudiano e seus símbolos fazem parte do que a sociedade conhece, não importa quão escandalosas suas teorias possam ter parecido para suas platéias vitorianas, ou quanto suas proposições tenham sido criticadas por críticos contemporâneos. O Édipo de Freud se tornou parte de como compreendemos a nós mesmos.

Freud fez da ansiedade com relação ao conhecimento de si o ponto central de seus princípios terapêuticos. A inabilidade de escapar do que o passado faz com cada um de nós e a necessidade de buscar o conhecimento desse passado são os princípios fundamentais da psicanálise freudiana. Se você não sabe como o seu desenvolvimento na infância é formativo, você está destinado a passar o resto da vida preso aos problemas não resolvidos de sua infância (para reescrever Cícero mais uma vez). O que acontece com a criança e como a criança resolve as tensões de sua vida infantil fazem do adulto o que ele é – e a falha em resolver essas questões destina o adulto a um estado infantil. Saber de onde você vem é um dos objetivos da análise. Para Freud, Édipo era a figura que melhor representava a ansiedade do autoconhecimento, e Freud transformou-o em uma metanarrativa para o desenvolvimento da mente e da sexualidade moderna. Por meio de Édipo, Freud encontrou o sórdido segredo de um passado sexual na mente de todos nós. Sem Édipo, a psicanálise seria algo totalmente diferente.

Por que então Édipo desempenhou tal papel para Freud? Duas respostas imediatamente surgem. Primeiro, o nome "Édipo" resumia convenientemente as emoções ambivalentes e violentas do desejo entre filhos e pais que Freud considerou a crise emocional no desenvolvimento inicial de qualquer criança. Em segundo lugar, ele reconheceu na tragédia grega o tipo de conversa, exploratória e poderosa, que demandava a psicanálise. Freud foi explícito sobre sua dívida. A ação em *Édipo Rei*, ele escreve, descreve "um processo que pode ser comparado ao trabalho da psicanálise". A dolorosa e obstinada busca de Édipo por si mesmo, que passa pelo questionamento do passado até o momento em que foi concebido, lembra a Freud o trabalho da análise. As repetidas imagens de "solucionar charadas", "rastrear pegadas", "caçar a verdade", por meio das quais a busca de Édipo é descrita, foi também, obviamente, um atrativo.

Porém, ainda mais estranhamente, Freud via a *si próprio* como Édipo. Ele se identificava com Édipo, o solucionador de charadas e trágico pesquisador do autoconhecimento. As palavras tipicamente enigmáticas de Nietzsche – "Quem de nós é Édipo? Quem de nós é a Esfinge? É um encontro, ao que parece, de perguntas e pontos de interrogação" – poderiam servir como uma epígrafe para a obsessão de Freud com Édipo, uma obsessão que durou toda a sua vida.

Na ocasião de seu qüinquagésimo aniversário, em 1906, Freud foi presenteado com um medalhão por alguns de seus estudantes e discípulos. Em um lado do medalhão estava entalhado o retrato do mestre, de perfil. No outro lado, havia uma imagem de Édipo respondendo à charada da Esfinge (figura 48). Com certeza, todos pensaram que isso era um símbolo adequado e bastante espirituoso. Um verso grego de *Édipo Rei* foi acrescentado: "Que conhecia as charadas e era um homem muito poderoso." Esse verso, tirado da última fala do coro (hoje considerado ilegítimo), sintetiza a vida de Édipo. Mas ninguém havia suspeitado de quão adequado era esse presente. Ernest Jones, biógrafo de Freud, estava presente, e registra que Freud "ficou pálido e agitado... como se tivesse encontrado uma *aparição*", um fantasma. Descobriu-se que quando Freud era um jovem estudante ele costumava passear pelas grandes arcadas da Universidade de Viena, onde estavam enfileirados bustos de professores famosos. Costumava imaginar que um dia sua cabeça também estaria lá, e quando fantasiava sobre isso ele sempre pensava que em seu busto estariam "inscritas

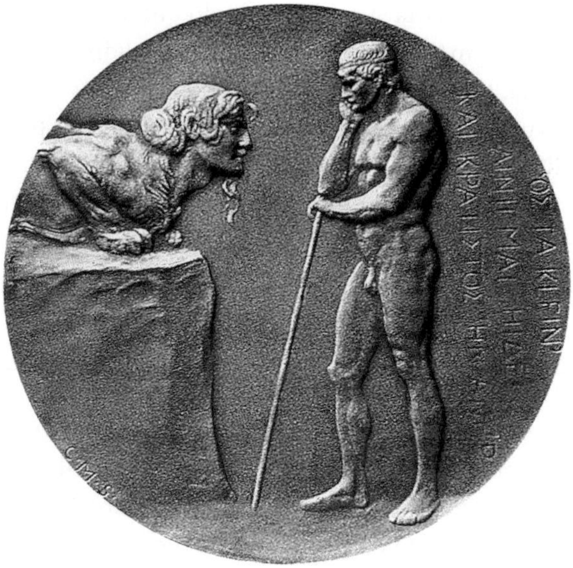

[FIG.48] ***O medalhão de Freud***

as *mesmas exatas* palavras que agora via no medalhão". Era uma fantasia que se tornava realidade. Somente para Freud seria essa misteriosa concretização de um sonho tão perfeita e tão assustadora.

Em 1873, Freud tinha feito um estudo especial sobre *Édipo Rei*, parte do qual ele teve de traduzir em um exame na época de estudante. Referências à Esfinge pontuam sua correspondência. Ele presenteou um de seus pacientes "com uma pintura de Édipo e da Esfinge" para agradecer o auxílio na auto-análise do próprio Freud – embora não saibamos como o paciente interpretou o presente. Espalhados por seu consultório, ele mantinha estátuas de figuras antigas que colecionava avidamente. A fotografia na figura 49 nos dá uma boa idéia da bagunça do seu escritório (embora o cachorro, Jofi, nos distraia). A Esfinge está visivelmente colocada no topo do gabinete, altiva, olhando para o camelo por sobre a tigela. Mais acima nas prateleiras encontravam-se bustos dos grandes escritores de tragédias gregas, incluindo Sófocles. Freud também possuía todo um armário dedicado a pequenas estatuetas de terracota de Eros, o menino alado, deus do desejo (figura 50). O simbolismo *disso* pode não precisar de um Freud para interpretá-lo. Entretanto, as razões pelas quais os antigos modelos mitológicos gregos tanto atraíam Freud na expressão de sua nova ciência da psicanálise requerem atenção.

[FIG.49] *O escritório de Freud*

Leituras de textos gregos, a coleção de estátuas, a nomeação do complexo de Édipo, tudo indica o profundo e permanente envolvimento de Freud com o passado clássico. Seu engajamento com a Antigüidade torna-se mais evidentemente – fisicamente – nítido por meio dessas estátuas antigas espalhadas por seu consultório. Durante toda a sua vida, a arqueologia clássica foi uma das disciplinas mais explosivas e mais em voga. Ela cativou sua imaginação e a de seus contemporâneos. Schliemann havia descoberto Tróia, o campo de batalha primordial entre o Ocidente e o Oriente, a cidade por onde andaram Heitor, Páris e Helena. Ele tinha escavado Micenas, e sua frase "hoje eu olhei na cara de Agamêmnon" foi um sucesso de autopromoção. Sir Arthur Evans tinha descoberto o grandioso palácio de Minos em Creta, terra do Labirinto e do Minotauro, uma descoberta que parecia trazer os monstros e os mistérios da mitologia para a vida física. Freud era apaixonado por arqueologia, assim como muitos de seus pacientes. O padrão da escavação, camada por camada, de volta a uma verdade antiga, era particularmente estimulante – tanto a própria técnica como a Antigüidade, a originalidade e a autenticidade da verdade encontrada. A fascinação em descobrir esses tesouros culturais enterrados no solo da Grécia era facilmente transferida às investigações de Freud sob a superfície da mente, e fez com que sua tendência a se voltar para modelos gregos antigos fosse justificada como método de investigação.

Entretanto, quando Freud diz que o "destino de Édipo nos comove somente porque poderia ter sido o nosso próprio destino", ou quando outros críticos da mesma tradição fazem afirmações como "em um sentido, Édipo é todo homem e todo homem é potencialmente Édipo", outro apelo também está sendo feito – e este está profundamente conectado à questão "de onde você pensa que vem?". Escrevendo em um momento em que o amor do mundo germânico pela Grécia e seu fervor nacionalista estavam no ápice, Freud está descobrindo o segredo sujo do desejo e da violência na história familiar da raça. Está expondo uma verdade escandalosa que ameaça o mito nacional alemão de uma origem pura e branca na Grécia. A Grécia, para Freud, proporciona a história para explicar de onde viemos – mas não é uma história de ancestralidade gloriosa. As teorias de Freud representavam uma provocação profunda para o senso de identidade alemão.

O contexto alemão é de importância fundamental para o Édipo de Freud. Quando Freud nomeou sua descoberta "o complexo de Édipo", o nome ganhou uma espécie de autoridade instantânea oriunda de seu status clássico. A Grécia era tão importante para a idéia que o Ocidente fazia sobre o seu próprio desenvolvimento que um herói grego era uma figura imediatamente atraente para

[FIG.50] *O armário de Freud*

um novo modelo de desenvolvimento psicológico humano. E, junto com o inconsciente e o símbolo freudiano, o complexo de Édipo é ainda o indicador mais instantaneamente reconhecível da perspectiva psicanalítica. Ao mesmo tempo, as teorias de Freud eram realmente escandalosas. Ele descobriu que até mesmo as crianças têm sentimentos sexuais, e que os desejos sexuais de todos os indivíduos eram, em um nível profundo, transgressores – uma posição ainda menos popular na Europa do século XIX do que nos dias atuais. A Grécia, em suas mãos, tornou-se um lugar mais primordial, mais sanguinário e mais perturbador do que havia sido na maioria das salas de aula alemãs. A escrita provocante de Freud também explorou conscientemente o esplendor dos gregos.

O rastreamento do Édipo alemão de Freud justapôs uma série de versões da questão "de onde você acha que vem?". Freud se dedicou a encontrar o lugar de onde se origina o "eu", e identificou o momento-chave do desenvolvimento nos desejos infantis. Existe em cada ser humano uma história submersa que faz de nós o que somos. Ele nomeou esse modelo com base em um herói grego cuja história representa a busca arquetípica para descobrir a própria origem – uma história submersa que também encontra na sexualidade transgressora seu momento definitivo. Ao mesmo tempo, Freud estava escrevendo para um público envolvido em um crescente nacionalismo que assegurava que a busca genealógica por raízes se tornasse uma paixão. O sangue e a pureza da raça faziam de onde você vem um tipo diferente de questão. O nacionalismo alemão, em todos os níveis da cultura, encontrou um lar e uma pátria simbólica na Grécia antiga, e articulou essa reivindicação por meio de seu sistema educacional, de suas óperas, de sua literatura – de sua vida cultural em geral. Para o século XXI, o próprio Freud representa uma das origens do senso contemporâneo de identidade –, nós somos todos freudianos hoje. Nosso sentido do "eu" é mediado por um século de conversa sobre os deslizes freudianos, do subconsciente, da repressão do desejo sexual, da saúde psicológica – mesmo quando os escritos do próprio Freud possam não ter sido eles mesmos estudados.

A intricada história do Édipo alemão de Freud revela quantas camadas existem na questão "de onde você pensa que vem?". Cavar através dessas camadas revela o quanto as histórias da noção moderna do "eu" e a história política da Europa são intimamente relacionadas com a Grécia imaginária.

4 *A mãe de todas as histórias – o Édipo grego*

Freud sabia o que estava fazendo quando escolheu Édipo como modelo da necessidade e da ansiedade do autoconhecimento. Porque quando se trata da preocupação com sua própria origem, a mãe de todas as histórias é a de Édipo. Ela é uma daquelas histórias que poucas pessoas podem precisar quando ouviram pela primeira vez (um bom sinal de um mito em ação). Mas quem é que não sabe que Édipo assassinou o pai e se deitou com a mãe? Aqui se encontra a história grega fundamental do homem que não sabia de onde vinha – e que estava destinado a vivenciar a pior narrativa de uma criança. Édipo tem assombrado a busca da imaginação ocidental pelo autoconhecimento, e entrelaçado essa busca com o horror do engano a si mesmo e da autodestruição.

No mundo antigo, e também no moderno, existe uma longa lista de Édipos. Afinal, as histórias chamadas de "mitos" por intelectuais antigos, assim como pelos modernos, são contadas e recontadas por diversos motivos, em contextos diferentes e de maneiras muito distintas – trágicas, cômicas, filosófica, tolas, com ilustrações –, freqüentemente com um elenco de heróis flutuante e com uma louca variedade de enredos e desfechos. Não há uma versão autorizada. Embora leitores contemporâneos tendam a ansiar pela versão original, o mundo da mitologia permite o florescer de um milhares de histórias.

Contudo, apesar de toda essa variedade, algumas versões, algumas narrativas ficaram tão populares que se tornaram cada vez mais autorizadas e dominantes, à custa de outras possibilidades. Todos as conhecem, e as conhecem bem. A história de Aquiles, escrita por Homero na *Ilíada*, ou a *Eneida* de Virgílio são tais exemplos, como *Hamlet* de Shakespeare. E a tragédia *Édipo Rei*, de Sófocles, é outra.

A peça de Sófocles teve tanta influência na cultura européia que deve ser tomada como nosso guia para o Édipo grego. É evidente a razão pela qual essa tragédia teve tanto impacto: é a peça de Sófocles que faz de Édipo uma resposta profunda à questão "de onde você pensa que vem?", em vez de uma mera história triste sobre incesto ou sobre um erro de identidade. *Édipo Rei* é uma das obras mais impressionantes e duradouras da cultura ocidental. Essa versão é uma análise verdadeiramente trágica da procura por uma origem. Existem muitas razões pelas quais vale a pena estudar o mundo antigo: não se deve esquecer que a intensidade, a sutileza e o poder emocional de sua literatura são uma boa razão para os clássicos se chamarem clássicos e merecerem nossa atenção. As dramáticas percepções de Sófocles sobre as questões da identidade falam às platéias modernas com precisão e intensidade chocantes. Freud estava certo quando fez de Édipo um modelo para todo ser humano: a busca de Édipo por si mesmo, sua viagem para descobrir de onde vem, é o exemplo paradigmático de como nós devemos olhar para trás em busca do autoconhecimento, mas também de quão perturbador e doloroso esse necessário processo pode ser.

Para Aristóteles, *Édipo Rei* era a perfeita trama trágica: ela resumia os princípios do gradual desenvolvimento da inevitabilidade que esmaga um bom homem por sua incapacidade de compreender a si próprio. Como em tantas tragédias gregas, o enredo pode ser recontado com bastante simplicidade, embora tenha mais reviravoltas que outros. A tragédia grega não apresenta divisões formais em atos, mas as cinco cenas da peça, separadas como são por odes recitadas pelo coro, conferem uma estrutura de ação fácil de ser seguida:

Ato 1

A cidade de Tebas está tomada pela peste. Édipo, o rei, recebe um oráculo de Apolo que diz que a cidade está poluída, porque o assassino do rei anterior, Laio, não foi encontrado e punido. Édipo amaldiçoa o assassino e jura que o encontrará.

Ato 2

Cena 1: Seu primeiro passo é convocar o profeta Tirésias. O profeta, que inicialmente se mostra sombriamente silencioso, é forçado pelo rei a fazer um pronunciamento – ele declara que o próprio Édipo é o assassino. O rei, ultrajado, acusa o profeta de tramar com Creonte, genro de Édipo, para se apoderar do trono. Tirésias se retira, furioso.

Cena 2: Édipo acusa Creonte de traição. A discussão entre eles é interrompida e apaziguada pela rainha, Jocasta. Na conversa, revela-se que quando Édipo partiu de sua terra, Corinto, e viajou pela primeira vez a Tebas ele de fato matou um homem, cuja carruagem o havia desviado da estrada. Édipo estava fugindo de casa por causa de um oráculo que havia lhe avisado que ele assassinaria o pai e se casaria com a mãe. Se o homem que ele havia matado era de fato Laio, raciocina Édipo, ele, sem saber, amaldiçoava a si mesmo. Havia somente um sobrevivente da viagem final de Laio, que na época contara que um bando de ladrões havia atacado a comitiva real. Esse homem precisa ser convocado para esclarecer a história do assassinato do antigo rei.

Ato 3

Entretanto, antes de esse pastor chegar, surge um mensageiro de Corinto para anunciar a morte de Políbio, pai de Édipo, e oferecer a este o trono daquela cidade. Édipo, embora entristecido, está aliviado porque agora não pode assassinar o pai. O mensageiro de Corinto, para aliviar Édipo de sua preocupação com o restante da previsão do oráculo, conta-lhe que Políbio não era de fato seu verdadeiro pai, nem era Mérope sua verdadeira mãe. Édipo era uma criança abandonada que fora dada ao rei e à rainha de Corinto. Isso foi uma surpresa aterradora. Édipo agora se desespera para descobrir a identidade de seus verdadeiros pais. Acontece que o mesmo pastor que testemunhou a morte de Laio também foi quem deu o bebê abandonado para o sujeito que o havia entregue à corte de Corinto. Jocasta conhece o pastor e percebe imediatamente o que tudo isso significa – que estavam falando de *seu* filho. Ela se deitara com o próprio filho. Desesperada, retira-se para o quarto, onde se suicidará.

Ato 4

Mas Édipo, ainda sem nada saber, espera pela chegada do pastor. O homem chega, e é forçado a confessar a verdade. A criança havia sido entregue a ele por Jocasta e Laio. Finalmente, tudo se torna claro. O oráculo fora cumprido. Édipo assassinara o pai e se deitara com a mãe.

Ato 5

Édipo corre para casa e encontra Jocasta enforcada; ele retira um alfinete de seu vestido e fura os próprios olhos. A peça termina com Creonte entrando no palco como regente para tomar controle da cidade – e com o cego, ensangüentado e destruído Édipo esperando o próximo estágio de seu sombrio destino.

A questão "de onde você vem?" motiva essa celebrada trama a cada momento crucial e Sófocles faz com que seu eco soe insistentemente por toda a peça, com um efeito devastador. Quando Édipo visita pela primeira vez o oráculo em Delfos, é porque um bêbado em um banquete lhe havia provocado dizendo que ele não era filho de seus pais. A ansiedade de não confiar inteiramente na resposta para a questão "de onde você vem?" é uma experiência familiar a muitas crianças. Desde

Contos de inverno, de Shakespeare, a *Oliver Twist*, de Dickens, passando por *Guerra nas estrelas* e *Harry Potter*, a descoberta dos verdadeiros pais é um dos principais enredos da ficção ocidental. Édipo, entretanto, não recebe de Apolo a resposta que deseja. No santuário, é dito a ele que assassinará o pai e se deitará com a mãe. Petrificado por essa revelação, ele foge daquilo que conhece como lar – e como acha que sabe de onde vem, ou seja, Corinto, ele corre diretamente para o lugar de onde ele *realmente* vem, ou seja, Tebas. Com camadas extraordinárias de ressonância simbólica, Édipo encontra e assassina o pai precisamente "no lugar onde três estradas se encontram". É em uma encruzilhada, o ponto de escolha e de transição, que Édipo toma a decisão definitiva que consuma seu destino. A encruzilhada concede uma forma física, existente no espaço, para a questão "de onde você pensa que está vindo – e para onde você pensa que está indo?". Aqui Édipo é atirado para fora da estrada, e toma o passo irreversível de matar o pai. Uma encruzilhada dramatiza a questão de se você realmente sabe a rota que sua vida está tomando.

A próxima pessoa a provocar Édipo por causa de sua ignorância é Tirésias. O profeta sempre diz a verdade, embora suas charadas confundam, mais do que ajudem, quem o escuta. Quando Édipo olha com escárnio para o profeta por ele não ajudar a cidade tomada pela peste, ele explode em um tom desafiador, cheio de desprezo:

> Você tem olhos e não vê sua terrível condição,
> Nem onde está nem com quem constrói seu lar.
> *Você sabe de onde vem?*

Como Cícero poderia ter advertido, se Édipo não sabe de onde vem, ele está destinado a ser uma criança ignorante para sempre, da pior maneira possível. Ele não sabe por que sua vida – com quem ele vive e onde – é um desastre. O rei não pode enxergar sua própria terrível condição, diz o cego profeta. É sinistro observar como Tirésias atrai Édipo por meio de sua própria ansiedade:

> Tirésias: Eu posso lhe parecer tolo
> Mas para teus pais, que te geraram, eu sou sensato.
> Édipo: Quem? Espera! Quem me gerou?

Embora Édipo esteja raivosamente desprezando Tirésias, essa agressão o faz parar. Mesmo em sua raiva, Édipo ainda tem uma desesperada necessidade de saber quem são realmente seus pais. Ele não pode dizer com certeza de onde vem. E essa ignorância o paralisa. Ela é uma encruzilhada em sua história.

Pela terceira vez, Sófocles relata a ansiedade de Édipo com ironia brilhante e perturbadora. Quando o mensageiro de Corinto revela a Édipo que seus verdadeiros pais não eram o rei e a rainha daquela cidade, Édipo demonstra o tamanho da importância que tem para ele descobrir de onde vem. Jocasta lhe implora, cada vez mais desesperadamente, a não buscar sua origem: "Não, pelos deuses, se você dá alguma importância à sua vida, não tente adivinhar isso." Mas Édipo não será contrariado. Em uma cena em que sua falta de compreensão é dolorosa, ele supõe que Jocasta, que nesse momento já percebeu qual é sua verdadeira identidade, está descontrolada porque ele poderia ter pais originários das classes inferiores. O conflito entre essa suposição do esnobismo de Jocasta e o terror absoluto em que ela se encontra é excruciante. Tudo o que ela pode fazer, antes de fugir, é desejar fervorosamente que ele jamais descubra quem é. Nada me impedirá, afirma Édipo com uma certeza cega: "Eu preciso conhecer minha origem." E ele a *conhecerá*, já que a procura até o ponto de se autodestruir.

Para Édipo, não saber de onde vem constitui uma ansiedade abrasadora e uma fonte de desastre. Ele acaba indo para a cidade errada, sua própria cidade; para a casa errada, sua própria casa; e o quarto errado, o quarto no qual nasceu. Ele tenta descobrir a resposta para a questão da sua origem. Contudo, a descoberta só traz horror e automutilação. As ironias, que se multiplicam gradativamente na peça de Sófocles, passam-se todas dentro desse contexto paradoxal de um homem pego entre o desastre de não saber de onde vem e o desastre da descoberta.

Essa trama é sombriamente fascinante e leva a platéia a observar, com horror, a autodestruição de um homem. Mas o que transporta *Édipo Rei* a um outro nível é a linguagem da poesia de Sófocles. Ela nos leva a um senso profundo do que significa ser alguém, e como as palavras que utilizamos têm um papel integral na definição de uma pessoa – na definição de nós mesmos. A peça não pergunta simplesmente "você sabe de onde você vem?". Ela provoca também um doloroso questionamento sobre o conhecimento de nossas origens. E atinge isso por meio de um extraordinário desmantelamento da linguagem da identidade.

Dois exemplos fundamentais iluminam esse processo. Em primeiro lugar, a palavra "filho", que pode substituir todos os termos semelhantes utilizados para indicar relações de família. A biografia de uma pessoa – um senso do "eu" – é traçada por esses termos de consangüinidade. Qualquer história de vida as utiliza como uma rede – "minha mãe", "seu pai", "nossos filhos" e assim por diante. Sófocles desmonta esse mapa. Entretanto, o símbolo mais particular da identidade é o próprio nome. O nome "Édipo" é o meu segundo exemplo. Sófocles transmite esses símbolos cruciais de identidade por meio das reviravoltas desestabilizadoras de seu enredo sobre o incesto e a ignorância, e os deixa – e a nós – devastados.

As primeiras palavras de Édipo, que são as primeiras palavras da peça e as primeiras palavras de Édipo que sobrevivem na literatura ocidental, são: "Ó meus filhos." Ele se dirige ao povo de Tebas como seu governante, "o pai" da nação. Dirigidas a Creonte, suas últimas palavras na peça são: "Por favor, não tire meus filhos de mim." Ele quer manter seus filhos com ele para evitar sua angústia. Mas Creonte os leva embora. Entre as primeiras e as últimas palavras de Édipo, a peça retrata como ele perde não somente seus filhos, mas a própria possibilidade de utilização desse simples vocábulo. Os filhos de Édipo são também seus irmãos, e sua mãe é sua mulher. No contexto do incesto, a linguagem costumeira de definição do "eu" implode. Édipo lamenta que os casamentos de sua família "tenham revelado pais, irmãos, filhos, relações consangüíneas, noivas, esposas e mães..." Uma pessoa deve ser situada em um mapa social por meio de uma rede de relações consangüíneas, mas nessa confusa lista de relações o mapa se torna uma mistura de laços de família em que nenhuma das categorias dá conta do recado. Para Édipo, descobrir suas origens significa perder seu lugar na ordem das coisas e se tornar um mero símbolo do colapso dos valores familiares.

Isso deveria fazer com que escutássemos as primeiras palavras da peça com um pressentimento renovado. Quando Édipo entra em cena com sua nobre frase "Ó meus filhos", ele já mostrou a dualidade terrível de sua posição – como salvação e profanação da cidade, tanto o rei que decifrou a charada da Esfinge quanto o assassino para quem a palavra "filho" resume uma história tão horrível. Desde Aristóteles, a tragédia tem sido vista como a história de um homem bom cuja execrável e deplorável desgraça é causada por seu próprio erro. Entretanto, Édipo sempre esteve em um caminho que levava do horror escondido ao mistério revelado. O coro capta essa viagem em um dos mais belos versos de todas as tragédias:

> Ai, vocês gerações de mortais!
> São aos meus olhos
> Menos
> Que nada.
> Pois quem, que homem
> Teve alguma felicidade
> Que não fosse apenas uma aparência, esvaindo-se em mera ilusão?

Quando Édipo abre a peça com "meus filhos", podemos escutar imediatamente, com um arrepio, a "aparência de felicidade" já começando inevitavelmente a "esvair-se em ilusão". A palavra "filho", desde o início, é um sinal fragmentado da tragédia de Édipo.

O próprio nome Édipo se torna parte do deslize, essa perigosa falha da linguagem em desempenhar seu papel, uma vez que o incesto infecta o sistema. O que "Édipo" significa? Uma versão tradicional entende o nome como "pé inchado". Os tornozelos de Édipo foram amarrados, quando ele nasceu, por seus pais, ao abandonarem-no à morte, e ele mancou por toda a vida devido a essa ferida primordial. O mensageiro de Corinto nos conta que essa é a razão precisa pela qual o rei é chamado "Édipo". Entretanto, Sófocles faz uma série de jogos de palavras com o nome "Édipo" – *Oidipous* em grego –, a maioria com a palavra *oida*, "eu sei", e a palavra *pou*, que pode significar "onde". Édipo pode não saber "de onde vem", mas seu nome parece gritar "eu sei de onde".

O conjunto mais enfático de jogos de palavras aparece quando o mensageiro de Corinto entra em cena. Jocasta acaba de rezar para Apolo por "alívio". O mensageiro chega na deixa, como uma resposta de deus – uma resposta ironicamente amarga, uma vez que o "alívio" que ele amavelmente oferece desconcerta a todos. Isso, então, é um momento definitivo do fascínio da peça com o conhecimento, o encobrimento e a revelação. Ao entrar em cena, as palavras que diz o mensageiro sempre soam transparentes e monótonas quando traduzidas:

> Estranhos, vocês podem me ensinar
> Onde fica o palácio de Édipo?
> Sobretudo, vocês podem me dizer onde ele está?

Em grego, entretanto, elas são surpreendentes, pois o verso foi virado do avesso, o que faz com que cada uma das três frases termine com uma rima obsessiva:

> ...*Mathoim Hopou* ("vocês podem me ensinar?")
> ...*Oidipou* ("de Édipo")
> ...*Katisth' Hopou* ("vocês sabem onde?")

A palavra "Édipo" é usada para rimar com "sabem onde". O seu próprio nome pergunta sonoramente: "Você sabe de onde vem?"

Em *As Bacantes*, quando Dioniso conta a Penteu que ele não sabe quem é, este responde com seu próprio nome, o nome de sua mãe, de sua família – uma posição na sociedade. Em *Édipo,* cada um desses símbolos é sistematicamente desmontado: o nome de Édipo, seus relacionamentos, sua posição, tudo se fragmenta em instáveis diferenças. Sua identidade é destroçada tão completa e nitidamente como o corpo de Penteu.

Isso já seria uma visão suficientemente sombria das coisas, mas Sófocles vai ainda mais adiante. O próprio Édipo, desde o início da peça, é caracterizado não como um homem malévolo ou corrupto, mas como uma figura inteligente, focada e altamente enérgica, que luta com todas as suas habilidades humanas para controlar o que acontece a seu redor. Ele é um homem fortalecido por seu conhecimento e respeitado por isso. A peça associa esse conhecimento à cegueira, e a cegueira do profeta Tirésias ao único conhecimento que tem importância. Édipo se esforça para afirmar seu poder, mas outras forças – sejam elas chamadas de destino, sorte ou configuração divina – o levam por um caminho diverso. Ele quer – e quem não quer? – controlar a narrativa de sua vida. E faz o que um homem pode fazer na busca por esse controle. Contudo, as estrofes finais da peça, dirigidas a Édipo com determinação por Creonte, declaram: "Não procure controlar todas as coisas, porque aquilo que você realmente controlou não acompanhou você em sua vida." A ironia mais amarga de tudo isso é que todos esses impressionantes sentimentos representam também todas as tentativas de Creonte em afirmar *seu* controle sobre as coisas. Aqueles que conhecem a história de Antígona perceberão a desesperada fragilidade da tentativa de Creonte de ter a última palavra.

O que *Édipo Rei* mostra a sua platéia é a incapacidade de controle humano sobre a vida, a inabilidade de enxergar nossas próprias vidas com clareza, objetividade e ordem. A peça desafia todo leitor a se enxergar em Édipo – isto é, todo leitor que deseja controlar a narrativa de sua própria viagem através do mundo. Eu não conheço nenhum leitor que não tenha se perguntado a razão pela qual o ultra-inteligente Édipo não parece notar a "coincidência" de que um oráculo tenha previsto a Jocasta que ela se casaria com o filho, e que a ele um oráculo tenha predito que ele se casaria com a mãe – e não consiga juntar dois mais dois. Como ele não se pergunta por que seus pés foram feridos? Por que, depois de uma previsão como a que lhe foi feita, ele não evitou matar qualquer pessoa, ou se deitar com qualquer pessoa mais velha que ele? É muito fácil fazer essas perguntas a Édipo. O que a peça mostra, entretanto, é como é difícil para qualquer um fazer as perguntas certas em suas próprias vidas. Quando você pensa que decifrou a charada, será que ela o está levando ao desastre? Quando você atinge a encruzilhada, sabe que estrada está seguindo?

O drama mais chocante em Édipo não é o fato de termos de observar um homem chegar à conclusão de que assassinou o pai e se deitou com a mãe, não importa quão brutal e doloroso isso possa ser. O mais chocante é a insistente e perturbadora declaração feita pela peça de que é no exato momento em que você pensa que sabe de onde vem e quem você é que está mais predisposto à tragédia de enganar-se a si mesmo.

Essa é uma peça feita para provocar na platéia uma reflexão sobre si mesma. Da mesma maneira que as perguntas de Tirésias paralisam Édipo, esse drama deve refrear a certeza que qualquer um tem sobre si mesmo levantando a hesitação da ansiedade. A questão não é tanto o fato de que você poderia assassinar seu pai e se deitar com sua mãe, nem mesmo, como defenderia Freud, que você poderia subconscientemente desejar assassinar seu pai e se casar com sua mãe. A peça, sem dúvida, oferece complexos engodos psicológicos, uma vez que Édipo rastreia seus verdadeiros pais e tenta, sem sucesso, evitar a materialização do horror da história predestinada de sua família. Mas o efeito importuno, desestabilizador da peça é sentido mais forçosamente em outro lugar. Édipo é um leitor de charadas, um solucionador de problemas, alguém que procura o conhecimento – mas todo momento de sucesso o leva para mais perto de uma desastrosa autodestruição. Querer saber e ter habilidade em descobrir coisas – *Édipo Rei* debilita essas essenciais qualidades humanas. Especialmente para uma época que se orgulha da habilidade dos seres humanos em controlar o mundo, Édipo desperta um perturbador fantasma. Ao escolher o Édipo de Sófocles para explorar o "eu" da era moderna, Freud mostrou-se dolorosamente presciente. A arrogância com relação ao controle e a certeza de conhecimento mal empregada contribuíram para as misérias da história do século passado.

Édipo pode ser a mãe de todas as histórias quando se trata da preocupação de saber de onde se vem. Mas o que faz da peça de Sófocles um drama tão poderoso é sua insistência de que é o "saber", tanto quanto o "de onde", que é o problema. "De onde você pensa que vem?" é uma questão difícil. Como insiste *Édipo Rei*, é difícil *conhecer* o passado com precisão, e entender como o passado dá sentido ao aqui e agora. O paradoxo da peça é que ela tanto exige como expõe as tentativas de um homem para obter controle sobre as coisas por meio desse conhecimento. O horror da tragédia de Édipo – o que a faz realmente trágica – é que você não pode escapar do passado, da vida submersa que o torna o que você é, e não pode saber precisamente, até que seja tarde demais, como o passado se manifesta em sua vida.

É uma das ironias da história que Édipo tenha começado a se tornar uma imagem tão poderosa no mundo moderno quando o nacionalismo e o racismo tinham começado a dominar o conflito político. Para todos os presunçosos ideólogos da herança nacional e racial, pessoal ou política, para todos aqueles que pensam que a resposta à questão de suas origens pode ser respondida com facilidade e segurança, a peça de Sófocles demanda que gerações de homens "olhem para Édipo, e caiam em prantos".

5 *O mito das origens*

Frente a uma peça tão profunda e perturbadora como *Édipo Rei*, é uma triste ironia que o "mito grego" seja hoje tão freqüentemente tratado como mero tema de desenhos animados para crianças nas salas de aula. Entretanto, não é por acaso que tantas discussões sobre "mito" conduzam à Grécia. Por um lado, os mitos gregos são particularmente relacionados ao mito da Grécia, que domina grande parte da imaginação cultural e política da Europa. Por outro, o "mito" foi inventado na Grécia antiga. A noção de "mito" como categoria foi articulada pela primeira vez no século V a.C. na Grécia, no mesmo momento em que as disciplinas da história e da ciência também foram inauguradas. Falar sobre "mito" e sobre "história" é ensaiar uma parte de nossa herança intelectual do mundo antigo. Examinar as origens do mito, entretanto, significa investigar também, em um nível muito geral, como e por que nós contamos histórias sobre o passado, e esse exame revela por que o mito da Grécia ainda é poderoso.

Os Mármores de Elgin, na frente dos quais Keats entrou em êxtase, sempre representaram uma história sobre o passado glorioso – a era perdida de onde viemos. Esses frisos do Partenon, construídos na Atenas de Péricles para celebrar a cidade, descrevem uma era mítica, heróica, que nos é familiar. Quando o cidadão de Atenas olhava para o lado oeste da construção, ele via 14 painéis que ilustravam a batalha dos gregos contra as amazonas. As amazonas, mulheres selvagens montadas em seus cavalos, que detestavam os homens e destruíam propriedades, invadiram a Ática e foram derrotadas por Teseu. Teseu era o rei de Atenas, o bom rei, o homem que havia unificado todas as vilas e as propriedades rurais da Ática, e as transformado na cidade-Estado chamada Atenas. Ele foi o fundador da cidade. É por isto que Atenas é Atenas. A derrota das amazonas fazia parte da história da fundação do Estado. Da Acrópole os cidadãos podiam enxergar além da cidade e divisar o Areópago, uma das outras colinas de Atenas, onde agora se situava a corte suprema: foi lá que as amazonas acamparam antes da derrota. A história se apresenta diante dos olhos.

As amazonas são o epítome de tudo o que os lavradores, patriarcais, disciplinados homens de Atenas não são. Elas têm de ser derrotadas, da mesma maneira que os centauros, aquelas criaturas bestiais – metade homem, metade cavalo –, na face norte do edifício, ou como os troianos desenhados na face sul do templo, ou os gigantes da face leste. Por todo o edifício existem histórias dos triunfos gregos e atenienses sobre as forças da desordem. Esse templo, financiado pelo Estado, que ainda domina a paisagem imaginária de Atenas, possui uma forte mensagem arquitetônica, um programa sobre como ser um bom ateniense e sobre o que precisa ser suprimido para manter a ordem do Estado.

Os Mármores de Elgin contam uma história ateniense sobre os atenienses. Seu poder singular sobre a mente ateniense emerge porque é uma história sobre o passado que é considerada normal. Ela faz parte do mobiliário da mente. A própria repetição do mito ajuda a fazer dela uma das expectativas familiares do pensamento. Uma idéia que essa história considera normal, por exemplo, é que é naturalmente apropriada a superioridade do macho sobre a fêmea, um princípio que pode ser encontrado em quase qualquer escrito, escultura ou lar grego. Mitos são uma máquina para fazer com que a visão de uma cultura sobre si mesma pareça natural, correta e inevitável. Na Acrópole podemos observar o mito cívico em ação, contando aos atenienses de onde eles vêm, como um Estado, como um povo.

Esse prospecto escultural coloca o passado perante os olhos do cidadão, para que seja absorvido. Os épicos de Homero, encenados e reencenados através dos séculos, vez após outra, colocam o passado, por meio de palavras, em suas mentes. A *Ilíada* e a *Odisséia* contavam aos gregos de onde eles vinham. Os heróis eram os ancestrais que as famílias das gerações subseqüentes honravam e até os quais traçavam suas raízes; em sua luta contra Tróia, eles prontamente simbolizavam para as futuras gerações não apenas a busca apropriada e masculina pela glória militar, mas também a luta dos audaciosos gregos contra o mundo corrupto e esplêndido dos bárbaros do Oriente. Tróia era na Pérsia, a terra dos bárbaros, o inimigo constante dos gregos e de tudo aquilo que os gregos prezam. A *Ilíada* de Homero, com sua narrativa sobre o glorioso Aquiles lutando contra a cidade de Tróia para se vingar de Páris, que seqüestrara Helena, e violentamente discutindo com seus compatriotas gregos sobre a honra e o status, constituía um relato privilegiado de como ser um verdadeiro homem grego. Então Aquiles, sempre o mais homem dos homens, também matou uma amazona, a rainha Pentesiléia, cuja beleza na hora da morte o inflamou com desejo, mesmo enquanto ele a assassinava. Em Homero, os gregos encontraram uma história sobre a identidade nacional e cultural. O passado heróico oferece os alicerces do aqui e agora.

A *Ilíada* já sabe como funcionam as histórias do passado. "Dez homens de hoje não poderiam levantar a rocha que Heitor levantou com facilidade", diz Homero, fazendo-nos recordar como os heróis da Guerra de Tróia são mais atléticos, mais rápidos e mais bonitos que qualquer um que está escutando o poema. Além disso, mesmo os personagens do poema cantam sobre gerações perdidas de grandes homens que forneceram exemplos a ser emulados ou avisos sobre o que evitar. "Você não é metade do homem que foi seu pai", Atena provoca um guerreiro na batalha. "Aprenda com o exemplo de Meleagro de tempos passados", Aquiles é advertido por seu tutor. Esse tipo de fama é o que desejam os heróis. Eles lutam não somente pela honra ou pela vitória, mas para conquistar "uma glória imortal", a fama que a canção concede. O herói luta para se tornar uma lenda – o tipo de história sobre a qual os homens cantam quando querem celebrar os grandes feitos que fazem alguém ser digno do título de herói. Um herói sempre quer se transformar em uma figura mítica, para que gerações futuras o conheçam e se maravilhem com ele. O épico é esse memorial do passado.

Diante do Partenon, com Homero na cabeça, o cidadão ateniense estava cercado por sua cultura e história. Ou, de acordo com as tradicionais expectativas culturais, assim deveria ser. Poderia ser, entretanto, que o cidadão que nos guiasse pelo Partenon fosse um daqueles jovens intelectuais que havia estudado com um dos novos pensadores do século V que estavam na moda, chamados sofistas, que conheciam os mais recentes pensamentos sobre a religião e suas histórias. Um ateniense tradicional estaria mais que satisfeito em contar essas narrativas como a história da fundação de Atenas, mas esse guia intelectual mais agressivo poderia adotar uma linha mais conscientemente crítica de argumentação e menosprezar essas histórias como "mitos" – histórias para serem acompanhadas pelo povo, mas não para serem tomadas ao pé da letra por homens cultos.

Uma vez que começam a ser discutidos, que deixam de ser considerados normais, os mitos podem se tornar um campo de batalha para o modo como concebemos o passado. Os gregos do século V nos fornecem as ferramentas para pensar sobre o que acontece quando os mitos deixam de ser as histórias que todos conhecem e concordam em contar. Essas ferramentas constituem as próprias noções de "mito" e "história".

O "mito" é um presente dos gregos. Foi na cidade clássica de Atenas que ele foi desenvolvido pela primeira vez como uma idéia. O século V a.C. é freqüentemente descrito como o "Iluminismo grego" – ou, em uma era mais romântica, como o "milagre grego". Esse período é único porque, em um pequeno intervalo de tempo, e basicamente em uma só cidade, emerge muito do que o Ocidente se orgulha. Atenas inventou uma Constituição democrática, e com ela vieram as cortes da lei com seus júris compostos de pessoas comuns. O teatro produz as trágicas obras-primas de Ésquilo, Sófocles e Eurípides, e o gênio cômico de Aristófanes.

Mas o quinto século é chamado de "Iluminismo grego" especialmente porque foi nesse período que a ciência, a filosofia, a história e a medicina emergiram como disciplinas. Indivíduos tentam curar doenças ou ferimentos desde que seres humanos têm ficado doentes ou feridos. Mas pela primeira vez, no século V, existiram especialistas, treinados em uma escola, que participavam de discussões sobre técnicas e princípios, e que debatiam sobre as causas físicas da doença, faziam experimentos, testavam os resultados e publicavam suas descobertas. Alguns indivíduos foram "políticos" desde a primeira vez que houve um grupo sobre o qual ganhar poder. Mas pela primeira vez, no século V, houve teóricos políticos que entraram em discussões sobre a teoria de diferentes constituições, e sobre a natureza abstrata do poder e das instituições da cidade. Essa evolução do pensamento consciente, teórico, abstrato, em conjunto com as novas instituições de educação e regulamentação, faz da "medicina" e da "filosofia política" *disciplinas* pela primeira vez.

Essas novas formas de atividade intelectual começaram como inovações radicais, e foram imediatamente vistas como ameaçadoras por forças mais conservadoras. Cada uma dessas novas disciplinas, ao lutar para se tornar respeitada, precisava distinguir sua própria autoridade. Uma estratégia retórica fundamental para cada disciplina era depreciar ou menosprezar seus oponentes chamando-os de provedores de mito. "Mito" torna-se o nome para aquilo que essas novas disciplinas *não* fazem. "O que eu ofereço", alega um cientista da física, "é uma imagem verdadeira do mundo, observada e descrita cientificamente. Eu posso lhe dizer como funciona o mundo físico. Essas velhas histórias de como as coisas vieram a ser, são apenas mitos." Um mito não pode mais simplesmente significar uma história herdada do passado, muito menos uma história oficial. Agora ele é oposto à "história" verdadeira. Ou é algo a ser dissipado pela "filosofia" real. Ou substituído pela "ciência" objetiva. Essa aparência negativa, que se desenvolve durante o Iluminismo do século V, ainda hoje está presente no conceito de mito: nós ainda dizemos "mero mito", "só um mito". Com um desprezo final, o mito se tornou símbolo de uma fábula tola e perniciosa de cujas falsas seduções temos de ser conscientes.

O Iluminismo grego se propôs, com sucesso, a pôr fim às antigas fontes de autoridade, a disciplina da "história" em particular tinha como objetivo mudar a concepção do passado. Hérodoto é o "pai da história". Sua grande obra, que circulou nos anos 430 a.C., é a primeira a se autodenominar "história" – *histoire*, ou "investigação" em grego –, e ele é considerado o fundador da história tanto pelos antigos como pelos modernos. Seu tema são as Guerras Persas. O Império Persa era o maior poder do Mediterrâneo, e invadiu a Grécia duas vezes na metade do século V com o objetivo de conquistá-la para o Império do Grande Rei. Por duas vezes, os gregos, cujas tropas eram bem menores, ganharam e fizeram com que os persas recuassem. Esse foi um acontecimento extraordinário e inspirador para os gregos. De fato, foi um momento definitivo para a nação grega. Antes das Guerras Persas, havia pouca consciência de uma identidade cultural compartilhada, de um senso de "ser grego". Depois delas, os gregos, em vez de serem compostos por uma série de cidades que compartilhavam a mesma língua, tornaram-se conscientes de uma identidade nacional.

A história de Heródoto investiga não apenas as famosas batalhas nas quais os persas foram derrotados e as invasões impedidas – Termópilas, Maratona, Salamina e outras. Ele também viaja por todo o Mediterrâneo – e mais longe ainda – explorando as diferenças entre culturas. De maneira significativa, também Heródoto nos fala das amazonas, agora encontradas em Cítia e discutidas de um ponto de vista antropológico como uma tribo ainda em existência de mulheres que procriam com nômades das estepes. Ele explica a derrota dos persas por meio da demonstração da superioridade da cultura grega do Ocidente quando comparada à cultura persa do Oriente. Xerxes, o rei persa, é forçado a aprender "o que são homens verdadeiros", e a moral final de toda a história é que "países frouxos produzem homens frouxos". A vigorosa Grécia, por outro lado, é um "bem preparado viveiro de homens". Heródoto é o pai fundador da visão que o Ocidente tem sobre o Oriente como um "outro" – um "outro" perigoso, rico, degenerado, astuto, ameaçador – e que precisa ser derrotado. Sua imagem do Oriente ainda alimenta a política moderna ocidental. O conflito entre o Ocidente e o Oriente é o tema da *Ilíada*, o primeiro poema da tradição ocidental ainda em existência. É Heródoto, entretanto, que concede a esse conflito a inclinação retórica familiar à ideologia contemporânea. Em sua oposição retórica ao Oriente, essa é sem dúvida uma história de onde se origina o Ocidente moderno.

Heródoto escreve a história da vitória da Grécia – e da vitória da essência grega. Porém ele é muito mais sutil do que poderia sugerir essa sua postura tendenciosa. O Egito, por exemplo, é descrito como um país muito mais velho que a Grécia e com uma classe de conhecimento e habilidades que faz com que a Grécia pareça um novato bem-sucedido. "As alegações de superioridade grega são ridículas", escreve Heródoto, "quando colocadas frente à antigüidade do Egito." Outras culturas também servem como um espelho em que os gregos podem encontrar semelhanças e diferenças – e não apenas ver sua própria superioridade refletida. Heródoto mapeia as variáveis da diferença cultural, com um olhar analítico aguçado e investigação crítica. Cada elemento contribui para a compreensão e a avaliação das normas culturais. As imagens negativas e positivas constroem um caleidoscópio – mais precisamente uma configuração variável de espelhos – no qual a natureza grega é observada e ponderada. As fronteiras do que é considerado normal são exploradas por meio de todas essas variações. O que significa ser grego, em vez de persa ou qualquer outra coisa, torna-se um tópico de *investigação* histórica. O leitor grego é envolto em um fascinante processo de auto-reconhecimento. Heródoto fornece um guia que incentiva o leitor a se colocar no interior de uma matriz de códigos sociais, morais e políticos – um mapa para nos encontrarmos. Sua história é a da invenção do que significa "ser grego", e como "ser grego" se constitui: uma resposta crítica à questão sobre de onde pensamos que viemos.

Entretanto, vale a pena prestar atenção em Heródoto hoje não apenas porque ele representa um dos textos fundamentais sobre o conflito entre os valores do Ocidente e do Oriente – embora essa seja uma história de oposição que não mostra nenhum sinal de estar chegando ao fim no pensamento contemporâneo. É também crucial a maneira como ele nos faz enxergar o mundo. Heródoto é chamado o "pai da história" porque quer transformar todos nós em historiadores. Ou seja, em vez das velhas histórias que exercem poder por serem consideradas normais, ele assume o papel de um investigador analítico, crítico, que mostra exatamente como *não está* considerando histórias como se elas fossem normais. Ele exige que nós compreendamos as causas dos eventos, e não que simplesmente os registremos. Ele nos mostra constantemente seu raciocínio: "Não posso dizer exatamente que língua falavam os pelasgos, mas se eu fosse argumentar por inferência...", "Por meio de minhas pesquisas, descobri...", "O que eles dizem não me parece convincente...", "A segunda explicação oferecida é menos convincente". Seu relato é dedicado à explicação e à análise. Lógico que sua narrativa, como todas, considera muitas coisas naturais, e utiliza muitas formas de persuasão retórica. Mas o que Heródoto ostenta, e exige de nós, é o ideal da investigação e da crítica. Ele nos pede para raciocinar com afinco sobre a origem dos eventos e sobre o que faz de nós aquilo que somos.

Tucídides, o cínico, inteligente e brilhantemente analítico líder da geração subseqüente de historiadores, escreve sobre a grande guerra entre Atenas e Esparta e leva o princípio de investigação de Heródoto a seu mais alto nível metodológico. "Para a maioria das pessoas", ele declara, "buscar a verdade é uma atividade indiferente; elas se inclinam sobre o que está simplesmente disponível." Nós não devemos confiar em "poetas que enfeitam e exageram em suas canções... e cronistas que compõem mais para atrair ouvintes que para expor a verdade. Suas provas não podem ser testadas, e acima de tudo, por causa da passagem do tempo, não são confiáveis e adquirem a dimensão de mito." A ácida retórica de Tucídides destaca a invenção do mito em funcionamento. Pessoas comuns, diferentes de nós, simplesmente aceitam o que está em oferta, e acreditam tolamente em escritores que apenas desejam agradar os leitores, oferecendo histórias que simplesmente não podem ser testadas. Esses tipos de histórias, consagradas pelo tempo, devem ser descartadas como *meros mitos*. Em vez disso, alega Tucídides, há uma obrigação intelectual de se comprometer com a verdade – que significa precisão, exatidão, possibilidade de comprovação. Ele exige uma história científica – uma história que se propõe a *dissipar o mito*. A análise crítica do passado é também uma lição da Antigüidade clássica. Parte da tradição cultural é a investigação e a análise do passado, e um empenho em direção a uma consciência de si mesmo – em direção a um reconhecimento ativo de nosso lugar em uma história contínua. Nós precisamos dessa história crítica para compreender de onde pensamos que viemos.

Esse forte encorajamento por parte de Tucídides inspirou gerações de historiadores. Ele chamou sua história de "uma posse para todos os tempos", e ela assim se provou. Quando a primeira Guerra do Golfo começou, em 1990, a BBC fez algo extraordinário. Ela cancelou parte da programação da noite e a substituiu por um conjunto de leituras dramáticas de Tucídides sobre a expedição para a Sicília – a condenada missão imperialista do Estado ateniense. Isso foi um evento extraordinário não apenas porque de fato aconteceu, mas também porque o comentário era tão mais sagaz e doloroso que qualquer discussão política que estava sendo oferecida em outros lugares. A análise crítica da "posse para todos os tempos" mais uma vez se mostrou oportuna.

Desde seus primórdios, mesmo em Homero, a Grécia já possuía uma "Grécia imaginária". Nós sempre nos voltamos para o passado a fim de obter imagens e explicações de por que as coisas são como são – e continuamos a fazer assim ainda hoje. Nós também temos nosso passado épico (a batalha da Grã-Bretanha, a queda da Bastilha, a travessia do Potomac), nossos mitos cívicos (a praça arborizada na Inglaterra; os "*sans-culottes*" na França; o sonho norte-americano nos Estados Unidos) e nossas histórias (que, como Heródoto, também constituem relatos de uma florescente identidade nacional e cultural, como em *História dos povos de língua inglesa,* de Winston Churchill). Mas os gregos inventaram também o "mito" e a "história", nossas privilegiadas maneiras de contar histórias sobre o passado e de construir o "de onde pensamos que viemos". A Grécia nos concede paradigmas com os quais podemos pensar o passado.

É fácil se opor ao mito e à história. Tucídides e seus herdeiros modernos exigem que escolhamos a história científica como o único caminho real em direção à verdade do passado. Poucos prefeririam ser escravos da falsa consciência do mito em vez de "comprometidos com a verdade". Entretanto, fica difícil imaginar tanto o mito como a história sem a existência do outro. As categorias de "mito" e "história" se definem mutuamente. Porém, mais importante, uma imaginação cultural sempre se utilizará de suas repetidas e confirmadas histórias, não importa o quanto ela acredite na análise ou na investigação crítica. Historiadores não nos podem curar de fazer mitos (como o Oriente Médio atual nos mostra tão claramente). Não importa quantas histórias sejam escritas, Winston Churchill, Abraham Lincoln ou Joana D'Arc serão sempre personagens que servirão para que mitos nacionais sejam contados. De fato, é porque nós tanto precisamos dessas histórias, para dar sentido ao aqui e ao agora, que a história crítica é também necessária – se não queremos passar nossas vidas como crianças, fascinadas, de olhos arregalados perante as fábulas de antigamente.

Inevitavelmente, somos tanto escravos de nossas histórias herdadas quanto analistas das vidas submersas que fazem de nós o que somos. Existe uma tensão dinâmica entre o mito e a história na maneira como compreendemos o passado, e isso é o que faz a questão "de onde você pensa que vem?" tão relevante.

Os Mármores de Elgin ainda representam um lugar onde o mito e a história entram em colapso. Melina Mercouri, citada no início deste livro, é muito famosa por sua campanha para trazer os Mármores de Elgin de volta à Grécia. Muitos anos após sua morte, sua imagem ainda adorna a página da internet do Ministério da Cultura grego, em sua contínua campanha, mostrando-a em frente ao Partenon, acenando, e não desmaiando de admiração. É notável, e triste, que entre todos os argumentos, bons e ruins, sobre onde deveriam ficar os Mármores, a retórica do nacionalismo, que tanto manchou os últimos séculos, ainda é a carta-chave: os Mármores são o símbolo da nação grega, as aspirações de um povo. Aqui o mito da Grécia ainda viceja. Isso pode ser tomado como um sinal não somente de como e com que freqüência o mito da Grécia desempenha um papel na política e na cultura da Europa, mas também de como o poder desses mitos sobre as origens continua a dominar a imaginação política e cultural do mundo de hoje.

Observar de onde se originam o "mito" e a "história" e ver sua invenção na Grécia pode permitir que enxerguemos o poder dessas duas maneiras de contar histórias sobre o passado em nossas vidas atuais. Enquanto mitos sobre a origem continuam a ter tanto poder na retórica nacionalista, nos programas políticos e na violência religiosa, uma consciência mais sensibilizada de como o mito da Grécia funcionou, e de como continua a funcionar, pode nos ajudar a ver como, em nossa sociedade contemporânea, a questão "de onde você pensa que vem?" requer uma atenção dirigida e crítica. Muito está em jogo nas histórias que contamos sobre de onde viemos.

6 *A história hoje*

A Inglaterra do século XIX era uma cultura que passava por transformações radicais. A revolução artística do Romantismo não pode ser separada do helenismo de seus principais escritores. A prática educativa e a teoria que formavam as mentes dos dirigentes do Império, assim como as figuras de destaque da vida pública na metrópole, estavam totalmente comprometidas com o lugar dos clássicos. O grego e o latim forneciam o mobiliário da mente vitoriana.

A Revolução Francesa e a Guerra de Independência dos Estados Unidos fizeram de Roma o ideal republicano, e utilizaram a política clássica como uma maneira de conceber os princípios e as práticas de reforma. Não é por acaso que os Estados Unidos têm seus "senadores", e a França, seu direito romano.

A Alemanha dos séculos XIX e XX encontrou uma identidade cultural na arte e na literatura não apenas por meio "da tirania da Grécia sobre a imaginação alemã", mas também por meio do fervor nacionalista. A busca pelas origens – de onde os alemães acreditavam que vinham – no século XX teve conseqüências assassinas da espécie mais horrenda. (Nem toda mudança revolucionária é benéfica.) A busca pelas origens clássicas e o poder do mito nacionalista continuam a distorcer a vida política por toda a Europa.

O passado clássico não está simplesmente ali, nem o estudo dos clássicos flui facilmente através de gerações. O ideal da Grécia e o modelo de Roma irromperam várias vezes como significativos – como uma bandeira para a revolução, uma inspiração para a mudança política e artística, um espaço para intensa auto-reflexão. Uma Grécia e uma Roma imaginárias têm sido absolutamente fundamentais nesses momentos cruciais da história política e cultural do Ocidente. Ver o que todos esses pais fundadores fizeram com os clássicos, e o que os clássicos fizeram deles, é fundamental na narrativa sobre de onde viemos.

O que é mais surpreendente face a essa constante inspiração revolucionária que provém da Grécia e da Roma imaginárias é a imagem dos clássicos que muitas vezes circula na mídia contemporânea. As figuras mais radicais da política, da arte, da música, da poesia, do pensamento e do comportamento sexual se apropriaram dos clássicos como força inspiradora para seu idealismo. Mas é difícil, pelo menos na Inglaterra, que eles sejam mencionados sem o clichê de que representam um assunto elitista e conservador que, mesmo se já esteve alguma vez em voga, é hoje certamente destinado apenas a uns poucos e, claro, tem limitada relevância para a época moderna.

Essa é uma visão bastante estreita da relevância dos clássicos. Há uma boa razão pela qual seu estudo tem sido tão importante no pensamento ocidental mais radical: raciocinar com afinco sobre o passado revela a vida submersa do presente, seu potencial para a mudança, para ser diferente. Olhar para trás de maneira crítica constitui uma educação reveladora sobre o presente.

O ponto mais simples que emerge da análise de como os mitos gregos e romanos funcionaram na história da cultura européia é este: o passado tem importância. Ele tem importância porque, em termos psicológicos, sociais, intelectuais, artísticos e políticos, é *formativo* do presente. É a base fundamental da pessoa e da cultura. Também é importante *como* o passado é compreendido e relatado. Histórias mudam vidas. Elas constroem fundações e esperanças, e podem matar. Uma apreciação consciente do passado requer uma reflexão sobre os mitos e as histórias, sobre as maneiras de contar histórias e sobre a análise crítica que dão sentido ao passado – e, assim, ao presente. O lema de "viver no presente" não é nada além de uma fantasia infantil – o destino daqueles que não sabem como o passado corre em suas veias. Compreender o presente – em vez de simplesmente viver nele, como uma criança – requer um olhar crítico ao que passou. E a pessoa que não entende o profundo embasamento da cultura só pode ser superficial.

Em um nível mais profundo, entretanto, o passado da Antigüidade clássica tem tido grande importância e uma força específica para gerações de pais fundadores das tradições políticas, intelectuais e artísticas do Ocidente. Nossos pais e nossas mães se importaram apaixonadamente com a Grécia e com Roma, e tornaram suas imagens da Grécia e de Roma fundamentais para sua imaginação cultural. Eles utilizaram os clássicos para mudar o mundo. Se nós falhamos, como crianças, ao compreender a paixão de nossos pais e mães, nossa visão do passado será totalmente inadequada – e, talvez pior, pouco mais que um reflexo embaçado de nossas próprias preocupações. A "relevância" é um ídolo contemporâneo. Entretanto, ela não deve significar apenas deleitar-se com as trivialidades e os eventos do momento, nem deve significar reagir somente a histórias e imagens exatamente semelhantes às nossas. Relevância significa compreender e aprender a *diferença* do passado e sua contínua influência no presente. Compreender o passado requer também que entendamos como gerações passadas o conceberam, como foram por ele estimuladas e inspiradas, como se rebelaram contra ele, como o rejeitaram. A Antigüidade clássica tem sido constantemente reinventada como modelo privilegiado do passado, e, em conseqüência, é uma força para compreender – e mudar – o presente.

Para que possamos compreender e fazer parte da tradição cultural do Ocidente, precisamos apreciar a repetida reinvenção do passado por meio da Grécia e de Roma. Naturalmente, isso não basta. Mas é um fio essencial que fez do Ocidente o que ele é. Se não reconhecermos como a Antigüidade clássica povoou a imaginação, estimulou e estruturou o pensamento e agiu como uma bandeira da revolução artística e política, a visão que temos de nossa própria tradição cultural será necessariamente distorcida. Porém, mais importante, essa tradição cultural é o que faz de *nós* o que somos. Não podemos compreender quem somos sem entender de onde viemos. Sem a Grécia e a Roma imaginárias, aquela viagem de compreensão não pode deixar de ser inadequada e incompleta.

Os clássicos são interessantes por si sós; são instrutivos porque nos ajudam a entender como gerações anteriores têm compreendido e reagido ao mundo. Mas eles têm importância porque, sem eles, você não pode responder adequadamente à pergunta "de onde você acha que vem?".

Esse tipo de consciência histórica de si mesmo é um elemento crucial na compreensão do "eu". Admiro muito Cícero quando ele declara que "se você não sabe de onde vem, será sempre uma criança", e creio que a declaração de Sócrates de que "a vida não examinada não vale a pena ser vivida" é tão sedutora quanto inspiradora. Saber como nós nos tornamos o que somos é um passo necessário para compreender o que tem importância no mundo, e como podemos atuar nele. A história dentro de nós faz de nós quem somos. Precisamos compreender essa história para que possamos ser nós mesmos, por inteiro e plenamente realizados.

Notas

Todos os trechos citados foram traduzidos pelo autor, com exceção dos indicados.

UMA VIDA EM RUÍNAS *(p.7-13)*

p.9 Uma versão livre de *Do orador*, de Cícero, 120.13.
p.12-3 Eurípides, *As Bacantes*, 906-7; 1.118-21.

Parte I: QUEM VOCÊ PENSA QUE É? *(p.15-87)*

p.20-1 Platão, *Cármides*, 153a-b; *Lísis*, 203-4.
p.21 Luciano, *Anarchasis*, 25.
p.26 Hipócrates, *Regime*, III, 73.
p.27 Xenofonte, *Memorabilia*, III, 12.
p.29-30 F. Nietzsche, *Werke. Kritische Gesamtausgabe*. G. Colli e M. Montinari (orgs.), vol.VII, 3, p.412-13, fr.41 (4).
p.44 Aristóteles, *Da geração dos animais*, 716a, 17ss. e outros.
p.49 Ésquilo, *Coéforas*, 600-I; Sófocles, *Antígona*, 791-2.
p.50 Sêneca, *Diálogos*, II, 7.4.
p.51 Plutarco, *Erótica*, 750d-e.
p.54 Ésquines, *Contra Timarco*, 135.
p.55 Teógnis, 1.335-6.
p.56-7 Platão, *Cármides*, 155d-e.
p.57 Eurípides, *Hipólito*, 525-6.
p.57 Ésquines, *Contra Timarco*, 139-40.
p.58 Platão, *Antologia de Palatino*, V, 78.
p.58 Xenofonte, *Memorabilia*, I, 3.
p.68 Platão, *O Banquete*, 216d.
p.68 Platão, *O Banquete*, 218c.

Parte II: AONDE VOCÊ PENSA QUE VAI? *(p.89-144)*

p.91-2 T.S. Eliot, *Essays Ancient and Modern*. Londres, 1936, p.174.
p.98 "Life of Simeon Stylites", *Journal of the American Oriental Society*, nº35, 1918.
p.101 Antonio, *Carta* I, p.5.
p.101 Ps. Athanasius, *De Virginitate*, 7.
p.101 Terêncio, *Eunuco*, IV, 5.6.
p.102 Jerônimo, *Cartas*, 54.9.
p.102 Homero, *Ilíada*, XXI, 108.

p.104 Prudêncio, *Crowns of Martyrdorm*, X, 562-70: St. Romanus.
p.104 Homero, *Ilíada*, XXI, 108.
p.113 Sinésio, *Carta*, 105.
p.114 Jerônimo, *Epístolas*, 22.5.
p.117-8 Jerônimo, *Epístolas*, 22.30.
p.119 Clemente, *Protrepticus*, 4.
p.120 Prudêncio, *Contra Symmachum*, I, 501-5.
p.122 Justino Mártir, *Segunda apologia*, 10.
p.124 Aquiles, *Tácio*, VI, 21.
p.127 Clemente, *Protrepticus*, 6.
p.127 Tertuliano, *De Praescriptionibus Hereticorum*, 7.9-12; *Apologeticum*, 46.18.
p.128 Sinésio, *Epístolas*, 105.
p.128 Agostinho, *Confissões*, III, 5.9.
p.131 Erasmo, *Epístolas*, 335 [II 88 Allen]; 335 [II 86 Allen].
p. 132 Erasmo, *Epístolas*, 396 [I 353 Allen].
p.134 Erasmo, *Epístolas*, 149 [I 353 Allen].
p.135-6 Wallace, R. *Antitrinitarian Biography*, vol.II. Londres, 1850, p.272-80.
p.137-8 Erasmo, *Epístolas*, 456 [II 321 Allen].
p.138 Erasmo, *Epístolas*, 1062 [IV 182-3 Allen].
p.138 Tomás More, *Responsio ad Lutherum. Yale Edition of the Complete Works of Thomas More*, vol.I. New Haven, 1963, p.683.
p.138-9 Erasmo, *Epístolas*, 769 [III 210 Allen]; 844 [III 332 Allen].
p.139-40 Tomás More, *Selected Letters*. E. Rogers (org.), New Haven, 1961, p.96.

Parte III: O QUE VOCÊ ACHA QUE DEVE ACONTECER? *(p.145-92)*

p.148 *Letters of the Wordsworth Family from 1787 to 1855*, vol.I. W. Knight (org.), Londres, 1907, p.66.
p.155 Scolia, 893. In Campbell, *Greek Lyric Poetry*. Londres, 1967.
p.163 Tucídides, II, 40.
p.164 Tucídides, II, 41-2.
p.164 Tucídides, II, 40.
p.165 Aristóteles, *Política*, 1.275a, 22-4.
p.165 Demóstenes, xviii, 265.
p.168 Aristóteles, *Política*, 1.253a, 19-21.
p.168 Aristóteles, *Política*, 1.253a, 3.
p.170 Eurípedes, *As fenícias*, 391-2.
p.170-1 Heródoto, VII, 104.
p.171-2 Ésquilo, *Os persas*, 212-4.
p.173 *Lady* Winifred Anne Henrietta Gardner Burchlere, *A Great Lady's Friendship: Letters to Mary, Marchioness of Salisbury, Countess of Derby 1862-1890*. Londres, 1933, p.128-9.
p.173 A. Patchett Martin, *Life and Letters of the Right Honourable Robert Lowe, Viscount Sherbrooke G.C.B., D.C.L.* Londres, 1893, p.287-8.
p.177-8 A. Patchett Martin, op.cit., p.323; 330-1; 273-4.
p.178-9 Platão, *República*, VI, 493a-d.
p.180 Platão, *República*, VII, 558c10-562a2.
p.186 Richard Crossman, *Platon today*. Londres, 1937, p.300.

p.186 George Crote, *Plato and the Other Companions of Sokrates*, vol.III. Londres, 1865, p.240.
p.186-7 Ésquines, *Contra Timarco*, 173.
p.187 Plutarco, *Vida de Cato*, 23.

Parte IV: O QUE VOCÊ QUER FAZER? *(p.193-227)*

p.207 Homero, *Odisséia*, III, 306-10.
p.213-4 Plínio, *Panegírico*, 33.
Cícero, *Tusculanas*, II, 41.
p.214 *Corpus Inscriptionum Latinorum*, IV, 1.474; Juvenal, *Sátira*, VI, 112.
p.220 Aulus Gellius, *Attic Nights*, V, 14.
p.222 Keith Hopkins, *Death and Renewal*. Cambridge, 1983, p.5.
p.225 Hipólito, *Tratado sobre a Páscoa*.
Orígenes, *Tratado sobre a Páscoa*.

Parte V: DE ONDE VOCÊ PENSA QUE VEM? *(p.229-87)*

p.234 John Keats, "On Seeing the Elgin Marbles", 1816.
p.236 Percy Shelley, "Preface to Hellas", 1821.
p.238 Walter Pater, *Greek Studies*. Londres, 1922, p.224.
John Addington Symonds, *Studies of the Greek Poets*. Londres, 1873, p.399.
p.238-9 Oscar Wilde, *Oxford Notebooks*. P. Smith e M. Helfand (org.), Nova York, 1989, p.146-7, 115.
p.242 *Adam's Family Correspondence*. L.H. Butterfield (org.), Cambridge, 1963, 4.48.
Jefferson's Literary Commonplace Book. D.L. Wilson (org.), Princeton, 1989.
p.244-5 James Otis, "The Rights of the British Colonies Asserted and Proved", 1764.
The Papers of Alexander Hamilton. H.C. Syrett (org.), Nova York, 1961-79, I, 53.
Papers of George Mason. R. Rutland (org.), Chapel Hill, 1970, I, 435.
p.245 Jean-Jacques Rousseau, *Confessions*. C. Kelly, R. Masters e P. Stillman (orgs.), Hanover e Londres, 1995, p.8.
p.248 Discurso citado em *Il Popolo d'Italia*, 21 abr 1922.
p.249 John Huston, *An Open Book*. Nova York, 1980, p.175.
p.250 *Karl Marx, Friedrich Engels: Collected Works*. R. Dixon (org.), Nova York, 1975, 41, p.264-5.
p.253-4 G. Hegel, *The Philosophy of History*. Nova York, 1956, p.87, 223.
F. Nietzsche, *Werke. Kritische Gesamtausgabe*. G. Colli e M. Montinari (orgs.), vol.VII, 3, p.412-3, fr.41 (4).
p.254-5 F. Schiller. *Briefwechsel zwischen Schiller und Goethe in den Jahren 1794 bis 1805*. H. Hauff (org.), Stuttgart, 1856, p.4.
G. Hegel, op.cit., p.47.
The Wagner-Nietzsche Correspondence. E. Foerster-Nietzsche (org.), Nova York, 1921, p.125.
R. Wagner, *My Life*. Londres, 1911, p.46.
p.255 *Richard Wagner's Prose Works*. Londres, 1892-9, I, p.32.
p.255-6 R. Wagner, op.cit., p.412.
Richard Wagner's Prose Works, I, p.53; I, p.43.
H. von Humboldt, *Humanist Without Portfolio*. M. Cowlan (org.), Detroit, 1963, p.79.

p.256-7 W. Jens, "The Classical Tradition in Germany: Grandeur and Decay", in E. Feuchtwengler (org.), *Upheaval and Continuity: A Century of German History*. Londres, 1973, p.69. G. Hegel, op.cit., p.75.
p.259 *Richard Wagner's Prose Works*, IV, p.43.
p.260-1 S. Freud, *The Standard Edition of the Complete Psychological Works of Sigmund Freud*. J. Strachey (org.), Londres, 1953-74, IV, p.262-3.
p.261 F. Nietzsche, *Beyond Good and Evil*. Londres, 1907, §I.
p.261 E. Jones, *The Life and Work of Sigmund Freud*. Nova York, 1953-7, vol.2, p.14.
p.270 Sófocles, *Édipo Rei*, 413-15; 435-7.
p.271 Sófocles, *Édipo Rei*, 1.060-1; 1.084-5.
p.271-2 Sófocles, *Édipo Rei*, 1.405-7.
p.273 Sófocles, *Édipo Rei*, 1.186-96.
p.273 Sófocles, *Édipo Rei*, 924-6; 1.521-2.
p.282 Tucídides, I, 20-1.

Sugestões de leitura

Parte I: QUEM VOCÊ PENSA QUE É?

1. O corpo perfeito

STEWART, Andrew. *Art, Desire and the Body in Ancient Greece*. Cambridge, 1997.
OSBORNE, Robin. *Archaic and Classical Greek Art*. Oxford, 1998.
BEARD, Mary e John Henderson. *Classical Art: From Greece to Rome*. Oxford, 2001.
JOHNS, Catherine. *Sex or Symbol? Erotic Images of Greece and Rome*. Londres, 1982.

2. Coisa de homem?

DAVIDSON, James. *Courtesans and Fishcakes*. Londres, 1997.
DOVER, Kenneth. *Greek Homosexuality*. Cambridge, 1978.
WINKLER, Jack. *The Constraints of Desire*. Nova York, 1990.

3. O corpo feminino – macio e esponjoso, depilado e recatado

KING, Helen. *Hippocrates' Woman*. Londres, 1998.
LAQUEUR, Thomas. *Making Sex*. Cambridge, 1990.
SULEIMAN, Susan. *The Female Body in Western Culture*. Cambridge, 1986.

4. Dele e dela – uma história de amor?

CARSON, Anne. *Eros the Bittersweet*. Princeton, 1986.
CALAME, Claude. *The Poetics of Eros in Ancient Greece*. Princeton, 1992.
JUST, Roger. *Women in Athenian Law and Life*. Londres, 1989.

5. O amor grego

FOUCAULT, Michel. *O uso dos prazeres*. Rio de Janeiro, Graal, 2003.
__________. *O cuidado de si*. Rio de Janeiro, Graal, 2002.

6. Um homem é um homem é um...

LISSARRAGUE, François. *The Aesthetics of the Greek Banquet*. Princeton, 1990.
KAMPEN, Natalie (org.). *Sexuality in Ancient Art*. Cambridge, 1996.

7. Ansiando por Safo

WILLIAMS, Margaret. *Sappho's Immortal Daughters*. Cambridge, 1995.
BROOTEN, Bernadette. *Love Between Women*. Chicago, 1996.
NEED, Lyndia. *Myths of Sexuality*. Oxford, 1998.
PRINS, Yopie. *Victorian Sappho*. Princeton, 1999.
JEAN, Joan de. *Fictions of Sappho, 1546-1937*. Chicago, 1989.

8. Fazendo o que é natural?

Foucault, Michel. *História da sexualidade*. Rio de Janeiro, Graal, 2003.
Heat, Stephen. *The Sexual Fix*. Londres, 1982.
Halperin, David. *One Hundred Years of Homosexuality*. Londres, 1990.

Parte II: AONDE VOCÊ PENSA QUE VAI?

2. Superestrelas da carne

Brown, Peter. *The Body and Society*. Nova York, 1988.
_________. *The Cult of the Saints*. Chicago, 1981.

3. O sexo e a cidade

Kraemer, Ross. *Her Share of the Blessings*. Oxford, 1992.
Elm, Susanna. *"Virgins of God": The Making of Asceticism in Late Antiquity*. Oxford, 1994.
Cooper, Kate. *The Virgin and the Bride*. Cambridge, 1996.
Clark, Gillian. *Women in Late Antiquity*. Oxford, 1992.
Bynum, Caroline. *Holy Feast and Holy Fast: The Religious Significance of Food to Medical Women*. Berkeley, 1987.
Burrus, Virginia. *Chastity as Autonomy: Women in the Stories of the Apocryphal Acts*. Nova York, 1987.

4. O que é Atenas para Jerusalém?

Elsner, Jas. *Art and the Roman Viewer*. Cambridge, 1995.
Brown, Peter. *Society and the Holy*. Londres, 1982.

5. O grego é heresia!

Jardine, Lisa. *Erasmus: Man of Letters*. Princeton, 1993.
Goldhill, Simon. *Who Needs Greek?*. Cambridge, 2002.

6. Sabendo a resposta

Hopkins, Keith. *A World Full of Gods*. Londres, 1999.

Parte III: O QUE VOCÊ ACHA QUE DEVE ACONTECER?

1. A política precisa da história?

Dunn, John. *Western Political Theory in the Face of the Future*. Cambridge, 1992.
Finley, M.I. *Democracy, Ancient and Modern*. New Brunswick, 1985.
Ober, Josiah e Charles Hedrick (orgs.). *Demokratia: A Conversation on Democracies, Ancient and Modern*. Princeton, 1996.

2. A democracia ateniense – mudando o mapa

Osborne, Robin. *Greece in the Making 1200-479 BC*. Londres, 1996.
Davies, J.K. *Democracy and Classical Greece*. Hassocks, West Sussex, 1978.
Finley, M.I. *Politics in the Ancient World*. Cambridge, 1983.

3. O bom cidadão

SINCLAIR, R.K. *Democracy and Participation in Athens*. Cambridge, 1988.
WOOD, Ellen Meiskens. *Peasant, Citizen and Slave: The Foundations of Athenian Democracy*. Londres, 1988.
LORAUX, Nicole. *The Invention of Athens*. Cambridge, 1986.

4. Os críticos da democracia – especialistas e educação

OBER, Josiah. *Political Dissent in Democratic Athens*, Princeton, 1988.
ROBERTS, Jennifer. *Athens on Trial: The Anti-Democratic Tradition in Western Thought*. Princeton, 1994.
RAWLS, John. *A Theory of Justice*. Londres, 1973.
POPPER, Karl. *The Open Society and Its Enemies*. Londres, 1945.

5. Uma questão de traição

KOFMAN, Sarah. *Socrates: Fictions of a Philosopher*. Nova York, 1998.
NEHEMAS, Alexander. *The Art of Living*. Berkeley, 1998.
LANE, Melissa. *Plato's Progeny*. Cambridge, 2001.
STONE, I.F. *The Trial of Socrates*. Londres, 1988.

Parte IV: O QUE VOCÊ QUER FAZER?

1. Isto é entretenimento!

BURKE, Peter. *Popular Culture in Early Modern Europe*. Londres, 1978.
STALLYBRASS, Peter e Allon White. *The Politics and Poetics of Transgression*. Londres, 1986.
HODGE, Robert e Gunther Kress. *Social Semiotics*. Oxford, 1998.

2. A questão da tragédia

GOLDHILL, Simon. *Reading Greek Tragedy*. Cambridge, 1986.
_________. *Aeschylus: The Oresteia*. Cambridge, 1992.
EASTERLING, P.E. (org.). *The Cambridge Companion to Greek Tragedy*. Cambridge, 1997.

3. O gladiador e a multidão delirante – "Sob meu comando, desatrelemos o inferno"

HOPKINS, Keith. *Death and Renewal*. Cambridge, 1983.
BARTON, Carlin. *The Sorrows of the Ancient Romans*. Princeton, 1993.
WIEDERMAN, Thomas. *Emperors and Gladiators*. Londres, 1992.
KYLE, Donald. *Spectacles of Death*. Londres, 1998.

Parte V: DE ONDE VOCÊ PENSA QUE VEM?

2. Os pais fundadores – de Keats a Hollywood, ida e volta

DOWLING, Linda. *Hellenism and Homosexuality in Victorian Oxford*. Ithaca, 1994.
TURNER, Frank. *The Greek Heritage in Victorian Britain*. New Haven, 1981.
JENKYNS, Richard. *The Victorians and Ancient Greece*. Oxford, 1981.

RICHARD, Carl. *The Founders of the Classics*. Cambridge, 1994.
JOSHEL, S., M. Malamud e D. McGuire (orgs.). *Imperial Projections: Ancient Rome and Modern Popular Culture*. Baltimore, 2001.
WYKE, M. *Projecting the Past: Ancient Rome, Cinema and History*. Londres, 1997.

3. Descobrindo a pátria – de onde vem o Édipo de Freud

RUDNYTSKI, Peter. *Freud and Oedipus*. Nova York, 1987.
GOLDHILL, Simon. *Who Needs Greek?*. Cambridge, 2002.

4. A mãe de todas as histórias – o Édipo grego

SEGAL, C.P. *Oedipus Tyrannus: Tragic Heroism and the Limits of Knowledge*. Nova York, 1993.
VERNANT, J.-P. e P. Vidal-Naquet. *Mito e tragédia na Grécia antiga*. São Paulo, Perspectiva, 1999.

5. O mito das origens

GOLDHILL, Simon. *The Invention of Prose*. Oxford, 2002.
DETIENNE, Marcel. *The Creation of Mythology*. Chicago, 1986.
EDMUNDS, Lowell (org.). *Approaches to Greek Myth*. Baltimore, 1990.
TYRRELL, W. Blake e Frieda Brown. *Athenian Myths and Institutions*. Oxford, 1991.
CARTLEDGE, Paul. *The Greeks*. Oxford, 1992.

Créditos das ilustrações

O autor e a editora desejam agradecer às seguintes instituições pela permissão para reproduzir as imagens:

Figura 1 – Museu Arqueológico Nacional, Nápoles; Figura 2 – Curadores da Coleção Wallace; Figura 3 – Museu Arqueológico Nacional, Atenas; Figura 4 – Instituto Alemão de Arqueologia, Roma (foto Singer, 69.634); Figura 5 – Charles Atlas Ltd., todos os direitos reservados; Figura 6 – Museu Nacional de Liverpool; Figura 7 – Leni Riefenstahl-Produktion; Figuras 8 e 9 – Peter Clayton; Figura 10 – Rheinisches Landesmuseum Trier; Figuras 11 e 20 – Staaliche Museen zu Berlin, Antikensammlung; Figuras 12, 14, 38 e 42 – Museu Nacional, Nápoles; Figura 13 – Instituto Alemão de Arqueologia, Roma (foto Faraglia, 28.26); Figura 15 – University of Wisconsin Press; Figura 16 – Villa Giulia, Roma; Figura 17 – Ashmolean Museum, Oxford; Figuras 18, 19, 22, 28, 29 e 45 – Curadores do Museu Britânico; Figura 21 – Staaliche Antikensammlung, Munique; Figura 24 – Manchester City Art Galleries; Figura 26 – The Walters Art Museum, Baltimore; Figura 27 – Louvre, Paris © foto: RMN/Hervé Lewandowski; Figura 30 – The Royal Collection © 2003, Her Majesty Queen Elizabeth II; Figura 31 – The Detroit Institute of Arts; Figura 32 – Robin Osborne; Figura 33 – Instituto Alemão de Arqueologia, Roma (foto Bartl, 58.1789); Figura 34 – Instituto Alemão de Arqueologia, Atenas (KER, 16171/16172); Figura 35 – Brooklyn Museum of Art; Figura 36 – Harvard University Press; Figuras 37 e 39 – The Metropolitan Museum of Art, todos os direitos reservados; Figura 40 – Museo Archeologico al Teatro Romano, Verona; Figura 41 – Galeria Borghese, Roma; Figura 43 – Museo della Civilita Romana, Roma; Figura 44 – Coleção particular em empréstimo a Bradford Art Galleries and Museums; Figura 47 – North Carolina Division of Archives and History, Raleigh; Figuras 48, 49 e 50 – Espólio de Sigmund Freud.

Todos os esforços foram feitos para identificar as fontes das imagens aqui reproduzidas. Estamos prontos a corrigir eventuais falhas ou omissões em futuras edições.

Agradecimentos

Agradeço profundamente aos amigos que discutiram comigo capítulos deste livro, especialmente Helen Morales e Miriam Leonard. A meu agente Peter Straus, e em especial a minha editora, Anya Serota: uma verdadeira editora, sem a orientação e o apoio de quem este livro jamais teria se realizado.

#HGE11885
Amor, sexo e tragédia:
como gregos e romanos
enciam nossas vidas até

Este livro foi composto em Fairfield e Augustus
e impresso pela Geográfica Editora em janeiro de 2007.